中国的文化与文人

任继愈·著

中国出版集团
现代出版社

图书在版编目（CIP）数据

中国的文化与文人 / 任继愈著. -- 北京 :现代出版社，2017.4（2021.5重印）

ISBN 978-7-5143-4412-7

Ⅰ. ①中… Ⅱ. ①任… Ⅲ. ①社会科学－文集 Ⅳ. ①C53

中国版本图书馆 CIP 数据核字（2017）第052575号

中国的文化与文人

作　　者：任继愈
责任编辑：张　霆　邸中兴
出版发行：现代出版社
通讯地址：北京市安定门外安华里 504 号
邮政编码：100011
电　　话：010－64267325　64245264（传真）
网　　址：www.1980xd.com
电子信箱：xiandai@vip.sina.com
印　　刷：永清县晔盛亚胶印有限公司

开　　本：710mm × 1000mm　1/16　**印　　张**：18.5
版　　次：2017年 4 月第 1 版　**印　　次**：2021年 5 月第 4 次印刷
书　　号：ISBN 978-7-5143-4412-7
定　　价：46.00元

我的追求（代前言）

我生于山东平原县，四岁以后，随父母在鲁南一带生活读书。九岁以后，在济南省立第一模范小学读书（听说现在改称实验小学）。当时北洋政府提倡尊孔读经，我读《四书》是在上小学时读完的。小学老师曹景黄先生给我打下阅读古汉语的基础，是我永远怀念的第一位老师。

1928年上初中，1931年上高中，中学时期有几位国文（现在称语史）老师，任今才（幹忱）、刘伯敭、张希之先生都是北京大学中文系或哲学系毕业的，在他们的影响下，我读过梁启超、胡适、冯友兰几位先生的著作，也读过他们关于老子年代的争论文章。

1934年考入北大哲学系。旧社会读哲学很难找到合适的职业。那时年轻，不考虑那些，一心想寻找真理，追究人生的归宿。入学时有十几个人，毕业时只剩下三个人，我是其中的一个。

大学三年级，暑假期间发生了七七事变，北大南迁。文学院设在湖南衡山脚下。半年后又迁往云南蒙自县。由湖南到云南我参加了学校组织的“湘黔滇旅行团”。徒步旅行，走了两个多月，行程一千三百多公里。有机会看到农村败落和农民贫困景象。靠了他们承载着这个又穷又大的国家。人生的归宿，最后的真理，如何与当前广大贫困的农民和败落的农村发生关系，对我来说一直是个问题，无法解决。我深信探究高深的学问，不能离开哺育我的这块灾难深重的中国土地。从此我带着一种沉重的心情来探究中国传统文化和传统哲学。不但细心阅读了大量的原始著作，甚至还照着去做。那时我只看到中华民族文化积累丰厚，它有生命力，是活着的文化，不同于某些西方学者把中国文化积累看成考古的对象。我们的文化不但活着，还要发展，应对世界有所贡献。但苦于找不到一个令人满意的清理方法。前人、外国人和时贤的著作，我觉得都没讲清楚。

儒、释、道三教是中国传统文化的三大支柱，它深刻而又广泛地影响着我国社会各阶层。从事中国哲学史的教学和研究多年，我力图把中国佛教思想纳入中国哲学发展的主流，看来收到了一定的效果。这个文集中关于佛教的文章也就是中国哲学史的一部分。道教对中华民族文化的重要性不下于佛教，今后还要用科学研究的成果向社会和学术界推荐。因为这一门学科的研究比佛教研究迟了数十年，见成效、被承认，还有待将来更多学者的努力，这个文集没收这方面的文章。

学术研究要扎根于这块土地上，要有补于人类的发展和社会的进步。世间没有纯学术，这个文集杂而不纯，但有一点可以说：我写的，完全是我想通了的，没说别人的话，我反对跟着凑热闹。

新中国成立后，开始学习马克思主义，学着用历史唯物主义来观察社会和分析历史现象。初步学到了这个方法，使我十分振奋。回头来再剖析我中华民族的文化，就有了下手处，过去看不清楚的，现在看得比较清楚了。这个选集的文章都是用历史唯物主义观点来观察中国文化、说明中国哲学发展的习作。活到老，学到老，还要不断学习，力求有较大的长进。

（原载《任继愈学术论著自选集》。后又收入《竹影集》，名《追求》）

目录 / Contents

中国文化的特点

大学之大

北大的"老"与"大"

自从我1934年考入北大哲学系，到1964年中国科学院成立世界宗教研究所，前后共三十年。我调离北大后，仍在北大兼任教学工作。这样算来，我与北大同忧戚，共浮沉，已有五十四年。

北大有北大的特点，特点是什么，近来认真想了想，可用两个字概括，一是"老"，一是"大"。

写北大校史一向从1898年创建"京师大学堂"算起。我觉得这个算法不符合北大的历史实际状况。

大学名称起源于欧洲中世纪，欧洲古希腊也有讲学的地方称为学院。欧洲中世纪的大学是由教师与学生共同组成的社团，最早的大学建于11世纪的博洛尼亚，相当于中国的北宋时期。12世纪起，有巴黎大学、牛津大学，以后逐渐增多。如果照欧洲中世纪的大学标准来看中国古代的大学，中国的大学比欧洲的大学起码要早一千多年。汉武帝元朔五年（公元前124年）设五经博士弟子50人，是西汉太学建立之始。中国不叫大学叫太学，意思是一样的。昭帝时增弟子员满百人，宣帝末，增倍之（按：200人）。西汉末年，经学盛行，成帝绥和元年（公元前8年）增到300人。东汉开国皇帝刘秀就当过太学生。东汉顺帝、质帝时，太学人数又有大量增加，达到30000人。

从西汉历魏晋南北朝、唐、宋、元、明、清，直到京师大学堂的建立，两千多年，太学的教学内容以儒家经学为主要课程，以三纲五常教育学生，辛亥革命（1911）前，京师大学堂每月定期向学生宣读《圣谕广训》一次，灌输忠君思想。1913 年，已进入民国时代，清朝隆裕太后死了，教育部令各校放假一天，大总统的生日，也要放假一天。1915 年政府授给北京大学校长胡仁源以“中大夫”的头衔。以上这些事实都说明，北大直到“五四”以前，它是汉唐以来“太学”的继续。

再看“五四”以前学校的课程设置，“五四”以前的北京大学以经学为主课，1909 年，有“经科”，下设“毛诗门”“周礼门”“左传门”。和清朝国子监教学内容没有什么区别。

以上这些事实都表明，“五四”以前的北京大学带有很重的封建气味，从它身上可以看出两千年来中国古老“太学”的影子。

古代太学生有关心国家大事的传统，他们不大甘心读死书，王莽要当皇帝，太学生上过书；嵇康被判死刑，太学生上过书；京师大学堂时期，1902 年，清朝向沙俄出卖中国的权利，大学堂学生上“抗争俄约疏”。1905 年美国排华，北大同学刊印“广劝抵制美约说”，广为散发，抵制美货。1907 年，慈禧对这批大学生很不放心，发出“上谕”，严禁学生“干预国家政治，及离经叛道，联盟纠众，立会演说”。禁止学生“悖弃圣教”，“变易衣冠”。十月革命影响下，发生了五四运动，大学生运动达到高潮。这是从学生方面看北大从太学中继承的老传统。

从旧北大的校领导人来看，蔡元培先生是个教育家，学者，有官气。蔡先生以前和以后的校长们有官气的较多。西南联大时期同学们曾议论过北大的蒋梦麟校长和清华大学的梅贻琦校长，认为梅贻琦校长在办教育，蒋梦麟校长在当官，后来竟给宋子文当秘书去了。有人说，这也许是北大的旧传统太深，“国子监祭酒”非有官气不可吧？太学生关心国事的传统与国子监祭酒当官的传统竟绵延不断地传袭了两千年！

再说北大的“大”。

北京大学蔡元培先生曾提出：

“大学者，囊括大典，网罗众家之学府也。……各国大学，哲学之唯心论与唯物论，文学美术之理想派与写实派……常樊然并峙于其中。此思想自由之通则，而大学之所以为大也。我国承数千年专制之积习，常好以见闻所及，持一孔之论。”（《北京大学月刊》发刊词）

这里提出了破除数千年专制之积习，防止“持一孔之论”，容纳不同观点的学说，给各家以争鸣的机会，无疑起了繁荣学术的作用，给“五四”新文化运动开辟了一条通路。

北大的“大”，不是校舍恢宏，而是学术气度广大。这一无形养成的学风，使北大的后来人能容纳不同的学术观点。我进北大时，蔡元培校长已离任多年，但当年的学风还在。形形色色的教授中，有衣冠楚楚的，也有衣履邋遢的；有口才便捷的，也有语言不清的；有有学历头衔的，也有没有上过大学的；有新人物，也有老秀才。北大教师的总体阵容是壮大的。抗战时期的西南联大，更是呈现了百家争鸣的局面。新中国成立后，经历了1952年的全国院系调整（这里有利有弊，不可一概而论），北大的教师队伍打破了各校长期隔阻、南北不通气的格局，促成了新中国成立后的新校风。人们在众多流派中各自汲取其要汲取的，取精用宏，不名一家。北大这个“大”的特点，谁能善于利用它，谁就能从中受益。肯学习，就能多受益。不能说其他大学不具备这种“大”的特点，似乎北大给人的印象最深。不知这里是否杂有个人的偏好？

松公府旧北大图书馆杂忆

抗日战争以前的北京大学，规模不像今天的北大这样大，当时每年招新生三百人上下，在校学生总共一千多人。清华大学人数和北大差不多。当时的国立大学中，北大和清华都算规模较大的了。

“五四”时期，北大图书馆设在沙滩红楼的第一层，毛泽东曾在图书馆工作过。1934 年我考入北大，图书馆设在沙滩松公府的一个四合院内，是一所旧府第庭院。院内古槐参天，每年夏季，浓荫匝地，蝉声悠长，寂若空谷，静若古刹。进入馆内，颇有“苔痕上阶绿，草色入帘青”的感觉。可是到了冬季就不好过了。北平冬季漫长，馆内阅览室方砖铺地，阴冷潮湿，凉气直往上冒。尽管全副冬季装备，坐久了仍觉得腿脚僵冷，手指也不听使唤。一年之中有半年不好使用，我对这个旧图书馆的印象好坏各半。

旧的图书馆馆长是毛准教授，字子水，出身安徽读书家庭，精文史之学。他留学德国时专攻科学史及数学，回国后在历史系开“科学方法论”课程，选课的不限于历史系学生。他讲课时，引用数学公式太多，加上口才不佳，选课者寥寥数人。因为他为人厚道，判分比较宽松，各系的高年级同学临毕业时，有人为了凑足 132 个学分（文科毕业生的最低学分限度是 132 分），选修这门课的每年也能维持三五个人。毛子水先生平日穿一件旧长衫，衣着不整，名士派头，对图书馆的事不大过问。他精于古籍鉴定，北大图书馆收藏的善本古籍不少是在他任期内买进的。新馆建成，聘严文郁先生为馆长，办馆方针仍保持旧传统。

旧北大图书馆也有一套规章制度，借书有数量和期限的规定。学生一般能遵守，教授中有人遵守，也有人不遵守。有人向毛子水先生建议，今后借书应加以限制，怕有遗失。他说，图书馆遗失不是由于借阅，办了借阅手续，不会遗失，借出越多，遗失越少。在这种无为而治的作风下，教授借书也有一两年不还的。

日本投降后，北大从昆明迁回北平旧址。馆长仍是毛子水。新中国成立前夕，南京政府派飞机接北平各大学的教授们去南方。北大的教授绝大多数留下迎接新中国，不愿去过逃亡生活。最后一次飞机到达南京时，胡适作为北大校长到机场迎接北大教授，只接到毛子水一人。事后听说，毛子水与国民党军统头子戴笠小学时是很要好的朋友，他怕新中国成立后他和戴笠的关系讲不清楚，匆忙飞走了。

大学二、三年级期间，旧北大的新图书馆落成，地点仍在沙滩松公府，靠近北大西大门。新建的图书馆，采用钢门窗结构，宽敞明亮，一扫旧馆沉闷幽暗的气氛，这个建筑在当时是最先进的。以中文阅览室为例，常用书、工具书如《四部丛刊》《四部备要》《二十四史》《册府元龟》《说郛》《通典》《通志》《文献通考》《玉海》等书，沿墙排列了一周，随手查阅，十分方便。同学带来的书，从书库借来的书，都可以摊在阅览桌上。中午出去吃饭，摊开的书可以不收拾，回来接着看。需要剪剪贴贴的，还可以把剪刀糨糊放在手边。历史系有一位陶元珍，经常把《张太岳集》放在中文阅览室，旁边摆着剪刀和糨糊，他后来成了研究张居正的专家。

当时北大校门任人出入，教室任人听课，图书馆阅览室也任人阅读。不管是不是北大的成员，都可以走进来，坐下就看书，无人干涉。写北大校史的人，都提到北大沙滩有不少在北大的旁听生（办过旁听手续的）和偷听生（未办旁听手续的），如丁玲就是偷听生中的一位，后传为佳话。其实当年旧北大的图书馆还有“旁阅生”和“偷阅生”（临时铸造的新词，自知不妥，并无贬义）。这一条渠道也曾给一部分社会自学青年提供了读书的方便。这些自由出入图书馆的读者，除了不能从书库借书外，实际享有查阅中西文开架书刊文献的一切方便，与北大正式生没有两样。说来也奇怪，在这种极端开放、几乎无人干预的情况下，没有听说图书丢失事件，只有一次在盥洗间抓获过一个摘取电灯泡的小偷。这与偷书无关，另当别论。

沙滩松公府旧北大图书馆还规定，学生凭借书证可以进书库看书，国外各大学多有这样的规定。我在学校读书时，也深受其益。因为到书库里面，亲手翻一翻，看一看，与查阅书目卡片得来的印象大不相同。根据卡片找书，有按图索骥的方便，有目的性，节约时间。但是，从事研究的人有时无意中翻书，会有意想不到的发现，得到新的启发，这种启发是查目录卡片无法替代的。

（据《文化名人忆学生时代》，同心出版社 2002 年版）

沙滩红楼老北大杂忆

抗日战争以前北平的大学中，由国家出钱办的大学只有北大、北师大、清华三校。独立的高等专科院校还有北平工学院、医学院、法商学院、女子理学院、农学院、美术学院等。由教会资助出钱办的大学有燕京（基督教）、辅仁（天主教），还有由社会募集基金的私立大学有中国大学（综合性的文科大学）、朝阳大学（是法科大学）。这些学校，都是教育部认可、注册的，承认其大学文凭合法，也都培养了一些人才，做出了贡献。

当时北大、清华两校的教学方法、治学道路比较接近，又各有特色，都是青年学生报考的首选。两校都有文、理、法三个学院，清华多了一个工学院。两校在社会上的声望也差不多。

每年北大清华招生各自决定，互不通气。这两校后来发现招生日期协调不好，往往两校都招不满名额。因为成绩优秀的学生考上北大的也往往能考上清华，同时被录取，只能选择一个学校就读。两校招生发榜时，虽留出几名“备取”名额，但还是出现招生招不满的矛盾。后来两校招生日期定在同时，让它相差一天（一般考试为三天），第一天如果考生考得自己认为不满意，还可以第二天放弃这个学校考另外一校。这样一改，果然取得了考生及学校双方的满意。北大清华再也不会发生考取了又不来报到的空额现象。对学生来说，多一个选校的机会，也比较满意。

也有的学校，为了争取选择优等生，提前在北大清华招生之前，先行招考，抢先录取。先招生，先录取，固然取得选择学生的优先权，但学生考取这些学校后，还是要报考北大和清华，一旦考上就不去这类学校报到，录取的多，报到的少。因此，在报上经常有某某大学第二次招生的广告。经验教训了这类学校，要甘心承认自己的学校的二流地位，等北大清华考生发榜后，自己再招，录取的学生基本都能到校报到，从而保证了招收新生的名额。这些都是早年老皇历了。

新中国成立之初升大学的人数不多，记得有一年招生数比报考人数还多。每年招考，报名生多以万计，遍布全国各省、市、自治区。近来给北京、上海等少数大城市以独立自主招生权。即使这样，还是管辖的地区太宽，报考的学生几十万，仍然照顾不过来。“一考定终身”，对考生来说是背水一战，务求必胜。精神压力太大，对健康有害。弄虚作假的年年发生，屡禁屡犯。

“四人帮”被打倒以后，大学招生比从前松动了一些，但多年习惯积重难返，一直由国家统一来操办。这一办法已落后于国家发展的形势。

我们不妨回顾旧社会的大学招生，各高校自己招自己的新生，国家省了心，省了钱。各校为了自身的利益会尽力去办好。考试日期错开，从6月到8月，各校自己选定。各校最清楚自己的学校在教育界的分量和地位，招生日期不必过分提前，时间错开，拉开报考的时间距离，给学生以更多选择学校的机会，学生有许多次应试的机会。甲校未成还有乙校，乙校未考上还有丙校……而不必一考定终身。我猜想，这个招生办法学生会欢迎的，只是多花点报名费，多费几张半身照片。作为学生家长，为了子女教育，升上满意的大学，他们不会计较这些的。

有声望的历史长久的学校，有自己的校风、学风，招生考试题目也有自己的特色。青年学生的天赋各有偏长，天赋相近的学生报考和他爱好相近的学校，各校分别招生，各得其所，国家省事，学生得益，家长省心。这种无为而治的好事，何乐而不为？

新生考试作弊的行为，每年招考时有所闻，不是发生在此地就是发生在彼地。试题泄露的事，也时有发生，主考的、应考的双方都有违法犯禁现象。记得老北大20世纪30年代上海考区有一位应试者发现钢笔没有墨水了（当年还没有圆珠笔，只用钢笔和毛笔），这一考场的监考者是（课业长，相当于教务主任）樊际昌教授一个人（是北大教育系一位心理学教授），他离开考场去为考生找来墨水，中间离开有十来分钟。这中间，考生在无人监视的情况下，秩序井然，大家埋头答卷，并未发现有违规现象。樊际昌回来后，对大家谈起这件意外的遭遇，很欣赏称赞考生们的自律、自觉精神。这种社会的共信精神，反映了当年报考青年的品格。

我们多年来对青年的政治教育，讲得比较多，重点放在教育青年热爱社会主义拥护共产党的领导，对学生如何做人如何讲诚信的教育讲得很少。看来光讲世界观，忽视人生观、价值观是不行的。这与当前招生没有直接关系，说着说着就跑了题，就此打住。

（据《皓首学术随笔》）

抗日战争时期的北京大学

1937年7月，从日本军国主义者在北京近郊卢沟桥制造的七七事变起，中国人民抵抗侵略的全面抗日战争开始了。北京大学的历史也就转入了一个新的时期。北京在7月底陷落，9月3日，日军占据沙滩的红楼和灰楼，10月18日，汉奸组织地方维持会占据理学院等其余校舍，北大校舍从此落入敌伪手中达8年之久。红楼且曾被用为敌寇拘禁、迫害爱国志士的地方。北大师生在七七事变后大部分离开北京，走向抗战的前线和后方。有的就近转入京西山地的游击区，在中国共产党的领导下和农民群众一起坚持了八年的游击战争；有的辗转南下，然后投向延安或其他地区参加了抗日工作；另外一部分则在后方艰苦的条件下坚守文化教育岗位，维持了学校在战时的弦诵不辍。

在北京沦陷后，原在平津的北京大学、清华大学和南开大学（按：清华大学的前身是清华学堂，创办于1909年，是中学程度的留美预备学校。1925年开始招大学生，1928年正式定名为国立清华大学。南开大学是由南开中学发展起来的，创办于1919年）三校在湖南长沙联合成立长沙“临时大学”，继续开学上课。半年之后，长沙临时大学迁至云南昆明。校名改称“西南联合大学”。从1937年秋直至1946年夏复员迁返京津，在九个学年内三校联成一校，西南联大的历史也即是三校的历史而不可分割。因此，我们即以西南联大的全部校史作为北大在这一时期的校史。

经过短期的筹备后，1937年10月，长沙临时大学在长沙开学。从平津辗转南下集中在长沙临大的三校教师共约150人，学生1450人（包括一部分他校借读生）。借用长沙韭菜园圣经学校、涵德女学及四十九标营房作为临时校址。文学院各系则在南岳衡山借用圣经学院校址上课。

长沙临大时期正是抗战初期举国振奋的时候。当时临大的许多教师和同学们都准备投身抗战工作，同学们曾提出要求学校实施战时教育，但是国民党政府从开头对抗战就是不坚定的，也根本不愿意真正动员全体人民起来抗战，同学们要求实施战时教育的期望只能落空。于是，又有一次从军运动，许多同学自动走向前线，有的到了共产党领导下的陕北，有的回到家乡推动救亡工作。长沙临大的近 1500 名同学中，后来随学校迁到昆明的只有 800 多人。

漫天烽火卷地来，长沙临大在上课的第一个学期中，日军自华北和长江一带步步进迫，蒋介石国民党一面步步败退，一面通过德、意法西斯国家向日军暗中进行妥协投降活动。在战火逐步迫近时，1938 年 2 月，临大结束了第一学期，决定迁校至云南昆明。

在战时内地交通困难的情形下，临大的一部分学生约 240 人，在闻一多等先生的率领下，步行从长沙迁往昆明（其中长沙至益阳一段乘船，沅陵至晃县一段乘汽车）。自 1938 年 2 月 20 日出发，到 4 月 28 日抵达昆明，途经湘、黔、滇三省，历时 68 天，全程 3360 里。在这两个多月的步行途中，教师和学生们亲眼看到了国民党统治下土匪、鸦片遍地，人民——特别是少数民族——生活困难的实况。学生们在沿途进行了抗日的宣传，在贵州炉山举行了汉苗联欢大会。数千里的步行也使学生们得到了体力上的锻炼和集体生活的习惯。其余大部分师生则取道香港和越南，从滇越铁路进入云南。

1938 年 4 月，学校迁抵云南后，开始改名为西南联合大学。理、工两院的校舍在最初暂借昆明昆华农校、昆华工校、昆华师范、昆华中学及拓东路迤西会馆、全蜀会馆、江西会馆上课，文法学院不得不暂且在云南南部的蒙自设立分校（一学期后迁返昆明）。同时，在昆明大西门外购地 120 余亩，建造新校舍。新校舍在 1939 年夏天开始使用，包括 100 余所低矮简陋的土墙泥地草顶（部分铁皮顶）的平房及较高大的图书馆和饭厅。联大文、理、法商三院的教室、实验室和学生宿舍全部都在这里，1938 年夏增设的联大师范学院也在新校舍附近，工学院地址不变。在联大时期，学生人数经常在3000人左右，其中大部分集中在新校舍地区。在抗日战争最艰苦的年代里，这里是数千师生艰苦学习和进行民主斗争流血的地方。“一二·一”烈士的墓地和闻一多先生的衣冠冢也在这里。新校舍墙外大路上高插云天的白杨和尤加利树，现如今应已生长得更加粗壮和茂密了。

茅茨土阶的联大校舍是极度简陋的，图书仪器设备也只能勉强应付教学上的低度需要。但是，由于三校合为一校，集中了水平较高的多数有经验有学识的教师，使得联大的教师阵容在数量和质量上都比联合以前三校的任何一校强。联大各系的低年级基础课程很大部分由老教师担任，高年级的专门课程也经常可以开设很多种，战时困难的条件下，联大在教学上仍维持了一定的水平。

西南联合大学时期的民主运动

联大在昆明的八年中，在政治生活方面（当然也直接间接影响到其他各方面）约可分为三个阶段，即1938年初至1941年初皖南事变发生前，这是政治上以及各方面都比较活跃的时期；1941年春至1944年春，这是皖南事变后国民党统治区内进一步对人民进步势力进行迫害的时期；1944年春到1946年夏联大结束，这是民主运动、学生运动再度上升和高涨的时期。

联大一部分同学在从长沙迁到昆明的两个多月步行中，已形成了集体生活的习惯。到昆明以后，以这一部分同学为基础，在地下共产党的领导下有了“群社”的组织，推动了最初三年联大生动活跃的政治生活和学生生活。当时联大学生经常出壁报（如政论性的“群声”、文艺性的“腊月”“冬青”、画刊“热风”及通俗性街头壁报等）、开辩论会、讨论会、时事座谈会，组织学习小组（分哲学、经济、中国问题、文艺、诗歌、戏剧、歌咏、木刻以及俄语、世界语讲习班），组织旅行，在农村和街头做抗日宣传工作。这些活动团结了多数同学，并推动他们在政治上趋向进步，并和校内的少数国民党三青团分子作了艰巨的斗争。

国民党军队在抗战中步步败退，1939 年秋天起，远处西南边疆的昆明也经常遭到日本飞机的疯狂轰炸。联大的校舍曾经多次被炸，上课的时间且一度改为上午 7 时至 10 时和下午 3 时至 6 时。

1941 年 1 月，国民党反动派再度掀起了以皖南事变为标志的反共高潮，在整个国民党统治区内加紧对进步人士的残害压迫，公开大批逮捕共产党人和被认为有嫌疑的人士。昆明和联大的政治空气也突然阴沉下来，许多进步同学被迫离开学校出外逃亡，进步的学生团体如群社等被迫解散。有一位同学曾这样描述皖南事变后的联大："从这时起，联大沉默了，壁报没有了，讨论会没有了，一切团体活动都没有了。同学们见面不敢说一句真话，大家敷敷衍衍，彼此都存着戒心，学校像死一般的沉寂。"

在这个沉闷时期，许多人的思想和活力找不到出路，于是，钻书本的风气盛行起来。每晚图书馆开馆前排队抢座位和借书的行列经常长达数十公尺。抗战的前途怎样？国家和个人的出路何在？这类的问题在书本里是不容易得到回答的。而政治上腐化黑暗和经济上枯竭困窘的现状还是经常刺激着同学们在苦闷中探索、思考。有时也突破一下沉闷的空气，作为一股潜流突然迸发起来，如 1942 年初的"讨孔运动"。

1941 年 12 月太平洋战争爆发。香港许多爱国人士在日军攻占前，无法脱身，而一向以贪污、腐化、反动和愚蠢闻名的国民党行政院长孔祥熙竟以飞机从香港抢运自己的家属女佣乃至洋狗到重庆，消息传来，引起联大同学普遍的愤慨，数年来对国民党反动统治的不满遂在这个事件上爆发出来。新校舍墙头贴满打倒孔祥熙的大字报，吴晗教授在中国通史班上向同学们提出："南宋亡国前有个蟋蟀宰相（按：蟋蟀宰相是出卖民族利益、颠覆宋朝的贾似道），今天有个飞狗院长，可以先后媲美。"于是，由一年级同学倡议，迅速会合了新校舍的同学上街游行。同学们举起旗帜，沿街用粉笔写声讨孔祥熙的口号标语，联大同学的讨孔运动，立即得到后方各地人民的同情和响应，有些学校如浙江大学（当时迁到贵州）同学也举行了罢课游行。

进入1944年以后，随着德国法西斯在斯大林格勒的溃败，随着民主力量在世界范围的强大，也随着国民党军队在各个战场上的节节溃退，联大师生终于突破阴沉的政治气压，结束三年来的沉闷生活，重新开始了一系列新的、活跃和前进的活动。

1944年的5月4日，曾经被称为联大学生精神复兴的日子。当时国民党政府通令把3月19日改为“青年节”，不让青年们在5月4日纪念这个民主和进步的节日。联大学生鄙视国民党政府的这种反动措施，决定自己来纪念“五四”。5月3日晚，由历史学会（历史系学生的系会组织）召开了“五四青年运动座谈会”，并邀请闻一多等教授出席讲话，到会的同学把南区十号大教室里里外外挤得水泄不通，教授和同学在发言中从纪念“五四”联系到当前政治社会的现状。会场情绪高涨，一直开到深夜，这种热烈的座谈会，第一次冲破了三年来郁闷的空气。

5月4日一早，新校舍墙上贴满了纪念“五四”的壁报，晚间又举行了营火会。文艺社举办的“五四与新文艺运动”讲座，因为听众太多，临时改会场，被一部分反动分子叫嚣破坏，延期到5月8日晚在图书馆前大草坪重开，讲题有：

1. 五四运动的意义与影响
2. 五四前后新旧文学的辩争
3. 新文艺中诗歌的收获
4. 新文艺中散文的收获
5. 新文艺中小说的收获
6. 新文艺与文学遗产
7. 新文艺与西洋文学
8. 新文艺与法国文学
9. 新文艺的前途

连续几天的纪念活动，在联大形成一种节日气氛，并在以后几年每年都举行盛大的“五四周”。联大复原以后，同学们又将这种纪念方式作为一个传统带到北方的三校。

自从 1944 年的“五四”纪念活动以后，联大的民主运动、学生运动便在中国共产党的领导下一步步更为壮大地向前发展。各种社团从学生自治会、系会、班会以至文艺社、新诗社、剧艺社、阳光美术社、高声唱歌咏队、各体育会等都起了组织和推动作用，联大墙上的壁报成为同学们讨论时事政治问题和斗争的武器，教育了广大同学乃至校外的学生和市民。座谈会、讨论会也经常举行，对于若干重大的政治问题，联大学生常常站在进步的立场向全国发出宣言。联大的影响很快就扩展到昆明乃至外地的大中学校，几次向反动势力进行斗争的大示威、大游行也总是联合昆明各校一同举行的。

1944 年也正是国民党军队从河南、湖北、湖南、广西直至贵州失地数千里大溃退的一年。在联大师生的推动下，这一年的昆明各界“双十节”大会上，通过了要求结束国民党一党专政和蒋介石独裁的宣言。12 月初，日军由湘桂深入贵州独山，大后方的腹地也因蒋军的腐败溃逃而受到震动。以联大学生为基本队伍，10 月 25 日又举行了云南护国起义纪念大会和会后的大游行。这是讨孔运动后几年来的第一次大游行，游行群众中喊出了“打倒专制独裁”“扩大民主运动”的口号，显示了人民的意志和力量。

1945 年以后，联大民主运动、学生运动日益高涨。

在 1945 年五四前夕，国民党中央党部和云南省党部都曾密令昆明各校限制、防范学生举行五四庆祝活动，但联大学生以更盛大的“五四周”完全粉碎了反动统治者的密谋。“五四周”活动从 4 月 30 日的科学晚会开始，华罗庚教授在会上大声疾呼政治必须改革，民主必须实行。5 月 1 日晚的音乐晚会上，青年们用《五月的鲜花》《民主胜利进行曲》《黎明快来》《黄河大合唱》等的歌声纪念了自己的节日，唱出自己的要求。5 月 2 日有诗歌朗诵晚会。5 月 3 日晚是青年运动座谈会，会上除了青年运动历史的报告外，还有许多校内外的同学和工人的热烈发言。5月4日清晨，同学们贴出了数十版的壁报特刊。4日下午，联大等校学生自治会联合举行五四纪念会，会后举行了大游行。游行中群众高呼“立即停止一党专政！”“组织联合政府！”“取消特务组织！”等口号。5月5日有文艺晚会。此外，在这几日中还有球赛、美术展览、火炬竞走、全校聚餐等活动。并以联大全体学生名义发出对国是的意见宣言，严正地指出当时国民党统治区的情况是：“抗战八年来，国土连年丧失，人民惨遭涂炭；贪污已成泛滥的狂流，特务作为统治的工具；财富集中，通货膨胀，大多数人民不得不陷于饥饿死亡中；统制思想，排除异己，正义的声音被迫归于喑哑；士兵辗转饥寒，接连溃败；外交固执成见，开罪友邦，社会正义全被凌夷，食血者流度其骄奢淫侈的生活，学术文化日趋贫困，顽固分子大肆其复古谬论。”宣言中提出了立即停止国民党一党专政，组织联合政府；立即取消一切特务活动，立即没收发国难财者的财产等六项要求。这宣言在学生自治会提出草稿后，虽有少数反动分子的阻挠，但经过同学公开辩论，获得绝大多数系会级会的支持，终于以联大全体2500名同学的名义通过发出，表现了联大学生进步、民主和团结的精神。这宣言也表明了中国共产党在这时提出的政治上的重大方针政策，已经获得联大绝大多数同学的公开和积极的支持响应。

1945年8月，联大师生热烈欢欣地迎接了抗日战争的最后胜利。学校准备在明年迁返平津，许多经过八年颠沛艰苦生活的师生渴望着重返故土。但是，随着抗战胜利的到来，国民党反动派却正准备着挑起大规模的内战，反人民反民主的反动措施在逐步加紧。联大师生和全国人民一样，原期望着在打退日本帝国主义恢复国土之后建设起一个民主、进步、富强的新中国，而今，统治者却倒行逆施，阻挡历史的前进道路，以维持和巩固其独裁统治。这种情况不能不使联大师生由胜利的欢欣转为忧虑以至愤恨，并且密切地注视着形势的发展。

1945年10月初，蒋介石突然以武力迫使云南地方势力龙云下台，实行云南省政府的“改组”。在双方武装冲突下，昆明市内枪弹飞掠，联大师生在饱受惊扰之后，更直接地受到国民党反动派的特务统治。以云南省代主席李宗黄和警备司令关麟征为首的反动统治者，在云南遍布特务，公开反共反人民，甚至以搜捕散兵游勇为名，遍街逮捕青年学生。

1945年11月，国民党反动派在重庆军事会议之后，动员200万以上的军队开始进行反共反人民的内战。11月24日，联大冬青、文艺、社会科学研究会和南院女同学会等15个团体决定联名请求学生自治会通电反对内战。自治会决定在25日联合云南大学、中法大学和英语专科学校的学生自治会在云大举办反内战的时事晚会。而25日报上发表了云南省国民党党、政、军联席会议关于“禁止一切集会游行”的反动禁令。四校自治会决定将晚会改在联大校内举行。25日晚，联大图书馆前的大草坪上，四所大学以及各中学的同学6000人正在开会时，联大校舍被国民党第五军邱清泉部包围戒严，枪弹炮弹在同学们的头顶上往来飞掠，会场的电线也被割断。这种反动的武力迫害只是使同学们反内战的意志更加坚定，晚会在枪林弹雨下仍然照样举行。散会时已是深夜，军警包围戒严新校舍并不许散会群众外出，直到两小时后才得以绕道进城。对此事，云南警备司令曾公然声称：“学生有开会的自由，我也有开枪的自由。”

反动派的这种无理措施引起了同学们的极大愤慨，第二天报纸上中央社发的“昨晚西郊匪警”的诬蔑造谣消息更增加了这种愤慨。26日晨，新校舍墙上立即贴出了许多罢课抗议的大字报。在联大罢课后，昆明30余所大中学校同学也都立即罢课响应，共同组织了昆明各校罢课联合会，通过了罢课宣言和反内战宣言，要求立即停止内战；反对美国助长中国内战，立即撤退驻华美军；立即结束国民党一党专政，召开政治协商会议，成立联合政府；切实保障人身自由；取消省政府禁止集会游行的非法禁令等等。

在反动派种种阴谋都告失败以后，11月29日，关麟征、李宗黄、邱清泉等召集的第四次秘密会议上，遂有对学生进行大屠杀的决定。30日，三青团云南团支部宣传科长周绅，率领了许多特务党棍在军校演习投掷手榴弹。12月1日，便发生了死伤数十名师生的“一二·一”惨案。

12月1日上午，国民党、三青团以及警备司令部、军官总队、鸿翔部队（伞兵）的特务党棍成群结队分头攻打昆明各校。在数百名军官总队的特务暴徒攻到新校舍门口时，同学们立即紧闭校门，把桌椅黑板堆集在门内阻塞通路、隔墙和特务们对垒，特务们曾一度攻破大门进到校内，情况非常紧急，但同学们齐声一呼，大家冲上前去把冲进门来的特务完全击退，并且俘获了一名。特务们同时对校门外的联大师生逞凶，将袁复礼教授和同学围住殴打。当特务投掷手榴弹时，在场的南菁中学教师于再被炸身亡。在数小时的战斗中，新校舍同学以奋不顾身的勇敢精神，付出了数十人受伤的代价，保卫了校舍未受侵入。

另一队特务大致在同一时间，攻向龙翔街联大师范学院，乘同学们正在吃午饭时闯入了院内，师院的同学们立即放下饭碗和特务搏斗，隔墙昆华工校同学们闻讯也越墙过来支援，同学们发起冲锋将特务打退。这时，特务投出了手榴弹，潘琰、李鲁连和昆工同学张华昌被炸殉难。

大群特务的行凶和四烈士的惨死，使同学们在极度悲愤情绪下更坚定了反内战争民主的决心，更扩大和加强了反内战争民主的宣传和组织，誓以行动为四烈士复仇。“一二·一”惨案的消息在全国范围内也引起了各界人民对反动派的痛斥，延安、重庆、成都、上海等地各界开会追悼烈士，声援昆明学生。联大图书馆做了四烈士的灵堂，里面陈列着烈士们的血衣、遗物，挽联、悼词四周墙壁挂不下，扯上几十条长绳，挽联悬挂在长绳上，形成若干条挽联巷道。一天到晚，人流不断。半月之内来灵堂致祭者达到10万多人。我写了一副挽联，挂在山墙的高处：“挟书者族，偶语者诛，驱四万万人民尽效鹦鹉舌、牛马走，转瞬咸阳成灰，千古共笑秦王计；杀身以仁，舍生以义，将一重重悲愤化作狮子吼、杜鹃魂，行看中国再建，日月长昭烈士心。”还有500多个团体组织了集体分祭，许多人是含着眼泪走进、咬牙切齿走出灵堂的。血淋淋的事实教育了人们，更加认清了反动派的面目。

为了打击反动派的阴谋，同学们在 12 月 16 日晚举行了反内战座谈会，在会上群众情绪高昂，一致通过坚持罢课，会后并举行校内的游行。到了第二天，除了极少数的三青团分子之外，绝大多数的同学们坚持了罢课。

党所领导的罢课委员会一方面击破了反动派“无条件复课”的阴谋，另一方面考虑到运动必须在取得相当胜利时有条件地复课，以巩固胜利和继续争取中间派的同学和教师。12 月 27 日，在保障人身自由、言论集会自由、赔偿损失等五项条件取得地方政府公开保证后，同学们在罢委会领导下宣布复课。

“一二·一”运动继承和发扬了中国青年学生自“五四”和“一二·九”以来的光荣历史传统，推进了当时国内反内战争民主的浪潮，使广大群众认识了国民党政权的反动本质，提高了觉悟。在中国共产党的领导下，运动团结了绝大多数同学，胜利地粉碎了反动派的阴谋。“一二·一”运动也锻炼了同学的战斗力量，丰富了学生运动和群众斗争的经验。经过“一二·一”运动的洗礼，许多同学在日后解放战争时期华北和云南的学生运动中成为积极的骨干力量。

1946 年 5 月 4 日，西南联大在抗战时期的使命完成之后正式结束，联大的同学们按志愿分入北大、清华和南开三校，并开始复员迁返京津。同时在联大校址内，树立了西南联合大学纪念碑。碑文简述了联大八年始末，最后一段说：“联合大学初定校歌，其辞始叹南迁流离之苦，中颂师生不屈之壮志，终寄最后胜利之期望，校以今日之成功，历历不爽，若合符契。”

联大的民主运动直接打击了国民党反动派，国民党对联大进步师生恨入骨髓。联大结束，教师与学生纷纷离校，留在昆明的为数很少，又值暑假期间，大、中学校都放假，国民党特务利用这个时机，于 1946 年 7 月 11 日先暗杀了李公朴，又于 15 日暗杀了联大教授闻一多，成为当时震惊中外的“李、闻血案”。李、闻的惨遭毒手，给北京大学师生留下了悲痛的记忆，使北大的师生对国民党反动派更加仇恨。

西南联合大学时期的教学和科学研究活动

长沙临时大学包括三个学校，因而系科的设置比北京大学在北京时多了一个工学院，又多了一个商学系。当时临时大学有下列各系：文科方面有中国文学系、外国语文系、历史社会学系、哲学心理教育学系。理科方面的有物理系、化学系、生物学系、算学系、地质地理气象学系。工科方面有土木系、机械系、电机系、化工系。法商科方面的有经济系、政治系、法律系、商学系。

学校规模比从前北京大学扩大了，有些学系是北京大学从前所没有的。从长沙迁校到昆明以后，系科又有所增加，比长沙临时大学时又有扩大，还增了一个师范学院。共有 5 个学院 26 个系。三校共同有的系，合并后，有教授过多的现象。为了满足教员的教学工作最低授课时数，开设课程很多，甚至有些杂乱。八年来，据不完全的统计，西南联大开过的功课（重复的课程不算）共达 1600 门以上。这里面不免有因人设课的地方。

当时教授的生活是十分困苦的。国民党军事上的退败和政治上的腐化，国民党的反动本质也更加在广大人民中间暴露出来，官僚资本对人民的搜刮愈益加重。到 1940 年，昆明的物价已在国民党统治区居于首位，并且还不断高涨。依靠薪给收入的工人和公教人员的生活受到极严重的威胁，大部分学生也因营养缺乏而损坏了健康。联大的教师学生已经和广大人民一同成为饥饿线上的挣扎者。通货膨胀和物价上涨的结果使联大教授每月薪金的购买力在一个时期仅合到战前的 8 元左右，这个数目根本不能维持一家大小最低限度的生活。联大的教授们曾再三向国民党政府提出略增薪金的要求，例如，曾联合公开上书希望将大学教授的薪金维持在战前购买力 30 元左右，而每次都遭到统治者的拒绝或不理睬。像闻一多教授全家从每天的三顿干饭改为两顿，两顿干饭还不能维持时就只能喝稀饭，菜蔬从白菜豆腐而降为豆渣，全家都需束紧腰带忍受饥饿。许多教授因为避轰炸而疏散住在昆明乡间的村镇中，到学校授课每次都要往返步行数十里。即使在如此困难的情况下，多数教师们还是认真地坚持了教学工作。

为了改进教学工作，有许多系编制了一些教材和教本，比如中国文学系编印的《国立西南联合大学国文选》曾增订改选重印了好几次，1944 年编选的《国立西南联大语体文示范》由作家书屋代为印行，其他学校也有采用的。工学院也编写了几种大学丛书。西南联大创办的《国文月刊》，从 1940 年起由开明书店发行，成为国内关于国文教学的定期刊物。

西南联大的定期学术报告会也是当时教学活动中的一个特别的方式。比如从 1942 年起，中文、历史两系共同组织的文史讲演会，约请校内外的专家轮流主讲，共举行了 50 余次，其中包括文学、史学、哲学、艺术各方面的问题。此外，新文艺座谈会、诗歌朗诵会，也经常在教授的参加下举行。这种性质的集会，多半和民主革命运动相配合，在广大群众中经常起着宣传、鼓动作用，和上述的文史讲演会一味追寻古代趣味的讲演不同。

关于时事报告（国际、国内政治形势的分析），也是经常举行。这种学术性的报告经常反映两条政治路线的斗争。有些反动教授假借学术报告的幌子替蒋介石的专制独裁吹捧。但是这种讲演越到后来越不受同学的欢迎。也有进步教授通过学术讲演宣传革命的道理，揭露国民党的腐败、无耻、不得人心。这样的讲演经常是听众最感兴趣的。

由于教学设备较差，学校经费又十分困难，西南联大师生在极端艰苦的条件下，克服了许多困难，改进了教学。有的系利用当时的条件，开创了新的教学和研究的领域。比如，中文系开设了“汉藏语调查”及“汉越语研究”的课程，就是利用昆明的有利条件开出来的新课程。通过这些课程也培养了一些从事实际调查的语言学人才。又如，地质地理气象学系建不起气象台，教学工作发生困难，他们就利用联大墙外一座旧碉堡改装后，就成了一座简单的气象台了。如理科与工科各系，经费不足，仪器不足，多半采取了和企业部门合作的方式解决教学和实习的困难。工学院有些系有附属工厂的，也利用生产的利润来补助教学经费之不足。

当时勤俭、刻苦的精神也很值得回忆。化学系自制泥炉烧木炭以代替煤气炉和电炉。生物系有一次房屋被敌机炸毁，警报解除后，师生从弹坑中挖出仪器，加以整理，仅仅隔了一天，又照常上课了。当时教学和研究条件十分困难，没有多少钱可供使用，反而使得许多师生经常开动脑筋，工作也踏实一些。没有大量的钱购买书，因而在研究中，只钻书本、查文献、不肯动手的缺点比起以前和以后的情况来，都要少一些。

比如闻一多研究古代诗歌，他就经常从当时云南兄弟民族的民歌中得到启发；有的教授研究三礼，也经常从兄弟民族的婚丧大事、风俗习惯中做比较研究。

北京大学研究院文科研究所于 1939 年恢复招生，法科研究所也于同年恢复。文科研究所设在城内靛花巷，法科研究所设在冈头村。

1942 年，文科研究所与中央研究院合作，组织西北考察团，到西北敦煌一带考察。

因抗战初期，日本飞机经常轰炸市区，文科研究所由靛花巷迁往昆明东北郊龙泉镇宝台山。1944 年，敌机不敢来扰乱，又迁回昆明才盛巷。

为教学和科学研究服务的图书馆，在西南联大时期也是在十分艰苦的条件下工作的。临时大学时期，三校的图书没有运出来。为了教学的需要，临时在长沙收集了一部分。临时大学的中文书约 5000 册，西文书约 1000 册。学校迁到昆明，改为西南联合大学以后，陆续增加。中文、日文书籍共有 34100 册，西文书籍共有 13900 册。1940 年，英国牛津大学赠书 1454 册。外文期刊，清华、北大合起来近百种。但当时北京图书馆也迁到昆明，他们有外文期刊（包括文、理、工各科）共 1700 多种，对于联大有不少的帮助。在 1941 以前，中央研究院历史语言研究所的图书馆设在龙泉镇宝台山，和北京大学也有互相借书的联系，这对于西南联大的教学也有所帮助。

北京大学原来教师中共分为四级：教授、副教授、专任讲师、助教。抗日战争后，与清华大学、南开大学合并后，三校行政管理和人事制度完全划一。抗日战争结束后，三校分家，北大仍旧继承西南联大的教师五级制，院系调整后，才又改为四级制。西南联大教师共分五级，这是参照了清华大学的制度而加以改变的，分为教授、副教授、专任讲师、教员、助教。有些外籍的在中国短期讲课的教授，称为“客座教授”。此外，有“研究助教”多半是研究院毕业后，不担任教学工作的职称，地位相当于专任讲师。有“半时助教”，教学任务相当于助教的一半，可以进修，但工资只有助教的一半。至于各级行政领导，只有三个常务委员是专职，其余各级负责人如总务长、教务长、各院的院长、各系的系主任都是由教授兼任的。这里也可以看出在西南联大时期的“教授治校”的风气。至于训导长是由国民党系统直接委派的，不一定由教授担任。

临时大学和西南联合大学的常务委员会由北京大学校长蒋梦麟、清华大学校长梅贻琦、南开大学校长张伯苓三人组成。1945年，蒋梦麟辞去北京大学校长职务，国民党教育部派胡适为北京大学校长，胡适当时在美国。胡适未到校前，由傅斯年代理校长。

抗战时期西南联大散记

日寇侵占华北，“七七”抗战开始。原在北平的北大、清华和天津的南开大学，奉命迁往湖南长沙，成立“临时大学”，临时大学在长沙驻有半年，又奉命迁往云南昆明。临时大学改名为“国立西南联合大学”，一直到1946年夏联大宣布结束，北方三所大学分别回到原来的校址办学，虽只有短短八九年的时间，但它在中国教育史上留下了不可磨灭的、光辉的一段历史。

罗常培开辟了少数民族语言新领域

人文科学、社会科学方面，西南联大教师们的成就当年在全国也是领先的。这一点似乎人们注意得不多，现在补充说一说。

比如闻一多研究《诗经》《楚辞》，文献考证功力深厚，他后来利用西南地区民族、民俗的活化石，使他的学术造诣开了新生面。

语言学大师罗常培，利用西南地区的特殊条件（云南省就有22个少数民族）开辟了少数民族语言新领域，为我国培养了新一代的民族语言研究人才，如马学良、傅懋绩等人都成为国际知名的专家。新中国成立民族语言研究所，这些青年学者成为骨干，为少数民族创制新文字，这批专家成了主力军，我国少数民族学的基本队伍是联大时期培养的。

贺麟创立“西洋哲学编译会”

“西洋哲学编译会”，主持西洋哲学名著翻译工作，造就了不少哲学翻译人才。新中国成立后商务印书馆出版的西洋哲学名著系列丛书，主要是西南联大时期的一批青年学者完成的。他还系统介绍黑格尔哲学，新中国的黑格尔研究，贺麟有开山功劳。

名家荟萃，大师风采

金岳霖的《知识论》是他在联大的讲稿，他的哲学著作《论道》是他跑警报时在山坡上构思完成的代表作。

汤用彤的《汉魏两晋南北朝佛教史》出版半个多世纪以来，国内外还没有一部著作可以取代它的权威地位。

熊十力的《新唯识论》（语体文本）是这一时期完成的。

洪谦是向国内学术界介绍维也纳学派的第一人。

钱穆的《国史大纲》出版的扉页上写着“谨以此书献给抗战的百万将士”，这部中国通史成为各大学首选的教材。

历史系雷海宗讲授中国通史，他上课只带几支粉笔、不带讲义书本，能将历史事件、年代讲授得准确无误。结合他丰富的世界史知识，把中国古代史放在世界历史的大范围内来观察，使学生增加了知识，开拓了眼界。

陈寅恪讲“佛典翻译文学”选修课，上课时带了一包袱书，从不翻看，娓娓讲来，令听者忘倦。

西南联大不采用当时教育部规定的作为全国通用的政治课《党义》教材，以《伦理学》取代国民党的“党义”课的大学，全国只有西南联大一家。

罗庸与闻一多竞开《楚辞》课

百家争鸣成为西南联大的学风。北大中文教授罗庸讲“唐诗”课，第二年清华中文系教授闻一多也开“唐诗”课。闻一多讲选修课《楚辞》，第二年罗庸也开《楚辞》。两人讲授的风格、内容各异，同学受益很多。

沈有鼎为哲学系开《周易》课，听讲只有三五个学生，闻一多也杂坐在学生中听讲。郑昕开“康德哲学” 课，数学系教授程毓淮也来听课。陈寅恪讲“佛典翻译文学”，中文系、历史系、哲学系的助教、讲师多来听课，本科生反倒不多，陈遂有“教授的教授”的称号。

学生商榷老师傅斯年

百家争鸣，学术民主，不但在同辈中盛行，师生之间也不鲜见这种宽容求是的事例。历史系王玉哲在北大历史系二年级时，对傅斯年研究《齐物论》的观点提出不同意见，在刊物上反驳。傅斯年在西南联大担任北大文科研究所所长，招研究生，王玉哲想报考研究生，又怕傅老师对他有芥蒂，后来壮着胆子报考了，并被录取，师生相处很好。

杨振声指导本科论文

杨振声指导大学本科四年级学生写论文，这位学生是研究曹禺的题目，迟迟写不出，杨约学生谈话。原来学生的观点与杨先生不尽一致，怕导师通不过。杨振声告诉他，只要认真研究，掌握原始材料，言之成理，持之有故，尽可写成论文，师生完全一个样，学术怎能发展？学术面前，只重证据，不论资格。听说这位青年后来成了中山大学的名教授，并经常以此精神教导下一代。

邀请归国过路名人来校讲演

抗战后半段，日本发动太平洋战争，美国派来志愿空军，在昆明建立空军的“飞虎队”驻昆明，经过几次空战，打下来日本飞机多架，日寇飞机不再敢来空袭，上课时间比较正常。中缅公路修通后，昆明成了对外交通的通道。联大有时邀请归国过路的名人讲演，我记得的有顾维钧、焦菊隐、徐悲鸿，美国回来的林语堂，牛津大学的Daods，出国作战、在缅甸密支那城全歼日本侵略军的杜聿明，等等。师生们物质生活艰苦，精神生活却十分活跃丰富。

徐悲鸿谈画

徐悲鸿先生由欧洲经苏联回国，过昆明，联大学生请他演讲。苏联画展组织者动员了全国有名的不同流派拿出作品参展。大量的作品是描写红军抗击德国纳粹的战争。也有些老画家，没有画过红军卫国战争的作品。为了使画展丰富多彩，表明全苏联不同流派一致的团结卫国精神，尽量动员艺术界更多成员参加。当画展组织邀请这些老画家拿出作品时，一位老画家生气地说："没有，都给钉上木板了。"（因为当年苏联革命成功后，把不是直接表现革命的绘画作品封闭起来，教堂的宗教故事画用木条钉上谢绝参观，这类极左的行为，曾引起一些画家的不满）经画展组织者一再劝说，这位老画家拿出一幅乡村风景画。徐悲鸿在画展会上看了这一幅画，题名"绿舞"：一棵大树屹立在田野上，树叶迎风飞舞，生动极了。恰好有几个青年参观者也在欣赏这幅画，问解说员："这大树和房子很好，画上怎么不见红军啊？"解说员机敏地说："你不是看见树后这所房子吗？红军隐蔽在房子后面啊！"

焦菊隐谈"二战"时期的英国人民

纳粹德国首先发明飞弹（后译为导弹）V1、V2，用来攻击伦敦，造成居民伤亡，建筑被毁，危及交通，市内道路通行天天改变。当时伦敦一家大百货公司遭到飞弹袭击，屋顶炸穿，被开了天窗。公司门口布告：Open as usual（照常营业）。第二天又被炸了，屋顶的破洞更大了。百货公司又公告：More open as usual（更加照常营业）。英国人民巧用 open 这个双关语，more open 既表示对敌人的藐视，又体现出伦敦市民遭炸而不气馁的乐观幽默性格。

经常性的学术讲演

西南联大人文学科专家大师云集，学术风气活跃。

北大文科研究所罗常培教授积极组织了一系列学术报告会。联大许多学术社团组织，也经常开展各种学术活动。

我听过的学术讲演，现在记得清楚的有汤用彤先生的“言意之辩”，后来收入他的《魏晋玄学论稿》。

向达先生的“唐代俗讲考”，长篇故事有连续性，十天半月讲不完。从甲地换到乙地，接着讲，听讲者听得入迷，经常追随讲者也从甲地跟到乙地。

冯友兰先生讲“禅宗思想方法”，说禅宗的认识论用的是“负的方法”，用否定的词句表达肯定的意义，以非语言的行为表达语言不能表达的意义，“说就是不说”。讲演散会时，天气转凉，冯先生带了一件马褂，穿在身上，冯自言自语地说，“我穿就是不穿”。这部分内容收入了他的《新知言》一章里。

法学教授作世界形势报告

法学院一位教授在昆中北院作世界形势报告，分析德苏不会开战，提出有四条根据，先讲了两条，中间休息二十分钟。恰好这时街上报童叫喊“号外”“号外”，“德苏开战了”“德苏开战了”。主讲人颇感尴尬，宣布下半讲不讲了，提前结束。其实，世界风云变幻莫测，一个书生仅仅根据报刊、文献提供的有限信息资料去做判断，结论有误完全可以理解。这位教授照旧受到学生们爱戴。

黎东方先生讲历史故事，经常加进一些噱头

西南联大的学术讲坛，也吸引了外省学者的兴趣。重庆中央大学历史系黎东方教授到昆明讲“三国历史讲座”，租用省党部的礼堂，售票讲演，听众踊跃。送给联大历史系教授们一些票。姚从吾、郑天挺等先生都去听过，我也分得一张票。他为了适应广大听众的趣味，黎东方先生讲历史故事时，经常加进一些噱头。讲三国时期吕布与董卓的矛盾，把《三国演义》的一些情节加以演绎：“吕充当董卓的贴身侍从武官，住进相府。吕布就在客厅支了一张行军床，这样与貂蝉见面的机会多了，随便谈谈三花牌口红的优劣，谈得很投机……”善于随时加进一些“调料”，他的讲演上座率不错。听说他在重庆的讲座也很受欢迎。

联大学生的共同信念

联大学生立场虽有分歧，但其共同的信念是爱国、保卫国家，争取民族独立。西南联大办学的目的是培养建国人才。建设国家，首先要爱这个国家，必须是关心民族命运的爱国者。联大师生有不同的政治立场，有左的，也有右的，绝大多数是中间群众。他们政治立场虽有分歧，共同的信念是爱国、保卫国家，抵抗外来侵略者，争取民族独立。这种情况与当时抗战时期的总形势和中华民族的历史使命是一致的。

抗战胜利后，日本投降，西南联大解散。三校分开后，各立门户，日子过得还不错，总感到似乎还缺少点什么。西南联大的形象长期留在人们的记忆里，历久弥新。

我心中的西南联大

今年11月1日是西南联大建校70周年。联大北京校友会汇集师长、同学及与联大有密切联系者撰写的110多篇文章，编成《我心中的西南联大》一书，从各个侧面记叙西南联大的爱国主义精神、民主科学传统、学术自由风气、大师如云盛况以及异彩纷呈的业余文化生活等等，内容翔实，生动感人。这本书的出版发行，可以使更多人了解联大、认识联大。我认为是很有意义的。

联大成立之初，只是为了把大学教育的长明灯持续下来，保持我国的学术文化不中断。北大、清华、南开三校在长沙合并为一校时称“临时大学”，迁昆明后正式定名称“国立西南联合大学”。三校各推一人为常委，蒋梦麟（北大）、梅贻琦（清华）、张伯苓（南开），三校常委集体负责领导。蒋梦麟、张伯苓常驻重庆，常委长期主持人是梅贻琦校长。

西南联大值得怀念的是它的自由宽容、博大深宏的学风。团结师生的唯一凝聚力是爱国主义。

国民党时期，全国高校都要上“党义”课。教者照本宣科，课堂稀稀拉拉，学生勉强应付。西南联大不设“党义”课，以伦理学代“党义”，全国院校只此一家。全校学生分为四个大班，由哲学教师四人分担。当时没有容纳这样许多人的大教室，就在露天上课，记得哲学系讲师齐良骥、石峻、王逊都教过伦理学，冯友兰先生也教过一个班，在大树底下讲课，他戏称这是“杏坛设教”（曲阜孔庙有“杏坛”相传孔子讲学处）。

沈有鼎讲《周易》，这部书太难懂，只有两三个听众，其中闻一多教授也去听课。郑昕讲康德哲学，听课的有数学教授程毓淮。

联大教授重创新，都以讲自己的教材为荣，讲现成的教科书为不光彩。这也是其他大学稀见的。

联大抓体育抓得很紧，功课都及格，体育不及格不能毕业。还规定文科学生必选一门自然科学，理科生必选一门人文科学。目的在于培养通识人才。有的系鼓励选修第二外语，如哲学系学德语，为了读康德、黑格尔的著作。

入学第一年，英文、国文（语文）都是重点必修课，必须学好，这两门不及格，不能升级。一年级语文课教师，记得有余冠英、李广田、沈从文等十来位。英语教师有王佐良、李赋宁、叶柽、查良铮等十来位，这些教大一英文、国文的教员后来都成了知名的诗人、专家、学者。

1943 年，中国也派遣远征军出国到缅甸与美英联军共同作战。中国军队需要大量翻译到美英军中当译员（上尉军衔），时值寒假（只差半年毕业），西南联大号召全校四年级男生都去当翻译，体检合格后先培训一个月，即上岗。可见西南联大学生英文基础比较扎实，文、理、法、工各科学生都能胜任，有的翻译官后来立了功。

平时学生考试，不必按照教师的讲义来答卷，意见与教师相反，只要有根据，也可以拿高分。记得经济系陈岱孙教授开《财政学》，这是一门既有理论又要联系实际的课程。经济系的同学说有一年考试题目是“假若我当财政部长”。西南联大之所以人才辈出，既有个人的努力，也与这个鼓励创新的学风有关。

西南联大办校正值战争年代，有一半的日子天天躲避日寇飞机轰炸，物价飞涨。师生在半饥半饱状况下，却为中华民族培养了一大批人才。从 1938 年至 1946 年，先后在联大毕业的本科生（包括持北大、清华、南开学籍的），总计有 3700 余人。这些毕业生在当时以及新中国成立后都发挥了积极作用。当时西南联大已经是世界第一流。已有事实证明，西南联大选送出国的优秀学生，到外国也是该校专业的尖子，有的人当了课题组的领军人物。凡是到过西南联大的中外学者，都认为西南联大创造了办大学的奇迹。

所谓奇迹，无非是对稀见事物的一种称谓，奇迹出现绝非偶然。魏晋哲学家王弼说过“物无妄然，必由其理”。

在1942年6月，当时的教育部部长陈立夫，三次下命令给西南联大，要求全国教材内容、考试方式，课程设施都要全国统一，由教育部核准。西南联大教授们经过认真考虑、讨论，对教育部的办法提出异议。全文较长，又是文言，简述大意如下：

大学包罗万象，任务为百年树人，各大学自有其教学经验，宜稳定，不宜多变。同一课程，不同学校，讲授内容各不相同，教育部行政领导时有更迭，如果一切都由教育部决定，朝令夕改，大学将无所适从。今天的教育部官员，也多当过大学教授。当他在当教授时，专教一门专业，兢兢业业，尚恐出错。为什么到了部里，忽然成了万能的指挥者（原文为“智周万物”），实在令人难以理解。三校创办之初，办学方针都是遵循教育部方针办的，施行多年，为国培养人才，说不上有功，尚未出现流弊。全国大学，水平参差不齐。教育部的统一教材，统一课程的规定似可以允许例外。

呈文发出后，未见教育部第四次来文，师生们松了一口气。

西南联大没有什么独特之处，其实就是原来北大、清华、南开三校奉行多年、行之有效的方针，就是“海纳百川，心系天下（爱国主义），百家争鸣，不断创新”，也就是“五四”精神在教育方面的具体化。由于民国期间长期军阀混战，政治混乱，只有教育界几所有水平的大学保持着“五四”以来的“科学与民主”这一小块净土。政府定都南京，北平成为文化城市。这种环境使北大、清华、南开等校得以按照教育规律办学。办学方针实事求是，教学方式百家争鸣，不强求纳入一个模式。同一课程，如“唐诗”，闻一多与罗庸两人观点不同。一样古文字学，唐兰与陈梦家不同。同一课程，同一教授，今年与去年不同。教授之间，互相听课，师生之间可以互相保留不同的学术观点，撰写论文。学生可以不同意导师的见解，只要持之有故，有充实的根据，教师可通过他的论文。

联大不提倡读死书，同学都关心国家大事。当时的头等大事是支持抗战。在科研工作中从不抱残守缺，在战时与海外大学交流十分困难的条件下，师生们密切关注国际学术前沿各领域，有人回国带回一本新书（江泽涵教授的一本《拓扑学》），当时尚不具备复印条件，教授们曾辗转手抄。

我在西南联大先当学生，后来又当教师。我是北大文科研究所的第一批研究生（一共招过两届，我是第一届）。研究生与北大几位导师教授同住在一个宿舍（靛花巷）又在同一个餐厅开伙食，因为房间小，分在两处用餐。师生们朝夕相处谈学问，也谈生活，议论政治也随时讲些历史掌故，师生关系十分融洽。据我所知，这种师生之间互相关心帮助的风气，三校其他院系也有。如清华大学文科研究所学生帮助老师买菜，物理系的吴大猷夫人患急病，学生朱光亚背着送医院。此种故事甚多，无须多举。师生之间朝夕见面经常地交流，有学术的，有思想的，这有点像古代的书院。北大文科研究所，正所长是傅斯年，副所长是郑天挺，罗常培戏称郑天挺先生为“山长”（古代的书院的导师及主持人）。我们同住的导师有罗常培、郑天挺、陈寅恪、汤用彤、姚从吾几位。

第一批研究生中，后来知名的有王玉哲（南开大学）、杨志玖（南开大学）、阴法鲁（北京大学）、周法高（台湾）、逯钦立（东北师大）等。

清华大学的研究生有王瑶、冯契、季镇淮、王浩等。南开未招研究生。

如问联大何以能创造奇迹，可以明确回答，这奇迹来自1919年“五四”爱国运动，西南联大关心天下大事（外抗日寇，内争民主）、实事求是的科学精神，尊重别人的民主传统，“五四”的火炬在联大师生手中传承下来。当时云南有地方政府对重庆的干预有所抵制。这种环境下，也增长了西南联大民主运动空间。

当年的西南联大师生人人关心国家命运，抗战必胜，日寇必败，已成为联大师生的共识。“五四”精神不仅在抗战时期在西南联大发挥了积极作用，今天的实现科学发展观，发扬民主，是中华民族为之奋斗的总课题。西南联大虽已结束，联大精神是常青的，百年树人，实现科学发展观已成为全民族前进的大方向。前景无限，共同奋斗，任重道远。

（本文是《我心中的西南联大》一书的序言）

先生们

汤用彤先生和他的治学方法

《汉魏两晋南北朝佛教史》出版到现在快半个世纪。这部著作得到国内外专家学者的重视。汤先生除佛教史外，还有不少其他方面的著作，这里不想多说什么评赞的话，可由读者自己去判断。中外学者公认的汤先生的成就还是在中国佛教史这个领域。古人说“鸳鸯绣出凭君看，不把金针度与人”。相处多年的师友都知道，汤先生一辈子从事研究工作，留下了传世之作，但他生前从未讲过他研究佛教史用的是什么方法。现在试图通过汤先生的佛教史著作成果，谈一谈汤先生的治学方法。虽说和汤先生在一起，朝夕相处达30年之久，先是跟他当学生，后来给他当助手，对他的治学方法有一些初步感受，但个人的看法难免片面，未必符合实际。汤先生去世近20年，墓木已拱，无所取证，现在写出来，供参考。

汤先生病逝于1964年，当时痛惜他死得早，不料两年后，即发生了“文化大革命”，以他多病的身体，在北大那个环境，怕也难渡过这一劫难。汤先生去世已19年。这19年中，我国经历了极大灾难，又从极大的灾难中得到重生，全国人民满怀信心地向前迈进，文化事业将有一个高潮。这一新时代，可惜汤先生不及见！

传略及著述

汤用彤先生，字锡予，湖北黄梅县人。1893年农历六月二十三日（公元1893年8月4日），生于甘肃省渭南县。他的父亲曾在甘肃省任地方官多年，幼年随父亲读五经、四书、古代历史，受过比较严格的封建家庭教育。

1911 年春，他由北京顺天高等学堂考入清华学校。顺天高等学堂是一个水平比较高的中学，该校在北京抗战前称为河北高中，地址在地安门东大街，即现在的北京市东城区教师进修学院。当年汤用彤先生在戊班，梁漱溟先生（当时名梁焕鼎）在丙班，张申府先生在丁班，李继侗与郑天挺先生在庚班，一个年级为一班。1916 年毕业于清华学校，同年考取留美官费。因患沙眼，留校工作，教国文，并治沙眼。在清华读书时，与吴宓先生交谊颇深。

1918 年，赴美国留学，读大学课程。当时清华学校与美国的大学的课程基本衔接。1920 年，入哈佛大学研究院，1922 年，取得硕士学位。在哈佛期间，学梵文、巴利文。梵文课程一般要三四年方可卒业，汤先生勤奋过人，提前完成应学习的课程，于 1922 年回国。1922 年到 1926 年，在南京东南大学任哲学系教授、系主任。陈康先生是他那时的学生。陈康后来在德国十余年，通晓古希腊文，成了我国少有的古希腊哲学专家。1926 年夏至 1927 年夏，在天津南开大学哲学系任教授。郑昕先生是汤先生那时的学生，后来成为我国研究康德哲学的专家。1927 年夏至 1930 年夏，在南京中央大学（当时称东南大学）任哲学系教授、系主任。1930 年夏至 1937 年，在北京大学任教授，1935 年起兼系主任。

抗战期间，任昆明西南联合大学哲学系教授兼系主任，并兼任北京大学文科研究所主任。

1946 年到新中国成立前，任北京大学哲学系教授、系主任，兼文学院院长。1947 年夏到 1948 年，休假期间曾赴美国加利福尼亚大学讲学一年，1948 年秋返国，仍任北大哲学系教授、系主任、文学院院长。

1949 年北平解放到 1951 年，任北京大学校务委员会主席、文学院院长。

1951 年夏到 1964 年去世前，一直任北京大学副校长。

新中国成立后，曾任中国科学院历史考古组专门委员、《哲学研究》编委、《历史研究》编委、中国科学院哲学社会科学学部委员。

1949年任全国人民政治协商会议委员。历任全国人民代表大会第一、二、三届代表，第三届全国政协常务委员。

著作有:《汉魏两晋南北朝佛教史》《魏晋玄学论稿》《印度哲学史略》《往日杂稿》《魏晋玄学中的社会政治思想》等。未完成的有《梁高僧传校注》。尚有关于佛教史、道教史的论文多篇分别发表于国内各杂志:《康复札记》(《新建设》1961年6月号)；《针灸·印度古医书》(《新建设》1961年7月号)；《谈一点佛书的〈著义〉》(《光明日报》1961年10月19日)；《论中国佛教无“十宗”》(《哲学研究》1962年第3期)；《关于慧琛》(《文汇报》1962年10月14日)；《从〈一切道经〉谈到武则天》(《光明日报》1962年11月21日)；《给巨赞的信〈关于东汉佛教的几个问题〉》(《现代佛学》1963年第2期)；《中国佛教宗派补论》(《北大学报》1963年第5期)；《寇谦之的著作与思想》(《历史研究》1961年第5期)；《读〈道藏〉札记》(《历史研究》1964年第3期)。

1954年冬，汤先生患脑溢血。先是几个月神志不清，以后逐渐恢复了记忆，在医生的多方抢救下，最后使失去活动的右半边肢体恢复了机能。医生告诉他每天只能上午工作1小时，下午工作1小时。同时，汤先生双目患白内障，一只眼睛已失去视力，但他还是艰难地找资料、翻书。有些重要的发现，就叫助手帮他记下来，有时自己也动手摘录，病中做了不少札记，其中有关于佛教史的，有关于印度哲学史的，还有一部分是翻阅《道藏》时摘录的。在病中，《梁高僧传校注》工作还在进行。还常在床头为哲学系青年教师讲授印度哲学课程。每逢和研究生谈过一次话，当天下午甚至第二天，健康状况立刻下降，有时发低烧。汤用彤先生为青年教师讲课，帮助他们掌握基本知识，从不觉得疲倦。记得朱熹晚年“虽疾病支离，至诸生问辨则若沉疴之去体，一日不讲学则惕然常以为忧”。汤先生只要谈起学问来，什么医生的嘱咐、家人的劝告全都忘了。

汤用彤先生与北大哲学系

旧中国有哲学系的大学不多，北京（当时称北平）一个城市，倒有三个大学有哲学系：清华大学、北京大学和燕京大学。燕京大学归美国教会领导，自成体系，这里且不说。旧中国一切大学的哲学都讲唯心论，轻视唯物论。当时人们称清华哲学系是“逻辑实在论”学派。清华大学哲学系重视形式逻辑思维的风气，在于培养独立思考，构造体系的“哲学家”。有一位教授戏称，清华哲学系出来的学生是“成则为王，败则为寇”。意思是只要学成了，就是了不起的哲学家（“为王”），为王的确实有不少。清华大学的哲学系，金岳霖先生任系主任多年，形成了清华大学哲学系的学风和学派。

北大哲学系不大注重逻辑学，甚至没有一个专职讲授逻辑学的教授。张申府、金岳霖诸先生都曾在北大兼任过逻辑学的课程。1934年起，由郑昕先生讲授一年级的形式逻辑。郑先生兴趣在康德哲学，逻辑学在北大一直鼓不起同学们的兴趣。北大强调哲学史和佛教思想的研究。哲学史又分为欧洲哲学史、中国哲学史和印度哲学史。研究佛教哲学在北大哲学系也沿习成风。除汤用彤先生外，还有周叔迦、熊十力等几位先生，马叙伦先生讲授庄子哲学也是用佛教法相唯识学说来解释庄子。旧北大的哲学系，其特点是重视佛教史的研究和哲学史的研究。汤用彤先生从1935年起，到新中国成立（1949年），一直主持北大哲学系，因而哲学系的教学及研究方向，受他的学术领导影响至深。

当时北大哲学系人数很少，不分专业。每年毕业不过四五人。那时同学中间，多半研究欧洲古典哲学，美国的实用主义在教育界影响颇大，但在北大哲学系没有市场。西方的现代哲学，像怀特海、罗素的哲学，在北大哲学系很少引起注意。哲学系师生有兴趣的还是斯宾诺莎、笛卡尔、洛克、休谟、贝克莱、康德、黑格尔。有关佛教方面的有关课程开得比较多，有佛教选读，有因明，还有个别宗派的研究，如天台宗、华严宗、隋唐佛学、佛教概论、新唯识论等。中国哲学史也是着眼断代研究和专题或专著研究，如老庄哲学、周程哲学、王阳明哲学等。

抗日战争时期，北大、清华等校合并为西南联合大学，汤先生任西南联合大学哲学系主任，两校特点在哲学系尚各有一定的影响。

新中国成立后，经过1952年的全国院系调整，全国只保留了北大一个哲学系。哲学系的主要课程是马列主义哲学课程，即辩证唯物主义与历史唯物主义，也还有一系列的马列主义专题和专著研究。北大哲学系从此进入了一个新的阶段。专业课程中，在历史唯物主义观点的指导下，重视中、外哲学史和佛教史的研究的风气还相当浓厚。

新中国成立后到“文化大革命”前的十多年间，北大哲学系的毕业生，大都分配到各大专院校担任中、外哲学史课程的教师。一个有学术特色的大学，建立自己的学术重点很不容易，这种学术重点一旦形成学术传统，它产生的影响也是十分深远的。

新中国成立后，北京大学的哲学系师生也和全国人民一道，沐浴在党的阳光下，汤先生肩负的行政领导工作比过去更重了。新任北大的校长是马寅初先生，副校长是江隆基同志和汤用彤先生。当时正处在教学改革、全面向苏联学习的时期。江隆基副校长主管教学改革及思想政治教育，汤用彤先生分管基建和财务。这方面的业务对汤先生这样一位老教授来说，不能说没有困难，但这是党的安排，汤先生愉快地承担了这一任务，还学会看施工蓝图，管理得很好。

时间和精力已不允许汤先生战斗在教学第一线，但他仍然是哲学系中国哲学史教研室的成员，有些学术讨论会、政治学习会，他也分在这个小组。院系调整对哲学系来说，是大事，全国所有大学的哲学系教授、副教授都集中到北大来。哲学系教授、副教授达28位之多，这种盛况在全世界也是仅有的。学术上互相讨论的空气十分活跃，汤先生也是其中的积极分子。北大哲学系在1957年以后，才变得沉寂起来，1959年又有点小的活跃，也只限于讨论讨论曹操、老子等问题。在一年一度的“五四”科学讨论会上，汤先生也和大家一起提出论文，参加讨论。1954年大病之后，已不能写长篇文章，他还挤时间一点一滴地积累资料，对佛教、道教方面不断提出新的见解，在《北大学报》上发表的几篇文章，虽是时断时续病中之作，仍然保持他当年精密、严谨的学风。这时期，他的文章命名为《康复札记》。他自己说，不是为了纪念自己的健康恢复，而是要记住党和人民对他的健康的挽救。1963年五一节的晚上，在天安门城楼上看焰火，周总理见到汤用彤先生，关心地问起他身体恢复的情况，并把他领到毛泽东同志身边。毛主席对他说：你的病好了？你的文章我都看了，身体不大好，就写那种短文吧！那天汤先生十分兴奋，表示要更好地把他的知识贡献给人民。他总是每天读书、学习、接待哲学系来问问题的青年师生，直到他的逝世。

治学的基本功

从事社会科学研究，要有起码的基本训练，要求从幼年、少年就要打下基础。好像唱京剧，不论生旦净末丑哪一个行当，都要自幼喊嗓子、练腰腿功夫一样，有些功夫需要从小培养、锻炼。也好像一切单项的运动员都要求以一定的田径运动训练为基础一样。我国上一代的文化人，差不多不自觉地承受了一种传统，文史哲三方面不要求过早地分科，几乎是综合训练的。老一代的学者如范文澜、郭沫若、王国维、陈寅恪等，都在少年时期经受了严格的训练。古文作为一种工具，运用得比较纯熟。涉猎的范围也比较广泛。在过去分科不细，“国学”一门，经、史、子、集无所不包，在前人未必自觉地认识到这种学习方法有其合理性，但从实践中培养了不少基础扎实的专家、人才。今天看来，老一辈学者的培养训练方法不免有它浪费时间和精力的地方，但无可讳言，其中有它合理的内核。他们不同于乾嘉学者，又超过了乾嘉学者。乾嘉学者如戴、段、钱、王诸人，缺少近代科学的训练，缺少外国语文的知识，接受的是纯经院式的训练，因而局限了自己的视野。汤先生自幼学习英语，后来又学习梵文、巴利文，还通晓法文、日文。他是我国第一代经过近代科学训练的学者，具有广泛的世界文化历史知识，对古代圣贤经传不那么迷信，敢于推敲、怀疑，因此，具有超过前人的条件，对中国古典文献的自由阅读、正确理解，也不是很容易的事。前一代学者从家庭教育、社会上耳濡目染，无形中得到学习的机会，正如汤用彤先生在他的《汉魏两晋南北朝佛教史》绪言中自己说过的“幼秉庭训，早览乙部”，打下了基础。

今天的青年人已不可能具备那样的环境和条件，今天的青年人有更多的新知识要学、新工作要做，接触古典文献的机会比几十年前的人要少得多，应用文言文的机会更少。在今天如何克服时代给带来的不利条件，利用时代的有利条件，以最经济的手段、最节约的时间，把古典文献中必要的文史哲知识学到手，这是提到今天青年学者面前的一项新任务，这一点通过现代手段、科学方法并不是不可以学到，而且可以学得很好。像西欧某些卓有成绩的汉学家，如高本汉、伯希和等人，他们生长在异域，比中国现代青年更加缺少实践汉语的机会，但是他们通过科学方法，不但学得很好，而且还对汉学有所贡献。今天有了电子计算机，有了更完备的索引工具，检阅、查考可以免于记诵之劳，而且比记忆又快又准确，这都是有利的条件。但是，我们必须承认对古文献资料要掌握它、消化它，还要触类旁通，这一关非打通不可。这样，我们的新一代必定能够胜过前一代，这不是大话，而是规律。

前人的经验，比如说，文史哲的基础知识都要具备，而不是过早地分专业，专业分得越细，越使人陷于断港绝河，视野受到限制，没有回旋的余地，当然更谈不上左右逢源了。

汤先生落脚在中国佛教史，在写佛教史以前，他在东南大学、南开大学任教时几乎教过哲学系所有的课程，包括伦理学、逻辑学等，向达先生翻译的亚里士多德的《伦理学》一书，就是在汤先生的指导鼓励下完成的。他在北大哲学系，除了教他的佛教方面的课程外，还讲授哲学概论，这是为一年级学生打基础的入门课。新中国成立前，旧中国各大学没有统一教材，而是根据教师的专长任意讲授。汤先生的哲学概论介绍西方当代主要流派，也讲授哲学界争论的若干主要问题。他讲授欧洲大陆理性主义、英国经验主义。他讲授佛教方面的课程并不限于佛教内部，也涉及古代印度哲学（佛教斥为外道的那些流派）。佛教课程中，既讲授过佛教的历史，也讲授早期佛教的一些主要经典原著。还开设过魏晋玄学，这是断代思想史，也是断代的中国哲学范畴研究。

佛教与道教，有密切关系，两家不断交互影响。社会上只知道汤先生致力于佛教史，而不大了解他对道教的研究功力甚深。《读太平经书所见》一文已奠定了基础。抗战期间，他指导的研究生王明，论文题目为《太平经合校》。经过整理后的《太平经》，现已成为国际国内学术界公认的定本。

这些课程的开设和讲授都为汤先生的中国佛教史奠定了极为广泛的基础。有了中外文、史、哲广泛探索的基础，又具备丰富的背景材料，所以汤先生的佛教史的研究，讲的虽是一个方面，但读者从中得到的感受如饮醇醪，值得回味。

尊重史实的态度

汤先生的佛教史著作已足以说明他是一位史学家，佛教史也是历史的一部分。汤先生的史学成就受到同行的尊重，有人惊叹其渊博，有人心折其谨严，有人欣赏其考证精审，不论从哪一个方面对汤先生著作感兴趣的人，有一个共同的印象，即认为他的著作使人信得过。好像和一个淳朴忠厚的人交朋友，使人感到他值得信赖，听他的话不会有错。我接触到不少中外治中国佛教史的学者，这些学者来自不同的社会，有不同的国籍、不同的世界观，好像不约而同地对汤先生的著作有类似的感受和评价，这不是偶然的巧合，原因是汤先生的研究著作贯穿着尊重历史事实的精神。

研究历史，首先要尊重历史，不能歪曲，不能恣意捋扯自己所需要的资料，故意忽略对自己观点不合的资料，更不能任作者的偏好，混淆客观是非。汤先生曾说过，研究历史不能没有自己的看法和想法（看法和想法包括作者对某些历史事件、历史现象的解释、说明、介绍等）。当历史事实与自己的看法和想法不一致的时候，要毫不顾惜地修正自己的看法和想法，而不能修正历史事实，因为历史事实客观地摆在那里，是不能修正的。汤先生新中国成立前没有接触过历史唯物主义，也没学过辩证唯物主义哲学，他在哲学体系上是个典型的唯心主义者。但他尊重历史，明确地提出史实与想法不一致时，则修正自己的想法，不修正史实。这一点却是科学的实事求是的态度。

研究历史要客观，不夹杂主观成见好恶，这是西方资产阶级学者一贯标榜的一条原则，甚至有一些西方学者用这一条攻击马克思主义者的治史方法，他们说要有了立场观点就是主观主义。这样的攻击，早已被许多研究者所驳斥，这里不再申述。现在要说的是同一件事实，确实有由于立场的不同才得出不同的价值判断，如农民起义，官方正史叫作叛乱，等等。现在只就佛教史范围内的一些具体事实来谈尊重历史事实的问题。比如说佛教传入中国的时间，历史上有种种传说。当佛教和道教互相争夺宗教界领导权时，佛教徒力图把佛教产生的时代以及传入中国的时间提前，为了把道教尊奉的老子的地位压下去。汤用彤先生在他的佛教史中，就曾把佛教传入中国的诸说胪列出来，一一加以评论，客观地向读者介绍了佛教传入的时代。

关于佛教净土信仰，社会流传慧远结莲社的说法。汤先生指出，净土念佛一派出于北方，“中唐之世，尚无信徒唱弥陀而求往生西方者，如后代俗僧之所信也”（《往日杂稿》）。并指出，世所推崇之净土三大师昙鸾、善导、道绰均生长于淮水之北，行化亦限于北方、道绰《安乐集》卷下，经叙此土大德，不言远公。

汤先生研究佛教而不信奉佛教，与当时名僧及佛教界名流素不交往。他认为信仰某宗教，必然对它有偏好，有偏好就很难客观地评论其得失。汤先生谨严地、客观地把中国古代佛教这一社会现象当作历史学的一个分支来探讨。

考据之学，到了清代发展得比较充分，方法多为搜集大量的资料，证其真伪，辨其异同。汤先生精通考据方法，他的学术论文充满着考据精神，精密而不烦琐。30年代，他指导的研究生王维诚完成了一篇《老子化胡考》，取材详备，论据周密，曾引起学术界的重视。这一考证的特点，不只考证了《老子化胡经》伪出（这是一般考据学应当做到的），而且进一步揭示此伪经出现的社会原因，从中看出佛道两教斗争的背景。又如佛教史上国际国内聚讼纷纭的《牟子理惑论》的真伪问题，汤先生也顺利地提出了令人信服的论据，以说明此书不伪。他的态度是尊重史实，让史实站出来作证。

汤先生的考据不同于传统的考据，还在于他不是传统的汉学家，他是受过现代科学训练的史学家的哲学史家，不只懂考据之学，还懂得义理之学。读者容易感到焦循的《孟子正义》和刘宝楠的《论语正义》有差别，前者胜过后者，就在于焦氏兼通义理之学，刘氏只局限于汉学。使考据为史学服务，所以能简要不烦。

功能学派或批判学派的文化社会观

旧社会的大学里，像北大这类学校里，通晓马列主义、历史唯物主义的教授极少。在旧社会，国民党办的学校中，马列主义不能公开讲授。在“五四”前后，李大钊同志曾在北大开设过唯物史观这类课程，但只是昙花一现，以后没有继续下去。

汤先生在新中国成立后才开始和全校师生学习马列主义。新中国成立前汤先生的著作一直用唯心史观。他在佛教研究工作中，比较注意文化与社会思潮的联系。在旧时代的学者中，他的见解值得重视。比如他讲授印度哲学史，讲到佛教早期分布时，没有忽略古天竺北方各地与南方各地的学风差别；讲到中国禅宗的兴起，菩提达摩的禅法与慧能禅宗的差异时，他也注意到北方禅法重坐禅修炼方法，与北方地论宗的关系；讲到慧能禅宗时，注意到五祖弘忍于黄梅东山寺以《金刚经》为主要教材的转变，指出《金刚经》与南方流行的“三论宗”传布地区的关系。这些见解有的已得到国内外学术界的承认。因为他看到了社会上文化思潮流行与佛教有某些联系的大量现象。他讲隋唐佛教史（仅在北大印有铅印本讲义，汤先生生前未公开出版，1982 年，遗稿由中华书局出版，书名为《隋唐佛教史稿》），在归纳隋唐佛教的特点时，曾列举隋唐佛教有四个特点（这里指的特点是与汉魏南北朝相比较而言）。

第一，统一性。南方佛教与玄学理论相融会，重玄谈，思辨探索，佛教流行及发展偏重宗教理论方面。如梁武帝发动群臣批判范缜的《神灭论》，只表现为在文字围攻上而没有行动上的人身迫害。北方宗教重实践、修行、坐禅、造像念佛，对理论的兴趣不大，北方信佛教与反佛教冲突，理论方面的辩论不多，行动上，往往表现为拆庙、杀和尚等活动。隋唐统一，南方北方的特点开始互相吸收，调和统一。政治上的统一也表现在文化上的统一。

第二，国际性。隋唐国势强盛，东西方经济商业来往较多，由长安通向西方的丝绸之路畅通，海上交通也发达。佛教僧侣来往频繁，中国僧人西到印度，东到朝鲜、日本，各国学人互相往来。隋唐时期的佛教也成了国际文化交流的媒介。

第三，自主性。佛教在隋唐时期，各宗派纷纷建立，自成体系，建立自己的传法世系。寺院庙产世袭，庙规僧规也有各宗派的传统，与印度佛教的差异越来越显著。

第四，系统性。各宗派建立了完整的判教体系，把外来各种佛教流派的理论，重新排列、安置，给以适当的位置。从历史事实归纳出佛教的特点，从而得出外来文化与本土文化接触后产生什么后果的问题。

西方有些社会学流派主张世界文化来源只有一个，中国有人也主张文化的出路在于全盘西化。汤先生在一次讲演中说，文化发展，将来的事，我们不是预言家，不相信预言，不过过去的事往往可以作为将来的借鉴。汤先生比较倾向于文化功能学派和批判学派的观点。从汤先生佛教史的著作中看，确曾运用这种方法作为他的研究工作的指导。他从佛教传入后与中土文化的接触过程中看出：外来文化与本土文化必发生影响，但必须适应本土文化环境，即为本土文化所接受；外来文化也要经常改变自己原来的某些方面，以适应本土文化环境，而不能原封不动地移植过来。本土文化有它自己的特点，虽然接受外来文化，但不可能完全改变自己的特性，它的结果，将引起新的变化，外来文化变得适于本土文化环境，本土文化吸收外来文化后，自身也起了变化。他还举例来说明他的观点，如“地狱”和“灵魂”的观念，中国人也有，但佛教传入后，涵义发生了变化。中国人的理解，轮回是鬼（灵魂）在轮回，佛教主张轮回而不主张有鬼（灵魂）。佛教的“念佛”本来是坐禅的一种方法，中国人理解为念佛即口唱佛名，与印度本来的意义不同。等到完全吸收后，外来文化即已变成中国文化的一部分，已不再是外来文化了。

汤先生当年不懂得历史唯物主义，也未接触过上层建筑与经济基础的相互关系，但他从大量历史事实、文化现象中发现外来文化与本土文化要相适应，不适应即不能生存。陈寅恪先生也看到玄奘的学问不适合中国人好简易的习惯。这些解释虽然还值得进一步讨论，但他们从事实出发，看到这一文化生活中的现象，能尽可能做出科学解释，因而他们能做出有价值、有意义的学术贡献。他的文化功能学派的观点，其合理内核是看到并强调外来文化的传播要适应当地的文化土壤条件。这是他后来较快地接受马列主义的历史唯物观的一个外因。

历史的比较法

在没有学习马列主义以前，汤用彤先生的治学方法，我暂称为“历史的比较法”。从道理上讲，为提高鉴别能力，避免片面性，就要进行比较：古今的比较、中外的比较。我们近代几位有成就的历史学家，所以能够超越封建历史学家，如王国维、陈寅恪，是他们成功地运用了历史的比较法。研究中国古代史，不局限于运用中国古代当时的文献资料，而要对比同时外国的文献资料；不但要从中国看中国，还要从外国看中国，尽量了解当时中国四邻的状况。有了对比，则便于鉴别。在马克思主义历史唯物主义未被认识以前，这是世界上资产阶级史学工作者通常采用的方法。有了历史唯物主义，这种方法也不能废弃，还不失为一种辅助方法，只是不作为第一位的方法罢了。

汤先生研究并讲授西方近代哲学史，讲授印度哲学、魏晋玄学，无形中充实了佛教史的研究。他讲授欧洲大陆理性主义，重点在斯宾诺莎、笛卡尔，讲授英国经验主义，重点在洛克、休谟、贝克莱。这两门课程每年交替开设，他经常采取双方对比的方法。他讲授魏晋玄学课程，也经常采取以王弼与郭象的学说对比的方法。他讲授佛教课，经常采用与印度外道对比的方法。讲授中国佛教史，也经常采用与西方近代哲学的概念、范畴对比的方法。他还对我说过，越是研究中国哲学，越要了解欧洲的哲学和印度的哲学。这是说，他在佛教史撰写的背后，埋藏着人们没有看到的大量的工作和功力，只有深厚的知识积累，才能在他专业范围内驰骋自如，游刃有余。这种横剖面的比较研究，对哲学史的研究十分必要。因为范畴、概念，每一个民族，都有它的特点，不能忽略了这些特点；同时作为认识论，人类的推理，认识外界，又有它一般性、共同性的因素。如果不是这样，我们中国人就无法了解亚里士多德的逻辑学，印度的因明之学也传不进中国来。

较为重要的对比，在汤先生用作研究方法的还是古今对比，从历史现象的发展中找寻变化的线索。汤先生的魏晋玄学，未写成书，但有了一个基本体系框架。这也可以说是汤先生在中国哲学史研究中的一项重大贡献。因为魏晋南北朝正逢中国哲学思潮的变革时期，两汉经学神学目的论到魏晋时期已临绝境，这时佛教、道教在社会上也广泛流传。不研究魏晋玄学，佛教、道教也难以深入。汤先生于1936年在北大开始讲授魏晋玄学课，这一哲学形式和内容与以前、以后都有显著的差异。当时，我国学术界人士也都感到这一特定阶段的哲学形态有它的特色，还没有形成一个固定的名称，有人称为“清谈”之学，也有人称为“思辨之学”，还有一些其他的名称。今天，“魏晋玄学”这一名称已为多数哲学史家所采用。我记得用“魏晋玄学”概括这个时期哲学特点的是汤先生。他为了纪念这一年开始讲授魏晋玄学的课程，汤先生为他小儿子命名为“一玄”。

昔年章太炎《五朝学》有云：“俗士皆曰秦汉之政踔踔异晚周，六叔（魏、晋、宋、齐、梁、陈）之俗孑尔殊于汉之东都。其言虽有类似。魏晋者俗本之汉，陂陀从迹以至，非能骤溃。”（《章氏丛书》文录卷一）汤先生认为历史变迁常具继续性。文化学术异代不同，然其因革推移，悉由渐进，研究历史，不能不弄清它的变迁之迹。他还说，研究时代学术的异同，虽当注意其变迁之迹，即客观现象，更应当注意变迁的理由。变迁的理由又有两个方面：一方面要注意时代思潮的影响，另一方面要注意治学的眼光与方法。新学术的兴起，虽然受时代思潮的影响，如果没有新的眼光与方法，也不能产生组织完备的新时代哲学体系。

汤先生在他的《读人物志》一文中说：“汉魏之际，中国学术起甚大变化。”即在魏晋时期，细加分别，它变化也很大。如正始名士（老学较盛），元康名士（庄学较盛），东晋名士（佛学较盛），正始以前，魏初名士（刑名较盛）。占有广泛资料，把历史现象给以排比、归纳，分疏其前后时期的异同，才可以说明一个特定时期的思潮的精神面貌。汤先生从先后对比，提出从两汉到魏晋，在认识上是一大进步。汉代学者对天地万物的总体观，不出宇宙生成论（cosmology），魏晋玄学则由宇宙生成论进而为探究天地万物之本体，哲学的重心不在于宇宙由何物构成，是元气还是什么，而在于本体论（ontology）。不但揭示汉魏两个时期哲学形态不同，而且提出汉魏哲学的性质的不同、认识深度的不同。章太炎早年也看到了汉魏学术不同，对魏晋学术也很欣赏，评价颇高，但章氏没有从思想发展的内部指出从汉到魏晋何以不同，两者的不同意味着什么。从认识论的角度来进行探索，这是汤先生魏晋玄学的研究工作超过章太炎的地方。

在中国佛教史研究方面，汤先生把重点放在魏晋南北朝的断代研究方面，这是有原因的。因为汉末，佛教刚刚传入中国，魏晋南北朝时期，佛教蔚为大宗，道教也逐渐扩大它的影响，中国固有文化与这一陌生的外来文化接触后，动荡激摩，有抵牾，有融会，情况复杂，问题多，困难也大。把这一段搞清楚了，对以后的佛教发展史的研究才可以顺利开展，收到整衣挈领的效果。又由于魏晋南北朝正逢中国哲学思潮的变革时期，两汉经学到魏晋时期已陷绝境，佛教、道教也广泛流传，魏晋玄学思潮是佛教、道教滋生的土壤。抓住这一大变革的环节，经过周密的历史的比较，佛教史的脉络比较容易被发现。又由于佛教是个外来的意识形态，又提出了中外比较的有利条件，这也给有功力、有才能的学者以充分施展专长的机会。

旧中国的哲学界就是旧中国的政治、经济状况的一面镜子。半殖民地半封建的社会症状一一表露在学术界。买办的、封建的货色充斥市场，也充斥学术界。当时中国哲学界几乎成了西方资产阶级哲学流派的分支机构。说分支机构也许夸大了，也许可以说是售货商亭或推销外国流派的小摊贩。胡适的实用主义，张东荪的柏格森主义，其他新学派、新体系，凡是外国时兴的，国内都有一点。汤先生对当时趋时髦、凑热闹的学术界十分看不惯，他曾说，第二等的天资，老老实实做第二等的工作（即从事历史资料考证等工作），而不挂上什么流派的牌号，可能产生第一等的成果；如果第二等的天资，做第一等的工作（建立体系），很可能第三等的成果也出不来。汤先生说，他有自知之明，甘愿做第二等的工作，给后人留下点有用的资料也好。学术研究本无所谓等级高下的差别，这分明是针对当时务虚名、不务实学的一种批评。

史学与史识

在旧中国，从事考据之学的，不少人喜欢引用一些别人看不到的材料借以抬高身价，沾沾自喜。汤先生和几位有成就的历史学者，如陈寅恪先生、陈垣先生却不是这样。他们主要依据的是《五经》《二十四史》《高僧传》《资治通鉴》《大藏经》等，都是摆在大路边上、人人易见的资料。他的立论也平易朴素，从不自诩有什么惊世骇俗的伟大发现。他的著作平实中见功力，经得起时间的考验。《汉魏两晋南北朝佛教史》出版到现在快半个世纪，仍然被学术界所重视。后来外国出版的同类著作，至目前为止，我所看到的，多半是在他原来的间架上有所增益，没有重大的突破。有的作者由于对古汉语的隔阂，还有不少知识性的缺陷。经得起时间考验的学术著作从来都是为数不多的。经得起时间考验的主要原因是，考订谨严，资料翔实，学术界信得过。汤先生自幼身体不大强壮，30多岁即满头白发，患高血压，写字手颤，写文章也不像有些作家那样，下笔万言，一挥而就，而是反复斟酌，日积月累，逐渐完成的。内行人都佩服他的文章古朴、厚重、典雅、平实，寓高华于简古，深具汉魏风骨。

汤先生读书十分仔细，他治学谨严，对原始材料一字一句、一个标点也认真考虑，从不轻易放过。他早年写的几篇《大林书评》（收在《往日杂稿》中）对日本一些著名学者的著作提出评论。有根有据，平心静气地说道理，并严肃地指出他们对古代汉籍的断句、标点的错误，从而造成对古人原文意义的误解。作为一个有修养的中国学者，对中国文化遗产的整理，应当最有发言权，也应当善于运用我们的发言权，为国争光。这一点，汤先生表现出中华民族的学术骨气，旧中国有些文化人，生就一副奴颜媚骨，在洋人面前不敢争是非，这种恶劣影响今天还有待于肃清。

汤先生十分注意一个学者的史识。他经常说，做学问，除了广泛占有资料外，还要有科学的识见，他经常用insight这个词。没有史识，光是资料的汇集，不能算作史学著作。有意识地运用历史比较法研究中国佛教史，开创者是汤先生。在汤著佛教史以前也有几本中国佛教史，基本上是封建主义的、资料摘录式的介绍，有成就，但他们的成就受到方法的局限，使问题钻研的深度受到一定的限制。汤用彤先生提出，史学者要有史识。他不同于封建史学者。他对西方现代资产阶级唯心主义哲学有较深的理解，具备现代资产阶级的一些思想方法，对佛教思想进行分析比较，比起那些只会用封建的含混不清的叙述，用佛经解释佛经的中世纪办法提高了一个历史阶段。又由于他能把佛教的传播与发展当作一种社会现象来对待，他新中国成立前用的是唯心史观，但比起那些和尚、居士们对佛教怀着迷信态度的膜拜，成就自然高得多，这是他能超出封建学者的原因。

新中国成立以后，汤先生学习了马克思主义，接受了唯物史观，扩大了眼界，才进一步认识天外有天，感到过去的观点方法与唯物史观比较，又有霄壤之别。汤先生认为过去所强调的“史识”有了质的改变。他表示要下决心学好马列主义，对佛教史重新钻研，对自己过去的著作成绩也要自己重新估价。可惜他的健康一直没有完全恢复，这一深切愿望没有完全实现。新中国成立后汤先生发表了不少短篇论文等著作，但对此并不满足。他一直想把中国佛教史重新写过。汤先生从20世纪30年代到北大以后，日本军国主义侵华行径年年加剧，北京大学师生均有地处国家边陲之感。抗日战争时期，国民党统治区政治黑暗，贿赂公行，安分守己的教育工作者更是衣食不周，过着半饥半饱的生活。抗战胜利后，国民党又发动内战，民不聊生。几十年的内忧外患，一大批知识分子、学者，目击国家多难，不愿与国民党同流合污，又不懂得哪是革命的出路，他们打算在学术中寻求安身立命的道路。他们皓首穷经，潜心研究，工作条件艰苦，心情沉重。虽说做出一些成果，这些成果对挽救国家灾难有什么用，他们自己也茫然。汤先生的佛教史著作，就是在这种阴暗低沉的气氛中写成的。

新中国成立后，汤先生不止一次地说过：“若不是遇到全中国的解放，可算糊涂过了一生。”汤先生研究史学，把史识放在第一位，直到新中国成立后，学习了马列主义，才真正找到最高明、最科学的指导历史研究的原则——唯物史观。

和汤先生同辈的一些学者，新中国成立后，都在自己的岗位上做出了不同的贡献。抗日前在北大哲学系教书时，朋友过从较密的有蒙文通、熊十力、钱穆、贺麟、郑昕、洪谦诸先生。汤先生早年在东南大学时学生有向达、陈康诸位，在南开大学时学生有郑昕等。抗战前在北大哲学系的老学生有熊伟、胡世华、王森、韩镜清、庞景仁、齐良骥、韩裕文、石峻等。这些老朋友和老学生中，有的漂泊海外，有的凋谢，有的成为光荣的共产党员、成了马克思主义者。汤先生若在世，按照他思想发展的逻辑，人们相信他会成为一个光荣的中国共产党员和马克思主义者的。

熊十力：昂首天外，挥斥八极

30年代初，我在北大哲学系当学生，后来又在北大教书，熊先生这30年间，有短暂的时间不在北大，可以说基本上没有离开北大哲学系。这30年间，国罹劫难，人遭苦厄，社会相、人心相呈现得更加分明，使人加深了对熊老师为人与为学的认识与怀念。

从课堂讲授到书院式的讲学

记得1934年考入北京大学时，听高年级的同学们介绍北大的老师们，其中有一位唯一在家里上课的老师，是熊先生。比我高两届的同学说，他们听熊先生讲课还在北大红楼。到了我们这届，1935年始就不在教室上课了。因为他受不了上下课时间的拘束。熊先生认为听者得不到实际的益处。记得他写给选他课的同学们的一封信，有“师生蚁聚一堂，究竟有何受益”的话，这封信贴在哲学系办公室有很长时间。

熊先生冬天室内不生炉火。北京的冬天差不多有四个多月，听课的学生全副冬装，坐着听讲。熊先生开的课是两个学分，也就是两节课。但熊先生讲起来如长江大河，一泻千里，每次讲课不下三四小时，而且中间不休息。他站在屋子中间，从不坐着讲。喜欢在听讲者面前指指划划，讲到高兴时，或者认为重要的地方，随手在听讲者的头上或肩上拍一巴掌，然后哈哈大笑，声振堂宇。有一次和张东荪谈哲学，张在熊先生面前，也成了学生，一巴掌拍在张的肩上，张东荪不得不眨眨眼，逡巡后退，以避其锋芒。抗战时，听郑昕先生说他在天津南开中学求学时，听熊先生讲课，他怕熊先生的棒喝，每次早一点到场，找一个离老师远一点的位子坐下。我才知道熊先生这种讲课方式由来已久。

听熊先生讲课，深感到他是教书又教人，讲新唯识论、佛家名相通释时往往大骂蒋介石让东北失陷，不抵抗，卖国投降。熊先生不只传授知识，他那种不媚俗、疾恶如仇的品格，感染了听讲的人。

颠沛流离中不废讲学

九一八事变以后，北平，昔日故都就成了边城。日本侵略势力逐年向华北延伸。华北之大，摆不下一张安静的书桌。熊先生平时深居斗室，不参与政治运动，但他对同学们的罢课、游行是支持的。同学们罢课，反对华北独立，熊先生的课也上不成，熊先生是同情学生的。对胡适强迫学生上课，也表示不满。七七事变后，北平为日军占领，熊先生冒险，化装成商人，乘运煤的货车逃出北平。随行的有刘锡嘏（公纯），也是北大的学生，一路照料。火车上正值大雨倾盆，衣履尽湿，他生怕熊先生感受风寒，幸好未生病。熊先生辗转到了武汉，又到了四川璧山县。这时已是1938年的冬天。

熊先生从北平脱险后，住在璧山县中学里，中学校长钟芳铭欢迎熊先生住下。熊先生的学生钱学熙夫妇、刘公纯也随熊先生留在那里，熊先生没有闲着，写他的《中国历史讲话》。贺麟先生和我从重庆南温泉去璧山看望他。熊先生兴致勃勃地谈他的《中国历史讲话》的内容梗概，大意是讲“五族同源”说。在民族危急存亡关头，对中华民族的热爱，促使他不知疲倦地撰写他的这一著作。我们去时，熊先生很得意地讲述了他如何撰写“回族”的起源问题。他说，这个问题使他苦苦思考了很久，才解决的。这时，他已同时着手写他的《新唯识论》语体文本。由钱学熙译为英文，刘公纯代他抄写。

在四川8年，熊先生生活很不安定，物价飞涨，大后方民不聊生，熊先生只好投靠老朋友、老学生，艰难度日，和家属不在一起。但他没有一天不讲学，没有一天不修改他的《新唯识论》语体文本。他看到国民党横行霸道，胡作非为，还是指名道姓地骂蒋介石，却从不显得灰心丧气，给人的印象是勇猛精进，自强不息。

熊先生在1939年离开壁山中学，住到南温泉鹿角场学生周鹏初家。我当时也在南温泉，每星期天到熊先生住处。后来，我回到昆明，他中间到过嘉定乌尤寺，和马一浮主持“复性书院”。不久，书院遭到日军的轰炸，熊先生膝部中弹片受伤，他也离开了“复性书院”，和马一浮先生还发生过小的不愉快。熊先生回到壁山来凤驿，与梁漱溟先生住在一起，借住在一所古庙西寿寺。我和贺麟先生同去看过他。那天晚上，梁先生还讲述了他到延安，和毛泽东同志在一个大炕上，连续谈过8个通宵的事。熊先生这时还没有忘了讲学，韩裕文从“复性书院”退出，随同熊先生。熊先生对韩裕文也分外关心。按通常习惯，我们对熊先生自称学生，熊先生命韩裕文称“弟子”。“弟子”，大概有及门或入室的意思吧。韩裕文是我在大学的同班同学，为人笃实，学问也朴实，对中国的理学、西方的古典哲学，有很深厚的基础。在熊先生那边，学了一两年，因为生活无法维持，不得不离开，到了昆明贺麟先生主持的“西洋哲学名著编译会”当专职的翻译，每月有了固定收入，略相当于大学的讲师。1947年间，赴美留学，因肺癌不治，半年后病逝于美国。熊先生为此十分伤痛。如果天假以年，韩裕文在哲学上的成就必有可观。

梁漱溟先生在重庆北碚金刚碑创办了勉仁中学，熊先生被邀到勉仁中学去住。梁先生的几个学生，黄艮庸、云颂天、李渊庭等也成了熊先生的学生。这时熊先生也还是修订他的《新唯识论》语体文本。我在西南联大哲学系，利用暑期，在北碚勉仁中学熊先生处住一两个月。熊先生在北碚除了给勉仁中学讲讲哲学，还结识了郭沫若先生。郭沫若听说熊先生爱吃鸡，滑竿上捆了两只鸡去看熊先生。以后两人通信，讨论先秦诸子及中国传统文化问题，这时郭还向熊先生介绍周恩来同志，他的信上说“周恩来先生，忠厚长者”，愿来看望先生。熊先生与郭沫若结下的友谊，到新中国成立后，一直维持着。

在北碚时，牟宗三、徐佛观（后来改为复观）等都常来熊先生处，牟宗三也住在那里。

胸怀坦荡　古道热肠

熊先生的老朋友邓高镜先生，抗日战争期间，没有到大后方去，北平收复后，熊先生回到北京大学，又见到他。见他生活潦倒，很困难，熊先生自己还约集林宰平、汤用彤诸先生按月给他生活费，由我每月发工资后汇寄给他。这种资助一直到邓老先生逝世。

抗战时期南京的支那内学院迁到四川的江津，称支那内学院蜀院。欧阳竟无先生是内学院的创立者，有一大批弟子。熊先生、吕徵先生、汤用彤先生都从欧阳先生问学。吕先生是欧阳先生的事业的继承人。梁启超当年在南京也从欧阳先生学佛学。熊先生的哲学体系已突破佛教思想体系，融佛入儒，欧阳先生认为他背离佛教，背离师说，命人写《破新唯识论》以驳斥熊先生的学说。熊先生又著《破破新唯识论》。从此师生不相来往。我和熊先生相处30年间，熊先生谈起欧阳先生，总是带有十分敬意，认为他是一代伟人、有造诣的学者，没有不满的言辞，只是在学术观点上不一致。欧阳先生在江津病危，熊先生听说后，还是到江津内学院探视，希望与老师最后见一面。当时内学院的同仁，认为欧阳先生垂危，怕见了熊先生情绪激动，受刺激，反而不好，没有让熊先生与欧阳先生见面。熊先生出于师生情谊，前往做最后的诀别。事后人们谈论起这件事，都认为熊先生做得对。

马一浮先生与熊先生多年来是学术上的知己，互相了解，也互相欣赏。熊先生的《新唯识论》出版时，马先生为此书作序。文中有“生肇敛手而咨嗟，奘基矫舌而不下”的话，认为此书的见解超过道生、僧肇、玄奘、窥基。抗战期间在“复性书院”有一段时期有点不愉快而分手，后来抗战胜利后，两人友好如初。我和熊先生通信，有些见解，熊先生认为有道理的，也把信转给马先生看，马先生的信，也有时熊先生转给我。熊先生的生日，马先生有诗相赠，有云“生辰常占一春先”，因为熊先生的生日在农历正月初四。

新中国成立后，熊先生在北京时，收了一个义女，命名“仲光”，和他自己的女儿幼光、再光排行。仲光喜静，爱读佛书，帮助熊先生料理家务，抄写稿子。熊先生一生很少和师母在一起，子女也不学哲学，在北京及在四川，都是独立生活。晚年有一女儿作为弟子，又能听他讲学，十分满意。他说“伏女传经，班女受史，庞女传道”，今得仲光，又多了一个可以传道的人。熊先生南下后，仲光留在北京未随去。

熊先生一生没有积蓄，有时靠亲友的资助，抗战时期有几年很困难。熊先生对他的学生凡是去看他的，他都留下，吃住在一起。学生给老师带点礼物，如带只鸡，送点药物，熊先生也不客气，慨然收下，相处如一家人。但是在学问上有错误（对古人的思想理解不对），熊先生也不客气地指出，从不说敷衍、客气话。有问必答，甚至问一答十。跟熊先生在一起，令人有虚而往、实而归的感觉。和熊先生相处，好像接近一盆火，灼热烤人，离开了，又使人思念难以忘怀。

昂首天外　挥斥八极

北京大学蔡元培当校长时，依照西方大学的规章，教授要开三门课程。只担任一门课的，聘为专任讲师，外校教授在北大讲授一门课程的，聘为兼任讲师。当年鲁迅就是兼任讲师，我在北大时，清华大学的张申府、金岳霖先生都担任过北大的兼任讲师，林宰平、周叔迦先生也是兼任讲师。熊先生经蔡元培先生介绍到北大哲学系，是专任讲师，每月薪水 120 元。那时蒋梦麟主持北大。熊先生的为人，不会与人俯仰，只是做自己的学问。他这个讲师的名义一直继续到七七事变，离开北京为止。他从不参加系里的开学、毕业、迎新送旧的活动。他这个讲师，在任何教授面前屹然而立。不论什么人来访问，他从不和人谈论天气，一谈起来，就是讲学问。除学生们前来请教的以外，在北平常和熊先生来往的，有汤用彤、林宰平、蒙文通、贺麟、张东荪诸先生。都是这些先生到熊先生家，熊先生从不回访。抗战时期在重庆，有不少国民党的达官显宦来访，居正是当年辛亥革命时的朋友，陈铭枢从欧阳竟无先生学过佛学，与熊先生也友好。熊先生住北碚时，陈铭枢请熊先生在一个背山面江风景优美的饭馆吃饭。熊先生朝江面看风景，陈铭枢面对熊先生，背对着江面。熊先生问陈，你为什么不看看风景，陈说，你就是很好的风景。熊先生哈哈大笑，声振堂宇，说："我就是风景？"熊先生对他们也是讲他的"体用不二"的道理。不论什么人，只要常到熊先生处，听他讲学，不知不觉地就成了他的"学生"了。熊先生有一种气势，或者说有一种"境界"把来访的人慑服住。

我的老朋友韩裕文曾对我说过，熊先生告诉他，做学问，不能甘居下游，要做学问就要立志，当第一流的学者，没有这个志向，就不要做学问。做学问，要像战场上拼杀一样，要义无反顾，富贵利禄不能动心，妻子儿女也不能兼顾。天才是个条件，但天才不能限制那些有志之士。他还告诫，青年学者，要爱惜精力，他在勉仁中学写了一联赠一青年学者："凝神乃可晋学；固精所以养气。"他对韩裕文讲过像 ×××，人很聪明，可以成器，他就是爱嫖，这也成不了大器（据说此人现在台湾）。

新中国成立后，董必武同志、郭沫若同志函电邀请他到北京来。熊先生路过武汉，当时李先念、林彪等主持中南工作，设宴招待他，他还是讲他的唯心主义哲学。到北京后，对人讲，林彪心术不正，怕不得善终。老朋友们劝他不要随便乱说。到北京后，毛泽东同志给他送了几本书，还写了信。熊先生申明，他拥护共产党，爱新中国，一辈子学的是唯心论，无法改变自己的哲学主张。我们的党没勉强他，还出钱帮他出版了好几种唯心主义的著作。他的表里如一，爱国、热爱学术的精神，受到共产党的尊重。

他住在上海，担任全国政协委员，到北京开会，他先说明，我保证"三到"

（开幕、闭幕、照相），其余的大小会都不参加。会议期间他有机会去与多年的老朋友叙叙旧，也很高兴。他与钟泰、张难先、吕秋逸过从。陈毅同志也前往拜访。鼓励他写他的书，帮他出版。新中国成立后，熊先生的心情基本上是舒畅的。

以理想滋润生命　以生命护持理想

从熊先生和许多良师益友的身上，使我懂得了应当走的路和如何去走。教训深刻，而又使我铭记不忘的，使我首先想到的是熊先生。

熊先生这个人，以他的存在向人们展示了一种哲学的典型。一生坎坷，没有遗产留给儿孙，家庭关系处理得也不尽妥善。几十年来，没有见他穿过一件像样的考究的衣服。伙食注意营养，却不注意滋味，甚至可以说他吃了一辈子没有滋味的饭，人们认为值得留恋的生活方式，对熊先生毫不沾边。熊先生博览群书，不讲究版本，手头藏书很少，可以说没有藏书。我认识的学者中，熊先生是唯一没有藏书的学者。别人也许觉得他贫困，他却显得充实而丰足。别人也许认为他不会安排生活，他却过得很幸福、坦然。他也像普通人一样，有时为了一点小事发脾气，过后，却深自谴责，好像雷阵雨过后，蓝天白云分外清新，他胸中不留纤毫芥蒂，真如古人所说的，如光风霁月。他具有只有他才具有的一种人格美。

我常想，是一种什么力量使他这样？这里面大有学问。我感到熊先生在生命深处埋藏着一个高远的理想，有了这个理想，使他百折不回，精进不已，勇往直前，义无反顾。在四川北碚时，熊先生说他在北平寓所有一副自写的对联："道之将废也，文不在兹乎。"胡世华同学看了想要，熊先生送给了他。前不久遇见胡世华，问起这件事，他说确有此事，还补充说：熊先生取下这副对联，在上面写上"此联吾自悬于座，世华见而索之"。"文化大革命"之后，不知此联是否尚在人间。这十个字，充分说明了熊先生的理想。他孜孜不倦，汲汲遑遑，从南到北，开门授徒，著书立说，无非是为了这个理想。

熊先生讲学，不问对象（有学人，也有官僚政客、商人）是否值得讲，听讲者是否真正愿意听，他总是苦口婆心、锲而不舍地讲授。讲述的中心，无非是要人们认识中华民族传统文化的价值。他中年以后，建造自己的哲学体系后，“舍佛归儒”。除了在他著作中写出来的、理论上发现的佛教哲学缺失外，还有一个埋藏在他内心深处的“第一因”——对中华民族传统文化的热爱。有了这种深挚的爱，虽长年病躯支离，却肩起振兴中华文化的责任。这种深挚而悲苦的责任感，是20世纪多灾多难的中国爱国的知识分子所独有的。对中国传统文化了解得愈深刻，其深挚而悲苦的文化责任感也愈强烈。这就是熊先生理想的动力。

熊先生抽象思维、辨析名相的功力为常人所不及，《因明大疏删注》即是明证。但熊先生的著作中反复申明的，倒不在于抽象思维的训练，而是教人端正学习的态度。他指出学问的精髓不在于言说文字，而在善于体认言说文字之外的中心恻怛的心怀（超乎小我的感情），他一再教人不要把学问当作知解看待，要学会体认心之本体。他在著作中反复叮咛：玄学不同于科学，中国哲学不同于西方哲学。这里不存在抬高中国哲学，贬低西方哲学的意思。熊先生只是提供人们如何正确理解中国传统文化的一把钥匙。因为中国传统文化的核心部分，熊先生称为“玄学”（与西方玄学、形而上学意义不同），它既有思辨之学，又有道德价值观、美学观等更丰厚的内容，这些内容确实是近代西方意义的哲学所包容不进去的。

“道之将废也，文不在兹乎。”这说明进入20世纪，中西文化接触后，引起中国有识之士的广泛而深刻的反省。西方侵略国家挟其船坚炮利的余威，给中国的经济生活以破坏，连带引起社会生活、政治生活以至家庭生活的变革。面临前所未有的大冲击、震荡，发展下去，必然引起知识分子深刻的世界观的动荡。春秋战国在中国历史上曾被认为是个大变革，它与“五四”以后的变革相比，简直微不足道。熊先生的哲学的核心问题，与其说它讲的是哲学问题，不如说它讲的是文化问题、传统文化的前途、出路问题。

熊先生“弃佛归儒”，正是由于儒家传统带有浓重的民族特色，而佛教（特别法相唯识之学）更多思辨特色。思辨精神与中华民族的生死存亡的关系不是那么直接。“为生民立命”，在西方近代哲学家看来，本不是哲学家的事，而中国知识分子则认为责无旁贷。熊先生与欧阳竟无先生的分歧在于：熊先生以佛为妄而舍佛归儒；欧阳竟无先生在抗战前后发表的关于《大学》《中庸》的论著，以及对孔孟的评价，也有“舍佛归儒”的倾向，只是欧阳先生认为儒家高明博大，佛亦不妄，佛儒交相融摄，更趋向于儒而已。

熊先生为了他的理想，生死以之。他很早就宣称他不能接受马列主义，不能相信唯物论。像他这样一位爱国的知识分子，这是可以理解的。

我和熊先生相处多年，相知甚深。我过去一直是儒家的信奉者。新旧中国相比较，逐渐对儒家的格、致、诚、正之学，修、齐、治、平之道，发生了怀疑，对马列主义的认识，逐渐明确。在1956年，我与熊先生写信说明，我已放弃儒学，相信马列主义学说是真理，“所信虽有不同，师生之谊长在”，“今后我将一如既往，愿为老师尽力”。熊先生回了一封信，说我“诚信不欺，有古人风”。以后，书信往来，就不再探讨学问了。熊先生历年给我的信很多，可惜毁于十年劫灰中！

学马列主义，也不能在言语文字上打转，也要身体力行，这方法和态度还是从熊先生的教诲中得来的。熊先生是我永不能忘的老师。

赘语

海外不少学者和同行们，出于对熊先生的关怀，流传着不少传闻和推测。有人认为新中国对待旧社会的老专家实行压迫，他们失去了讲学的自由，受到不公正的待遇，新中国成立后一直受折磨，饮恨而终。我对此不得不做一些必要的说明。

先说新中国成立前熊先生在北大所受的待遇。熊先生在旧北大一直当讲师。七七事变后，教授可以到西南联大报到，仍能教书，不致失业，而熊先生不是教授，迁到大后方，拒绝收容他，任他漂泊西南天地间达8年之久。新中国成立后，董必武等政府领导人请他来北京。北京解放不久，教授的待遇按小米折价，刚从美国回来的华罗庚和熊先生的工资都按最高标准定为400公斤小米。

抗战胜利后至新中国成立前，熊先生住在沙滩北大孑民堂后院的两间改造过的集体宿舍里，面积约20平方米。新中国成立后，国务院在交道口附近给他租了一处住房，北房五间，并为他购置了必要的家具。他和义女仲光来京后，即住在这里。两三个月以后，熊先生嫌这个院子嘈杂，又搬了一次家，搬到西城宝禅寺街，住在最后一进院子，是个独院。在这里未住多久，国务院又给熊先生在北海鸦儿胡同购买了一所小四合院，出门不远就是什刹海后海。住在这里不到一年，熊先生感到年老，不耐北方严寒，打算到上海依儿子世菩，这是他唯一的儿子，当时世菩在上海招商局任工程师。熊先生的客人、学生来往的人多，世菩向招商局申请，扩大他的住房面积，以便安置年老的父亲。格于制度，没有办到。最后由国务院指示上海市委，在愚园路给他安排住房，这个地方比较安静、宽敞。熊先生的工资仍按月由北大汇寄，后来熊先生嫌每月汇寄麻烦，工资由上海市委统战部支付。

旧中国不曾限制唯心论，只限制唯物论，但熊先生的著作出版，遭到种种挫折，有的书是熊先生自己出钱印的。新中国成立后，他的书由国家出钱，出版了七八种，公开发行。说到这里，也附带说一说陈寅恪先生。陈先生抗战期间，为英国庸医所误，双目失明，仅有光感。新中国成立后，中山大学在他的楼前特别用白色涂刷了一条小径，以便于他借助白色反光饭后散步。陈先生用的药品，国内买不到的，由香港购进，24小时有护士3人轮流护理。还请他到北京担任历史所所长。陈先生的朋友、学生多在北京，他也有意北来。由于敦请陈先生的那位学生说话不慎，惹得陈先生不高兴，他拒绝北来。

熊、陈这两位老先生备受政府礼遇，这些事实都说明中国共产党是尊重学有专长的专家学者的。到了“文化大革命”，是非颠倒，国家遭难。外人只看到知识界、文化界人士在“文化大革命”中所遭受的折磨，误认为是共产党政府搞的。“四人帮”是共产党的敌人，共产党的开国元勋，上至主席、元帅、将军，包括周恩来总理在内，下至一般干部、一般群众，遭难而死的，何其多也。这些罪恶行径，应与共产党政府无关，这是不得不说明的。

贺麟："青年的保姆"

1934年，我考入北大哲学系。一年级听汤用彤先生讲授哲学概论，郑昕先生讲逻辑课，引发了钻研哲学的兴趣。第二年学习西方哲学史。三年级学黑格尔哲学及斯宾诺莎选修课。四年级毕业论文，贺先生指导，论文为《朱子哲学》。

北大哲学系的老师都主张自学，从不把着手教。如能主动读书，可以有较大收获；如混日子，也不难混下去。后考上研究生，导师是汤先生。北大文科研究所规定，导师外还要有一位副导师，我的副导师是贺麟先生。现在看来，这是个很好的制度，学生可以兼采导师的长处，中国哲学与西方哲学相结合，对以后成长有利。学生听课也自由，不限制听课时数，有充分时间读书、准备论文材料。

在抗战时期，国家多难，大家在流亡中，学生生活有困难，老师很愿意予以帮助，师生关系比在北平时显得更亲近了很多。

大学毕业时，面临就业选择，哲学系留一名助教，同学石峻留作助教。同班毕业的还有两人，我和韩裕文。韩去外县教中学，我也考虑去教中学。正值北大法学院周炳琳先生到重庆中央政治学校任教务长，请贺先生教哲学概论课。贺先生约我去担任助教，帮他改改学生的读书报告。我觉得这可以有更多时间读书，就答应了。

中央政治学校是国民党培养干部的学校，当官的多，没有什么学术空气。贺先生教哲学概论课，给学生以新鲜感，很受欢迎。第二年，贺先生不再在中央政校教书，回到昆明。有好几个学生自动转学，改进西南联大哲学系，陈修斋、樊星南就是其中优秀的。

学校设在重庆南温泉。这一年，我看到许多国民党军政要员。校长是蒋介石。蒋介石去学校时，随行的文人有吴稚晖、陈立夫等人，军人有何应钦、陈诚等人。这一批文武大员，没有一个像有独立人格的人。蒋介石训话时，学员要保持立正姿势，学校职员也要站着听蒋训话。教员自由参加。贺先生受特别礼遇，他可以不参加这种训话。

这一年，贺先生给我开了一个书单子，读了不少西方伦理学及哲学史的书。寒假期间，听说北大恢复文科研究所，招收研究生（报考研究生要附上一篇论文），我也准备了一篇《王阳明哲学》的论文。这时，熊十力先生逃出北平沦陷区，也来到重庆南温泉附近一鹿角场，住在他学生周鹏初家。他们听他讲中国哲学的一些问题和读书中遇到的问题。写《王阳明哲学》这篇论文时，有些问题向他请教，采取闲谈的方式，不像上课那样正规。熊先生有时教书，有时也评论政治，回忆清末的一些掌故。每去一次，都有收获。

我在初中时，军训教官粗暴对待同学，使我对国民党没有好感。在中央政治学校，亲眼见到国民党上层官僚集团的腐败无能，更生了一层反感。这个学校有学生 200 人，职员 200 人，校内工人 200 人，上下等级分明。有一位高级职员，在食堂饭桌上大讲某年某次，“委员长亲自骂过我，骂的什么话……”说者不以为耻，反引以为荣。更令人诧异的是，许多听者不以此举为可耻，反露出某种艳羡之色。“知耻近乎勇”，不知耻可以无所不为，还有什么希望?

在研究哲学的道路上，对我帮助最大，甚至可以说有终生影响的老师中，贺先生是其中一位。

大学四年，有三年在北平，一年在长沙和昆明。此后十几年间，我和贺先生都未离开北大哲学系（贺先生离开北大哲学系在 1956 年，我们才分开，但都在北京，经常见面）。

贺先生治学，有现代人的特点。从听他的西方哲学史、斯宾诺莎、黑格尔哲学，到参加他主持的西洋哲学名著编译会，长期学术熏陶，受益最深的，是接受了他的中西哲学比较法。我们这个时代是个中外文化交流的时代（有时主动，有时被动）。中国人的衣食住行，语言词汇，无不带有中外交流的痕迹。贺先生从事翻译事业，也是从行动上贯彻了中外交流的思想。

贺先生受旧社会长期教养，又接受西方近代科学训练，他身上体现了中外道德观结合的痕迹。他在北大、在联大，并不是一帆风顺的。有的教授留学回国后，就担任教授。贺先生留学回来，是先从讲师做起，一步一步走过来的。我初进北大时，他还是讲师，后来升为副教授、教授。贺先生在清华大学与张荫麟是同学。和张荫麟两人一同去拜见梁启超。贺先生对我说，“梁启超对张说（用广东话）：‘你有作学者的资格呀。’他没说我有作学者的资格”。清华是贺先生的母校，从美国回来，他想回清华。金岳霖先生主持哲学系，认为贺先生治学，不重视逻辑，喜欢讲直观方法，不大符合清华哲学系的学风，没有请他到清华，贺先生接受了北大的聘书。

1947 年，北平面临新中国成立前夕，国民党骨干纷纷南下，担任训导长的陈雪屏逃往南京，陈的训导长职务交给贺先生。训导长当时的任务是监视学生，管理学生，不使学生有反对政府的行动。贺先生没有站在国民党立场监视学生，而是设法保护学生免于逮捕，被捕的设法保释。北大学生送给他一面锦旗（不是绸制的，是用红布写的），写着“青年的保姆”。贺先生主持“西洋哲学编译会”，新中国成立前夕共有成员 4 名，其中有 3 个地下党员。北京大学也有向贺先生告状的，贺先生置之不理。这 4 个编辑工作人员为汪子嵩、黄楠森、邓艾民、王太庆，后来成为新中国的哲学专家。

贺先生为人忠厚，即使别人对不起他，他也从不记仇、不报复。“文化大革命”期间，文化教育界是重灾区，贺先生又是学术界的重点人物，有些人乘势落井下石，批他的政治，还批他的学术，批他的翻译。政治错了，连翻译的黑格尔哲学也要打倒。事后贺先生对我说，“政治可以批判我走错了路；我翻译黑格尔的《小逻辑》，确实呕心沥血，字斟句酌，连我的翻译也说得一无是处，感到屈辱”。“四人帮”垮台后，那位学生登门道歉，申明当时迫于形势，言不由己，贺先生对此人并未介怀，不再计较。

北大哲学系的教师，学问虽有专长，但应付日常生活，对跟行政部门打交道，很不行。贺先生在北大燕东园分到的住房，不见阳光，他不去争，一直住到工作调动，才搬到城里干面胡同宿舍。

贺先生为人忠厚，没有架子，平等待人。几十年来，我没有见他发过脾气，即使遇到极不痛快的人和事，也不疾言厉色。他是西方哲学专家，但更具有东方文化熏陶下的涵养。在南温泉中央政治学校时，他说，从前曾国藩和他的老师倭仁交换日记看，借以互相促进。他知道我也有记日记的习惯，便也和我交换看日记。日记本来不是写给别人看的，对某人某事的不满，日记中可以自由发泄。贺先生在我的日记上，有时批注几句话，规劝我对人对事不宜过于严苛；为学读书不能过于峻急。他还说：办事能做到日后不要失悔是最好的结果。青年人为了一时快意，不顾后果，给人以伤害，到了自己懂得道理多时，会感到后悔。我也从贺先生的日记中看到他对青年的爱护。他还善于发现青年的长处，青年身上容易犯的毛病也予以宽容。可惜我这本日记毁于“文化大革命”，没有保存下来。

贺先生和我在昆明翠湖公园散步，谈起沈有鼎先生。贺先生说，沈为人聪明，善于思考，可惜他文人相轻的坏习气太深，难成大器。沈曾对贺先生说：“金龙荪（金岳霖字龙荪）那点学问只能骗骗冯芝生（冯友兰字芝生）罢了。”一句话骂了两位大师，太刻薄，连老师也骂，而且骂得没有道理，不可取。

在昆明时，经常听贺先生讲宗教对文化的重要性，他特别指基督教，也一再提到《圣经》值得研究。当年我年轻，翻开《圣经》，见到有些以水变酒、使跛子行走等神奇法术，认为没有什么看头，对宗教的社会作用很不理解。贺先生说：中国文化是礼乐；在西洋，他们的礼乐包容在宗教中。宗教与文化是一回事。光从哲学著作中还不足以认识西方文化的全部。我对文化、哲学摸索了多年，自己已进入老年，才深刻懂得贺先生这一见解的深刻、正确。

宗教是人类知识的源头。人类知识起源于宗教这个母体，以后每前进一步，又必须摆脱它的限制。不了解一个民族的宗教，即无法认识一个民族的文化。

欧洲最大的宗教是基督教，中国的宗教是什么呢？最后我终于找到中国的宗教是儒教。西方的礼乐包含于基督教，中国的礼乐包含于儒教之中。

贺先生凭借他的学术感召力，赢得学术界的钦重。新中国成立前，他是中国哲学会的成员兼秘书，主编中国哲学界唯一的刊物《哲学评论》。那时，中国哲学会不是专门研究中国哲学的学会，而是全中国的哲学界同仁的学会，是逻辑、西方哲学、中国哲学、伦理学共同发表研究成果的园地。现在台湾的中国哲学会仍沿袭当年在大陆的格局。

新中国成立后，贺先生最大的贡献是推动了西方哲学名著翻译，培养了一代西方哲学和黑格尔研究的人才。黑格尔的几本主要著作都有了可供传世的汉译本，完全是贺先生主持、推动的功劳。近、现代中国翻译著作，影响最大的有两部书，一部是严复译的《天演论》，一部是贺麟译的黑格尔的《小逻辑》。《天演论》为近代中国革命敲响了警钟，完成了它的历史使命。《小逻辑》为今后若干年中国研究黑格尔哲学，建立了基本资料，这部书不曾风靡一时，却成为中国精神文化财富。

记得 1948 年，有一次在他家，他发现我身体瘦弱，有些病相。他告诫我：你30岁刚过，不可过劳，这是中国学者很难度过的年龄，颜回32岁，僧肇31岁，你可得小心。物价贵，生活困难，是实情，也要把身体养好，心情要开朗。

有关蔡元培校长几则轶事

1934年我考进北京大学哲学系，蔡元培校长已离开北大多年，我只间接地感受到了他的影响。现在零星地追记几件事。

抗战时期，在昆明西南联大，听罗膺中（庸）教授讲起北大首次招收女生的事。罗庸先生与冯沅君教授都在北大中文系读书，是同学。当年封建思想浓厚，冯沅君报考北大时北大第一次遇到女生报考，教务部门不敢做主，建议蔡校长向教育部写个报告，请示一下，免得日后受批评。教务处的负责人并不是无知，因为女生报考只招男生的大学，不但北大无此先例，全国也无此先例。

蔡先生回答说，教育男女平等为时代潮流，北大招生章程报名条件中没有说女生不能报名。只要符合报考条件，即可报名。考试后，只要符合录取标准即可录取。这是北大职责范围内的事，用不着请示教育部。

从此，北大开始招收女生，也是中国大学接纳女生之始。今天人们司空见惯，认为平平常常，在七八十年前，这可是引起学界轰动的新闻。听说冯沅君开始上课时，教室内外，观者甚众。

1919年五四运动已载入史册，北京大学游行过天安门的照片已存入档案馆。大事早已有各种详细记载，这里不说。我在北大读书时，曾听得当年在校长办公室的工人老李说过一件小事。当年校长办公室在沙滩景山东街，时称马神庙（北京有几个马神庙，这是其中之一）北大二院内。现在是人民教育出版社的地址，是原乾隆皇帝的四公主府旧址。有荷花池，有松竹点缀。校长办公室院内有一丛竹子，当年北京天气比现在冷得多，竹子不易成活，皇家园林偶然见到，很珍贵。游行队伍出发前，蔡先生不同意，担心与军警冲突时，学生手无寸铁，要吃亏。学生执意要去，蔡先生也不再阻拦。游行白布横标大书“国立北京大学”。临时找不到合适的竹竿，挂蚊帐的竹竿比较短小，支撑不起。蔡先生说你们到校长办公室院里斫罢。这竹竿支撑的北大横幅大标语，也有蔡元培先生的一份心意。

游行队伍火烧赵家楼曹汝霖住宅，痛打章宗祥。北京军警赶到现场制止，捕去的学生中有杨晦、许德珩等。周炳琳穿一件纺绸长衫，当时大批同学已陆续散去，军警见他从容不迫，像是过路的，没抓他（据周炳琳回忆）。

蔡先生主持北大时，知道爱因斯坦休假将去日本讲学，打算在爱因斯坦日本讲学后，过北京，留他讲学一个月，但需筹措经费两千元银圆。北大没有这笔钱，蔡先生到处筹集（《蔡元培集》有筹办这件事的记载），后来未能实现。蔡先生也知道爱氏学问很专门，未必有多少人听懂，但为了开拓学生视野，接触最新科学前沿，体现了一个教育家的识度。如果当年爱因斯坦能来华讲学，在学术界罗素、杜威以外，又多一件国际学术交流的盛事。蔡先生主持北大，极力主张开拓学生视野，提倡美育活动，北大学生会下有“摄影学会”，我在北大读书时，这个学会还在活动。

后来听贺麟先生说，他在柏林留学时，倾慕爱因斯坦的大名，想看看这位大学者的风采，花十马克买票去听讲演。演讲内容是相对论，贺听不懂，随便问了问邻座的听众，他们也是慕名而来，也说听不懂。尽管听不懂，还是感到满意，得到另外一种满足。爱因斯坦弟子甚多，前后护拥，很神气。

第二次世界大战期间，爱因斯坦遭纳粹之祸，背井离乡，受聘于美国普林斯顿大学。他不像在德国时那样矜持。早上在校园散步，遇到人老远就打招呼（大喊 How do you do），抢先握手。一位中国学者向另一位中国学者谈到爱因斯坦如何对他尊重，有得意之色。后来看到爱因斯坦遇到任何人都热情招呼，遇到附近农场送牛奶工人，赶着大车经过，爱氏也跑过去打招呼，才知道爱因斯坦在异国他乡有他的难处（听数学家闵嗣鹤、颜道岸口述）。

蔡元培先生主持北大，不拘一格延揽人才，只看学术，不重学历。梁漱溟只读过中学（他在顺天高等学堂读书，据我所知，当年梁的同学有张申府、汤用彤、李继侗、郑天挺等）。他写了一篇《究元决疑论》，蔡先生看过很欣赏，决定请他到北大教书。学生们也是看重他的学问，听者甚众，在第二院大教室讲，总是座无虚席。他与胡适、陈独秀等同时讲学，他们都受到同学们的欢迎。只要言之成理，持之有故，一律受到欢迎。梁漱溟先生离开北大，推荐熊十力先生自代。熊先生幼年当过兵，经过商，35岁以后才专事读书，论学历只当过中学教师。蔡先生把他请到北大。今天人们都知道熊十力是中国现代有卓见的少数几位哲学家之一。

蔡先生离开北大多年，他树立的重实学不重虚名的学风仍保持着。30年代，北大中文系"目录学"缺人讲授。系主任马裕藻（幼渔）听说北京有一位湖南籍的老先生在一绅士人家教家馆，学问渊博，便约钱玄同先生两人共同访问这位老先生。交谈了一个下午，意犹未尽，相约第二天继续晤谈。两天后，北大中文系决定聘他到北大教书。这位老先生就是后来蜚声学林、著有《四库提要辨证》的学者余嘉锡先生。他在北大教授《目录学》，治学严谨，言必有据。一次南方某大学一位教授来访，虚心请教有关目录学问题，借阅他的目录学讲义。当时他认为还不完善，有待补充，未公开发表。不料这份讲义被那位教授改名换姓，抢先出版。余先生为此事很伤心，上课时，对班上的学生说："你们都是见证人，是他抄我的讲义，不是我抄他的书啊！"现在余先生和那位抢出书的教授均已作古。当年班上听过余嘉锡先生讲课的学生王玉哲教授（现在南开大学历史系）还健在。本来与蔡先生轶事无关，只是有鉴于当前假冒伪劣、市侩习气甚炽，假烟假酒外，学术界假主编、假教授、假博导所在多有，故连类及之。

（原载《北京大学学报》（哲学社会科学版）1998年第2期。收入《竹影集》）

侯外庐先生与他的学派

我对侯外庐先生的学术思想很敬佩，他是我学习马克思主义哲学最早的启蒙老师之一。他的学问比较广博，历史学、经济学均有很深的造诣，而且又是教育家。在这里我仅从中国哲学史研究上来谈一点感受。

我觉得马克思主义在学术界能够站得住，并不是靠宣传、靠喊口号，主要是靠用马克思主义作为一个工具或武器来解剖历史上学术上的问题，拿成果给人们看，你们看这个武器行不行？是不是真正解决问题？像郭沫若先生的《奴隶制时代》就是这样，像侯外庐先生的几本书也是这样。这是示范作用，它比空喊口号要有力量得多，这样才能站得住。侯外庐先生的影响之大，也是靠他实际工作的成果、科研的成果来显示历史唯物主义的优越性的。因为他长期地充实自己，学习努力，在学术界起带头作用，这就形成了侯外庐学派。我们哲学史界称“侯派”。这个学派的成立，不是自封的，也不是愿意成立就能够成立的。这与政治上拉帮结派是两回事。学派的成立要得到同行的公认，不是那么简单的事情，要拿出真东西来，叫内行人说行。侯外庐先生的著作在那里摆着，我们看他与同伴们合编的《中国思想通史》，这是新中国成立以后系统地讲思想史的一部书。从头到尾，就只有这唯一的一部书，以前还没有过。这部书影响是很大的。侯外庐先生文风有一些特别，读起来要是不习惯的话，不那么顺畅，但看惯了以后会发现好多闪光的东西，很有价值的东西，人们看了很有收获。

从侯外庐先生集体编书中带出一批人才，当年（50年代）的“诸青”，是一些青年小伙子，现在都成了骨干、顶梁柱，有的成了学科的带头人。编书有言传身教的作用。他们写东西反复地改，参加者从中受到教育。这不是空话的教育，而是通过实践来起指导作用。言传身教，从政治上、行动上、道德上要这样，做学问也要这样，才能有效地带出一批人来。这点侯外庐先生是成功的。

还有一点印象很深，侯先生说："搞学问和干革命一样，要经常保持批判的精神。"一直到最后那部书《宋明理学史》，那时他已经卧病在床了，不能从头到尾参与修改。但这部书总的路数还是沿袭侯外庐先生的。比如这部书对宋明理学优点的地方大胆肯定，而且说得很具体，有细致的分析；对材料的运用比较重视，也有精细的考证。这一点体现了"文化大革命"后新时代的面貌。因为"文化大革命"把空论、怪论推到了极点，空话连篇。而这部书有根有据，更加强调了史料，把论据摆出来，体现了时代的特色。这是"文化大革命"以后的产物。但是，批判的精神一直是保持着的。比如说，对宋明理学，在肯定了它的优点和成就之后，又认为它在政治上是个"浊流"。这是侯外庐先生一贯的思想，说得很精彩、很正确。这个"浊流"，一直到今天还妨害着我们"四化"建设的进步。

我没有准备，即席讲这些。谢谢大家。

（此篇系北京图书馆馆长任继愈同志 1988 年 11 月 29 日在纪念侯外庐同志学术讨论会上的讲话，标题是编者加的。原载《纪念侯外庐文集》。陕西人民出版社，1991 年 3 月版）

吴宓：为人谋何巧，谋己一何拙

早在读中学时，看过吴宓先生在《学衡》杂志上的文章，没有见过面。抗战开始，北大、清华、南开三校合并，成立西南联合大学。文学院由湖南衡山搬到云南省的蒙自县，在南湖边租用了一所倒闭的法国商行，单身教授和男生宿舍都在这所楼上。记得吴宓先生和叶公超同住一处，有时看见他在南湖边与叶公超教授散步。蒙自县城内有一家卖甜粥的小店，店主人是四川人，有一定的文化修养。吴先生曾为这家小店写过一副对联："无名安市隐，有业利群生。"这副对联为这家小店增色不少。半年后，联大迁回昆明，几十年没有回过蒙自，却时常想起这家小店和吴先生的对联。

1939 年起，北京大学文科研究所招收研究生，我的导师是汤用彤先生和贺麟先生。汤先生是吴宓先生多年好友，贺先生也和吴先生很熟。毕业后留在西南联大教书，我有机会与吴宓先生相识。从汤、贺两位先生处得知吴先生的为人，用一个字概括，就是一个"真"字。他对人、对事、治学，不矫饰、不敷衍，他的言与行天然一致。

吴先生处事不大会考虑个人得失，也可以说他不善于为个人的利益打小算盘。这种不善于为个人利益打小算盘的师长中，使我难忘的有两位，一位是金岳霖先生，另一位是吴宓先生。在昆明时，正值他 50 岁生日，他在《五十生日诗》中有一句是"为人谋何巧，谋己一何拙"。他的信念是："学推孔柏先，教宗佛耶正。"学术上推崇孔子和柏拉图，宗教观上他服膺佛教与基督教。他的哲学观和文化观与贺麟先生很接近。学术界多认为贺先生是研究黑格尔的专家，实际上贺先生对伦理学、价值论、中国的宋明理学都有精到的造诣。研究西方伦理学离不开基督教。吴宓先生信奉的西方人文主义也与基督教有不可分的关系。在昆明时，吴、贺两位与当时流亡到昆明的燕京神学院赵紫宸教授经常来往。有一段时间，赵紫宸教授家定期约集几位对人文科学有兴趣的学者举行茶会，大约每两周（也许是一个月）聚会一次。赵紫宸先生除专研基督神学外，也是一位诗人，写旧体诗、填词，也写新体诗，曾把他的诗集《玻璃声》分赠给大家。这样的聚会吴先生倡议取名“心社”（Mind Society），只有四五个人。这个谈心、论学的集体，大约举行过七八次，后来赵紫宸先生离开昆明，就解散了。在这个会上，贺先生讲过“知行合一的相互关系”（后来发展为《知行合一新论》，收人论文集）；赵紫宸先生讲过基督教神学；吴宓先生讲过一次“红楼梦的文学造诣”。吴先生说，《红楼梦》内容且不说，只就章回小说的回目标题而论，其对仗之工，文字之美，任何章回小说都难比得上，还随手举出第三十五回“白玉钏亲尝莲叶羹，黄金莺巧结梅花络”为例。

也是在这一次聚会上，谈及柏拉图对话集中的《酒谈会》，由此又引申到西方流行弗洛伊德学说的影响。吴先生说，男女间的交往属于一种交叉关系，男人与男人、女人与女人的交往属于平行关系，确有不同。吴先生说，男人和男人的友谊、交往可以长期保持，甚至持续几十年不变，不远也不近。女人和女人之间的交往、友谊也是这样，都能以平行线的形式，持续下去。如画个坐标图，可以用一纵向、一横向来表示。唯有男人与女人之间的交往与友谊，纵横两线相交会处，即构成家庭或相爱，有一个结合点；如两线交会而未构成家庭或发生爱情，没有产生结合点，这两条线引伸下去，越离越远，再无相交的可能。吴先生举出这种现象，给人以深刻的印象。当时没有黑板，吴先生用手比画着说明两条纵横线条的平行发展和交会于一点的情况。何以有此种现象，可惜吴先生未曾深论。

吴先生长期过着单身生活，不与家人住一起，住单身教员宿舍。记得在昆明时，他有一段时间与叶公超教授同住在文林街一所宿舍。每天早晨叶公超到菜市买菜。叶虽为教授，在抗战时期，生活困难，买菜好斤斤计较，价钱讲妥，叶还要从摊贩菜堆里再抓一把放在自己菜篮里。叶公超毕竟是教书先生，手脚不灵便，十之八九被菜贩把菜夺回去。对这类事，吴先生很看不惯，警告叶说，你这种爱占小便宜的习惯不改，我不再陪你逛菜场了。后来吴先生搬到北门街另一所单身教员宿舍，直到他离开昆明。

与吴先生直接打交道的还有一位系主任C君，C君英语讲得好，善于交际，人缘也好。他对西方传统文化和东方传统文化所知不多，中文修养也差。吴先生学贯中西，对这位缺少文化修养的系主任很看不上。C君对吴先生想必也没有好印象，对他的照顾很不够。吴先生在北门街宿舍住在一间阁楼上，光线只能从书桌下的空隙中反射上来。室内光线非常昏暗。吴先生有意离开西南联大，到贵州湄潭浙江大学教书。有一天，贺麟先生和冯友兰先生商谈关于西方哲学名著翻译的事（他俩都是西洋哲学名著编译会的常委，另一位常委是汤用彤先生）。谈话间隙，贺先生忽然问了一句："吴雨僧现在去贵阳，不知走了没有？"冯友兰先生听了大吃一惊，作为文学院长，还不知道吴先生要离开联大。两人赶到长途汽车站，幸好汽车还未开出。冯、贺两位把吴先生劝了回来，留下不走，又回到他那间光线来自桌子下方的单身阁楼。这一次贵州未去成，但吴先生去意已决，后来还是没有等到西南联大结束，转到四川成都教书，西南联大结束前他就离开了昆明。

1946年，西南联大解散，三校各回原处，大部分教员从重庆飞回北平，也有从海路或其他途径回去的。当时我的家在西安，我要由重庆经成都去西安，顺路看望钱穆先生和吴先生，在吴先生处住了一晚。吴先生住齐鲁大学的职工宿舍，房间简单、朴素。窗外下着细雨，在昏暗的灯光下（好像是煤油灯），我向吴先生讲了个人的读书及生活中的困惑，大部分时间听吴先生谈论中国儒家文化精神、为人之道，当然也讲到白璧德。第二天要上路，向吴先生告别，感谢他长辈关怀后学的深情。吴先生说，论年龄，我算长辈，我不喜欢人家把我当长辈看待，愿你把我当作朋友，以朋友的地位，无拘无束，推心置腹地交谈，这样很好。

清华大学迁回清华园旧址，吴先生与清华大学的关系非同寻常，清华是他的母校，只要他表示肯回去，清华大学求之不得。只是由于他和C君合不来，没有回到清华，他由成都转到了重庆，此后的经过，师友所共知，不再赘述。如果当年回到清华，情况可能另是一样。1948年，清华面临解放，C君仓皇逃走，吴先生和他的多年好友如陈寅恪、汤用彤、贺麟、冯友兰、金岳霖，都在各自的岗位上留下来，迎接了新中国。不论走了多么曲折的路，中国人民站起来了，几代爱国人士的梦想成为真实，“求仁而得仁”，他们无所尤悔。

贺先生常和我说：“吴宓先生讲授英国浪漫主义诗人的诗，他本人就是雪莱、拜伦，他这个人的生活就是一首浪漫长诗。”

吴先生生长在陕西，关中有高山大川，水深土厚，文化传统可以上溯到周秦。吴先生具有关河人物的凝重、刚健之质。古人常说关西出将，关东出相，吴先生生于关西，出身于军官家庭，他禀赋武将的性格，却走着诗人学者的道路。这种奇特结合，铸成吴先生特有的风格。

吴先生是重践履的浪漫主义诗人学者。浪漫主义使人趋向高洁，免于庸俗，但高标傲世，往往不见容于庸鄙。吴先生深受儒教熏陶，与西方传统的浪漫主义不尽相同，因而带有吴宓印记。

以浪漫主义为生活基调的诗人、学者，不论生于治世或乱世，概难免于遭际坎坷，见讥于流俗。浪漫主义气质过重的人，以之治身，多误身；以之治国，多误国。中外史乘，屡见不鲜。

吴先生从事教育事业，一生为国家培养了大批有用之才。人们多知道他是西方文学的教授，培养了外国语言、文学人才，而不知道他对国学也做过杰出贡献，闻名中外的清华大学国学研究所，吴先生就是创建人之一。陈寅恪先生当年一无外国博士头衔，二无成本著作问世，吴先生把他招来与王国维、梁启超几位大师同聘为导师，足见吴先生学识过于常人。冯友兰先生曾把《庄子》（内篇）译成英文，冯友兰先生深知吴精通庄学，出版前请吴先生润饰英文译稿。

处于“文化大革命”时期，吴先生偏偏被安排在最轻视知识的环境中。赶上视人才如草芥的年月，令人遗恨千古。

在当前改革开放的新形势下，要使国家富强，立于不败之地，首先要培养人才。人才是开发不尽的宝贵资源。天然资源如煤、矿山、石油固然是可贵的资源，但没有可用之才，即使自然资源丰富，也只能供强国来掠夺；人口众多，如果教育落后，国民无知，民族素质不高，就只能沦为殖民地，只能被奴役，供强国驱使。只有发挥人才的优势才是真正的优势。人才是取之不尽，愈开发愈多的资源。开发人才资源离不开教育。而我国的教育仍需进一步给予应有的重视。

现在经济扶贫已引起人们的注意，而文化扶贫，似乎还未过于重视。全国还有 2 亿文盲，拖住了现代化的后腿。

吴先生一生的遭遇，从一个侧面反映着广大知识分子，特别是高等知识分子的遭遇。说它小，可以看作个人的沉浮、荣枯；说它大，吴先生的一生遭遇，可以关系到民族、国家的兴废存亡。这种劫难性的历史希望永被埋葬。吴先生墓木已拱，后来者长途漫漫，任重而道远。

冯友兰："周虽旧邦，其命维新"

那是在 1932 年，我在北平大学附属高中读书，国文老师讲课，选了不少辅助教材，其中有关于老子年代的学术争论。那时起，开始知道胡适、梁启超、张煦、冯友兰、唐兰几位先生对老子年代的见解，他们争辩的问题引起了我对哲学史的兴趣。

由于这种偶然的机会，使我后来在考入北大文学院时选中了哲学系。记得有一次开中国哲学年会，冯友兰先生的论文是《朱子的理与气》。冯先生说，朱子的"理"意为"形式"（form），朱子的"气"意为"料"（stuff），还说，stuff 或译为"士大夫"，可见士大夫还够个料，不是废物。记得会上还听了邓以蛰先生讲中国画的"气韵生动"；胡适先生的题目是《程绵庄的哲学》。约在 1934 年，北大学生会邀请校外专家作学术报告，冯先生讲的题目是《新三统五德论》。冯先生运用发展观阐明社会变革与学术变革之间的关系，印象极深，至今不忘。

大学的第四年，北大、清华两校被迫南迁，只在湖南住了半年，文学院设在南岳衡山脚下。冯先生开设了朱子哲学课，金岳霖先生讲知识论课。因为这两位先生都是清华大学哲学系的老师，北大的学生平时听不到他们的课，我都选修了。冯先生的"朱子哲学"课的内容和朱子关系不大，只是借用朱子哲学的某些范畴，发挥冯先生自己的体系。授课的讲义随讲随印，后来在云南蒙自石印出版，书名定为《新理学》。冯先生在书的扉页上题诗云：

印罢衡山所著书，

踌躇四顾对南湖。①

鲁鱼亥豕君休笑，

此是当前国难图。

在蒙自半年，西南联合大学新校舍建成，文学院迁回昆明。冯先生此后一直在西南联大讲授中国哲学史课，还曾用《新世训》代替教育部规定的伦理学课程。冯先生写《新知言》，注意禅宗的方法论，曾在全校作过关于禅宗的讲演。抗日战争期间，冯先生曾应聘到重庆讲学半年，我曾替冯先生讲授过中国哲学史课程。教材还是采用冯先生的书，对冯先生的观点有了一般的了解。

冯先生的《中国哲学史》比胡适的《中国哲学史大纲》在国内外有更长远的影响。五四时期，胡适的《中国哲学史大纲》（上）曾引起过学术界的广泛重视，因为它改变了中国哲学的面貌，从取材到立论都带有现代化的标志，远远超出了封建时代的眼界。胡适的《中国哲学史大纲》只有先秦部分，汉以后没有写下去。胡适过多地采用了美国实用主义观点，对古代哲学学说的评论往往停留在表层。金岳霖先生曾指出，胡适写的中国哲学史，好像是一个外国人谈论中国的哲学。②胡适批评庄子哲学，说他“使人变成达观的废物”，这种评论显得没有说服力。又由于胡适抱着西方学术界的偏见，认为中国只有思想，没有哲学，以致后来他主持的北大文学院哲学系没有中国哲学史课程，只有中国思想史课程。胡适在历史系开设中古思想史，讲授的内容还是中国哲学史的资料。

冯友兰先生认为中国不但有哲学，而且中国哲学有它内在的体系。他不

① 南湖在蒙自城外，学校附近是一所公园，称南湖公园，是西南联大师生朝夕游憩的地方。

② 见冯友兰著《中国哲学史》审查报告二，商务印书馆出版。

是简单、轻率地对待古人，而是力图把古人的体系按古人自己的思路，用现代人的表达方式表示出来，他称为同情的理解。冯先生自己说，讲到庄子，令人读了似乎站在庄子的立场上说话；讲到孟子，令人读了似乎站在孟子的立场上说话。这种方法显然比胡适的方法深入了一层。

冯先生具有系统的现代科学方法的素养，又有高度抽象概括的能力。他讲的中国哲学史，能把一些长期讲不清楚的问题讲清楚。比如把先秦名辩思潮中的惠施哲学归结为“合同异”，把公孙龙的哲学归结为“离坚白”。现在的中国哲学史界都接受了这一观点，并认为本来应当是这样的。其实，这只是前辈学者留下的成果，后来者顺利地接受下来罢了。冯先生以前的学者都没有这样简明。像这样的例子还多①，都表明冯先生善于以简驭繁、高度概括，值得学习、借鉴。

哲学史上下数千年，重要的哲学家，有资格上哲学史的，列举一二百家不算难事。这样做，只能给人以流水账的印象，好的哲学史，不在讲述的人头多少。冯先生的哲学史（包括《中国哲学史新编》）在几千年的断限内，有重点地浓墨重彩、着意介绍的不过十几家，该简化的简化，该突出的突出。先秦各家是中国哲学的源头，对这一段的哲学花了大量篇幅，这是必不可少的。好像西方哲学史不能不详细介绍古希腊哲学一样。汉以后，重点介绍董仲舒、王充。魏晋时期重点介绍了王弼和郭象，并把他们从《老子注》和《庄子注》的附庸于老、庄的地位分离出来，使他们独树一帜。这种见识在今天看来认为是理所当然的，可是当时，无疑是一个创举。

宋明时期重点放在程朱，这些篇章写得精彩而充实。

更值得称道的，也是表现冯先生哲学史的卓越见识的地方，还在于他的中国哲学史的分期。

---

① 如把佛教哲学列入中国哲学史，是从冯先生开始的。冯先生虽然对佛教部分自己感到不满意，但他的开创之功不可湮没。

《中国哲学史》旧著分为“子学时代”和“经学时代”。子学时代的断限约为400年，经学时代断限约为2000多年。没有真知卓识，是不敢这样处理的。冯先生当年还没有接受用社会发展史、历史唯物主义的观点来观察社会，但他通过广泛而深入的科学实践，感觉到这两大时代的哲学有着本质的差异。子学时代的特点是建造，经学时代的特点是阐述。子学时代奴隶制解体，封建制尚在形成中，新兴的阶级及集团各有自己的社会力量，必然要有自己的代言人。秦汉以后，政权统一、政教合一的格局越来越完备，很多哲学学者“以述为作”，借古代经典为招牌，装进新的内容，冯先生称之为“旧瓶装新酒”，从而形成经学时代的特点。这两大段落的划分，今天看来，还是经得起考验的。

秦汉开始，中国建立了大一统的封建政权，高度集中的中央政府管辖着广大分散的农村。政治上要求高度集中，不集中就不能维持国家的统一；经济上却出于小农经济的本性，只能极端分散。政治上的高度集中与经济上的极端分散这一对矛盾贯穿了2000多年。强化集中统一，严格等级制，是中央政府的要求；希望自给自足，不要政府过多干预，使小农生产安居乐业，是自然经济的特点。在朝的强调集中统一，在野的强调分散自由。这一对矛盾直到鸦片战争始（1840年）才告一段落，此后中国历史进入近代阶段。

为了更好地协调政治的集中统一和经济的极端分散这一对矛盾，从汉代董仲舒开始，历魏晋、唐、宋、元、明、清，一直在解决这个问题。这一大段（2000多年）恰恰是冯先生《中国哲学史》中所指的“经学时代”。

整个经学时代，学派寿命最长的有两家：以孔孟为旗帜的儒家和以老庄为旗帜的道家。儒家偏重在朝，道家偏重在野。在朝讲孔孟，在野讲老庄。有时同一个人，做官时讲孔孟，不做官时讲老庄。这两大流派都有广泛的社会基础。朝廷的势力总是大于农民，所以孔子的势力大于老子。《六经》中留下注释最多的是儒家的《周易》，先秦诸子中留下注释最多的是《老子》。冯先生的哲学史叙述的流派中，儒家占的篇幅最多，道家所占的篇幅较少，也是符合历史实际情况的。

自从1949年中华人民共和国成立，过去没有占重要地位的马克思主义哲学占了主导地位。学术界广大知识分子先后接受了马克思主义的观点和方法。据我所认识的老先生中间，有陈垣、汤用彤、朱光潜、贺麟、郑昕、冯友兰先生。学术界也有不愿放弃旧观点的，如熊十力、梁漱溟、陈寅恪诸先生。不论接受或放弃，他们都是认真考虑后才做出抉择的。这里只说冯先生和他的《中国哲学史新编》。

冯友兰先生的新旧两种哲学史很不一样，两书的差别是显而易见的。这里只想说明新旧哲学史之间的衔接关系。在旧哲学史中已包含着后来新观点的某些重要因素。

历史唯物主义的一个重要观点是发展观点，在旧哲学史中已有充分的表现。历史唯物主义强调社会存在决定社会意识，旧哲学史中在讲到某一时代的新思潮时已充分注意到社会变迁与思想变迁的密切联系。马克思主义哲学有两个突出特点，一个是阶级性，一个是实践性；阶级性是为了广大人民群众（儒家传统说法为关心天下忧乐），实践性是为学不尚空谈理论，这也是中国传统哲学的重点（为生民立命，为万世开太平）。旧哲学不是马克思主义哲学，但旧哲学与新哲学之间可以找到某些衔接点。正如佛教传入中国内地时，东方人不懂得佛教，很自然地把佛教与中国的方术祠祀相比附，认为黄老与浮屠教义“差不多”一样。马克思主义哲学不是排斥过去的旧哲学，而是继承旧哲学中一切有价值的遗产，消化、吸收以后，使它转化成新生的哲学的一部分。新哲学有容纳、改铸旧哲学的功能。

冯先生的新旧哲学史是先后衔接的，而不是“尽弃其所学”，另起炉灶。

冯先生相信历史是发展的，新中国成立后，这一观点更有所加强。冯先生相信历史是连续的，新中国成立后，这一观念也有所加强。在极左思潮盛行时期，冯先生曾受到不公正的批判，这些批判并没有动摇他的信念，他相信文化不能中断，新文化只能在旧文化的基础上建立，不能凭空构建。冯先生的哲学史一改再改，这里且不说他的某些章节的是非得失，而要大书特书他热爱优秀传统文化，随时给它注入新血液，排除其中不应保留的东西，使它获得新生命。他对“周虽旧邦，其命维新”的新解释是足以说明他的爱国主义心情的。

冯先生在旧哲学史中曾提出过历史是不断前进的，历史是已存在的事实，它不会错。正因为有这种观点，他到晚年写《中国哲学史新编》时更加尊重历史事实，而反对从概念出发；他讲的一些哲学家和流派，更注重它在当时发生的实际效益，因此对多年来一致歌颂的太平天国的思想提出了自己的看法。正是由于他接受了马克思主义的历史唯物主义的观点，他敢于提出马克思主义中国化是必由之路，割断旧传统，另起炉灶，自以为与旧传统彻底决裂，看起来很革命，到头来非但没有与旧观念彻底决裂，反倒招引出被打下去的旧社会的沉渣乘机泛起，造成了更为麻烦的倒退。

真正的爱国者要对人类负责，要对历史负责，要有魄力吸收全人类一切有价值的文化。哲学的发展有连续性，哲学史的发展也有连续性。我国第一代哲学史研究者的功绩应受到尊重。

冯友兰先生在新中国成立之后，撰写《中国哲学史新编》，直到生命的最后一息，不断前进的动力是什么？

冯友兰先生写的中国哲学史，是生长在这块多灾多难的中国大地上的知识分子的产品，特别是儒家关心天下安危及万民忧乐的传统的体现。他在旧著《中国哲学史》开头引用张横渠的“四句教”以见志。在抗战时期，学校避地南岳，冯先生同几位教授游南岳的方广寺。同学的墙报上曾发表了游方广寺的几位老师的诗。冯先生的诗是：

二贤祠里拜朱张①，一会千秋嘉会堂。

---

① 朱熹与张栻同游南岳方广寺，共同讨论哲学问题，后人纪念两位哲学家的会晤，建有嘉会堂，有匾为“一会千秋”。

公所可游南岳耳，半壁江山太凄凉。

饱受帝国主义侵略之苦的中国人民，对国家的爱慕眷恋之深情，切盼祖国繁荣强大的愿望是外国知识分子所无法理解的。

在1982年，冯先生去美国讲学，参加学术讨论会。会上会下遇到不少关心冯先生的人，有人怀疑冯先生是否在大陆这几十年说话不自由，又受了一些折磨，希望冯先生讲讲他心里的话，在外国人面前诉诉苦；有人觉着冯先生的思想和行为是个谜。照冯先生自己的话说，这个谜并不难解，他是个地道的中国人，他热爱中国，他感到作为新中国的学者有责任也有义务使自己所学的一切为祖国的新文化建设尽力。冯先生有他坚贞不渝的信念：中国有希望，中国哲学不是书本上的空话，它将继承过去的优秀遗产创造新文化，使中国真正做出现代的成绩。冯先生不愿置身事外，他决心参与这场文化上的历史性大变革。他比一些口头上曾念诵马克思主义词句的人更坚决相信马克思主义要在中国生根，就要中国化。光有马克思主义在中国，并不能保证马克思主义在中国生根、发展，只有建成中国的马克思主义，才能使中国走向现代化。中国的马克思主义的政党的产生，第一推动力不同于西方的民主和反剥削，中国共产党的产生是为了寻找救国图存的真理，是要国家富强，摆脱侵略者的奴役。马克思主义之所以在中国取得成功，就在于它使中国站立起来了，使它成为东方的大国，亿万农民的贫困有所缓和。这一点是从旧中国走过来的人，包括像冯先生这样的知识分子亲眼所见的。他们对新中国的爱护之情发自内心。

冯先生在他写的《三松堂自序》中写他几十年间讲授中国哲学史的感受时，说过下面的一段话：

我于1946年到1947年曾去美国一次，在各地方讲授中国哲学史。

这次再去美国[1]，觉得心情与上次完全不同。原来西方的汉学家们，把中国文化当作一种死的东西来研究，把中国文化当作博物院中陈列的样品。我那时在西方讲中国哲学史，像在博物院中作讲解员。讲来讲去觉得自己也成了博物院中的陈列品了，觉得有自卑感，心里很不舒服。这次我到美国，虽然讲的也是中国的东西，但心情完全不同了，自卑感变成了自豪感，不舒服变成了舒服。中华民族的古老文化虽然已经过去了，但它也是将来中国新文化的一个来源，它不仅是过去的终点，也是将来的起点。将来中国的现代化成功，它将成为世界上最古老也是最新的国家。这就增强了我的"旧邦新命"的信心。新旧接合[2]，旧的就有了生命力，就不是博物院中的陈列的样品了；新的也就具有了中国自己的民族特色。新旧相续，源远流长，使古老的中华民族文化放出新的光彩。现在我觉得这个展望并不是一种空想、幻想，而是定要实现的，而且一定能实现的。（《三松堂全集》第1卷，第344—345页，河南人民出版社1985年版）

冯友兰先生的这种出自爱国的责任感，由此产生的自信心、自豪感，只有在祖国这块土地上才能满足，只有与祖国的命运紧紧连接在一起的人，才有这种真切的情操。他发表这个意见时，已遭受过"文化大革命"给他带来的痛苦和灾难，"文化大革命"是国家的灾难，知识分子在这次灾难中损失最重，冯先生的遭遇又是许多知识分子所不曾遇到的。这些经历人们记得，冯友兰先生也不会不记得。但是，冯先生把自己作为祖国的一员，把文化事业放在第一位，并不为研究哲学史而懊丧，而为自己研究中国哲学史而

① 这次指1982年冯先生在夏威夷开朱熹学术会议，后去哥伦比亚接受荣誉学位。

② 这里用新旧"接合"，而不是用"结合"，意思是说，新文化是接着旧文化讲的，不是割断旧文化就能产生新文化。

自豪，满怀信心地把新中国的文化建设事业（尽管只是其中的一部分）揽在自己身上。

冯先生的《中国哲学史新编》是接着旧编讲的，这两者是两部分，却又有密切的联系，新编是旧编的补充。无论新编和旧编，写的都是作者的真知灼见，没有随大流、说空话。《中国哲学史新编》对冯先生来说，可以认为是他把自己的哲学史研究推向了一个新的境界。他用历史唯物主义观点，打破多年来陈陈相因的旧成说，提出自己的创见，保持了一个爱真理、爱科学、爱祖国的知识分子应有的品格。《中国哲学史新编》提出的这类学术问题，无疑将对今后中国哲学史研究起着启发、借鉴作用。

《中国哲学史新编》定稿于“文化大革命”以后，思想更加成熟，文风更加洗练，冯先生以简驭繁的优点更加突出，这部七卷本的著作，将与旧编并列，必享有长久的学术生命，成为哲学史界的宝贵遗产。

金岳霖先生的一堂教学和两则轶事

七七事变后，北大、清华、南开三校合并，成立西南联合大学。我在北大毕业后，在西南联合大学哲学系教书，有机会旁听金先生开设的“知识论”课。

金先生讲课，不带书本，不带讲稿，走进课堂只带一支粉笔，这支粉笔并不使用，经常一堂课讲下来一个字也不写，他夏天穿西装，不系领带，冬天穿棉袍。昆明号称“四季如春”，实际冬天相当冷，陈寅恪、刘文典两位先生都穿皮袍。金先生眼睛怕强光，不论冬夏，都戴一顶网球运动员戴的遮阳帽。冬天戴着遮阳帽，显得很特殊，金先生冬天戴遮阳帽与朱自清先生冬天穿西装外披一件昆明赶马的驮夫披的白色斗篷，成为西南联大教授中引人注目的景观。

金先生讲授知识论课程，有的学校称为“认识论”。金先生说，这门课只能叫“知识论”，不应叫“认识论”。人们对某种事物可以有一定的知识，却不一定认识它，因为认识一个事物要受众多条件的影响和制约，有主观方面的，也有客观方面的。

比如说，事物之间的比例（proportion）就是影响认识的一个因素。假使世界上所有的东西一夜之间都按比例缩小了一半（房子、门窗、桌、椅、人……），这个变化不能说不大，可是人们对已发生变化的这个世界并未察觉，认为和平常一样，认为没有变化。

金先生又说，“我平时好大，却不喜功”，常摆几个大的苹果在桌上。刚摆出时，它们大小差不多，几天后，有的苹果缩小了，苹果A、苹果B、苹果C……之间差别逐渐显出来，因为它们之间的比例拉大了。如果这些苹果同时同步缩小，我会认为它没有缩小。可见“比例”在人类认识中的作用不能不考虑。比例不过是众多关系中的一种。

再比如天气的冷热，可以用温度计测出其绝对值，但人们对冷热的感受与温度计显示的数值并不一致，有时甚至相反，甲说今天冷，乙说今天热，丙说不冷不热。人们叙述天气的冷热，只能按多数人的感受为准。好像大家有一个共同认同的冷热标准。如果对冷热感受者人数比例刚好一半对一半，究竟以哪一半为准？

金先生又说，人们嗅到某种花香的气味，有人觉得沁人心脾，有人为之头昏脑涨，感受因人而异。形成气味的还是那个化学分子结构，香和不香的感受因人而异，认识不尽相同。

金先生又说，对于桌、椅、木、石等死的东西，哲学家可以通过分析，论证其不真实，认为不过是众多感觉的复合体，好像言之成理。如果认识的对象不是呆板的死物（桌、椅、木、石等）而是一个大活人，哲学家做出上述的分析和判断就会遇到麻烦。讲到这里，金先生指着坐在他对面听课的同学陈龙章，并代替陈龙章回答："你不承认我的存在，我就坐在你的面前，你把我怎么办？"讲到"你把我怎么办"这句话时，金先生把头一摆，胸一挺，脖子一梗，做出不服气的样子，听课的同学们会心地笑了。

金先生总结说，人们用概念、判断等方式表达事物性质的特点，构成人们的知识，知识可以通过各种媒介、工具表达清楚，传达给另外的人。不论这种过程是复杂还是简单，总归可以讲清楚，我们可以说对某事物有知识，关于这种过程的学问叫作"知识论"。但我们只能说有关于某事物的知识，却不能说有关于某事物的认识，因为这个"所与"（given）对不同观察者的认识很不一致，也无法取得一致。金先生说，所谓"thing"，实际上是人们对它（thing）的加工，"thingize"是人加给物的①。

① 东晋僧肇的《不真空论》说，"夫言色者，当色即色，岂待色色而后为色哉"，僧肇讲的"色色"，可英译为 thingize。

金先生晚年接受马克思主义哲学，并非偶然，有其哲学理论的结合点。

金先生为人通情达理，平易近人。对个人利害得失，从不放在心上；对学术问题却严肃认真，半点也不迁就。听金先生讲过，20世纪30年代初，中国哲学会在南京举行一次年会。有学术报告，也有讨论。金先生带着年轻的沈有鼎去开会。金先生深知沈有鼎这个学生自由散漫，性情古怪，生怕他在会上乱发言，有意安排他坐在自己旁边。沈有鼎有好几次想站起来发言，被金先生按他坐下，制止了。沈有鼎实在憋不住了，趁金先生不注意，猛然站起来，金先生一把没拉住，沈有鼎滔滔不绝地讲了一通，沈没有讲他熟悉的逻辑，而是讲未来的新哲学将是博大的三民主义唯心论大体系。金先生被这位性情乖僻的天才学生的突然袭击，弄得措手不及。事隔多年，抗日战争时期沈有鼎也在西南联大教书，别人问起这件事，沈有鼎早已忘记，金先生却总未忘记当时的尴尬局面。

50年代初，北京解放不久，清华大学哲学系请艾思奇作报告。报告会由金先生主持，当时艾思奇同志说，我们讲辩证法，必须反对形式逻辑，形式逻辑是形而上学，我们要与形式逻辑作坚决斗争。

艾思奇讲的中心是讲学习辩证法的重要，形而上学必须反对。报告会结束后，金先生以主持会议者的身份总结这次报告，他说："听说艾思奇同志坚决反对形式逻辑，要与形式逻辑作坚决斗争，听他讲演以前，我本想和艾思奇同志斗一斗，争一争。听艾思奇同志讲演以后，我完全赞同他的讲话，他讲的话句句符合形式逻辑，我就用不着斗，用不着争了，谢谢艾思奇同志。"

刘文典：是真名士自风流

刘文典，字叔雅，安徽人。清华大学教授，早年加入同盟会，在日本东京与孙中山相识，又是章太炎的学生，他的治学路数与章太炎不同，没有走文学训诂的道路。我最先读他的书是《淮南鸿烈集解》和《庄子补正》。陈寅恪为此书作序，说不但可以补前人注解的缺失，还可以恢复《庄子》旧貌。我读过刘先生的书，觉得陈先生的称赞未免过头了。

抗日战争时期，大后方物价飞涨，民不聊生。工薪收入者日子过得十分拮据。闻一多靠治印（刻图章），联大教授在中学教书，借以贴补家用的，大有人在。刘先生的文名早为滇人熟知，在昆明期间，滇省富绅多以请他撰写碑铭、墓志为荣。润笔丰厚，远过教中学，对经济困难的刘先生不失为一种经济生活的重要补充。

我旁听过刘先生讲《庄子》《文选》。刘先生上课时，香烟一支接一支，手指熏成黄褐色，衔着香烟说话很难听得清楚。先生有一爱子约五六岁，上课时跟他同来同去。有时正讲到精彩处，小孩子跑到教室外面捉蝴蝶，刘先生一眼瞥见，不免喊一声“快回来”。如果把刘先生的课一字不漏地记下来，凭空插入这三个字，就无法理解，因为出现得太突兀。

刘先生不修边幅，头发散乱，一件长衫总是皱皱巴巴。他为人直率、纯真，具有庄子的洒脱。有一次雨中，刘先生一个人打着伞慢慢走着，长衫后襟湿透，鞋子沾满泥水。同学黄钺指点说，刘先生像庄子“曳尾于涂中”。

昆明气候温和，号称“四季无寒暑，一雨变成秋”。虽说四季如春，冬季还是比较冷。一般健康人有一件毛衣或一件皮夹克，即可应付一年。刘文典、陈寅恪两位，冬天要穿皮长袍。陈先生和我们研究生同住一所小楼，冬天怕风，窗户缝隙用纸糊得严严的，不准透风。一天，刘先生访问陈，两人互争谁的身体更差，相持不下。刘先生说，我穿了两件皮袍子，可见我的身体更差，自得之色溢于眉宇间。陈寅恪不再争，服输了。

刘先生欣赏称赞南北朝时已提出的关于“诗”的定义，他在黑板上写了“诗缘情而绮靡”，认为超过后人的任何定义。他还讲，文学作品贵在以正写反，以实衬虚，用华丽的辞藻写荒凉，以欢快的辞藻写悲哀。杜甫《秋兴》八首中就用了这种方法，十分成功。讲晚唐温李诗时，咏牡丹，不用那些常用的香艳纷华字样，把牡丹的神态写活了，非一等手笔办不到。

他还讲，中国古典文学经常利用汉字象形的特点，引发读者的想象，从而增强了读者的想象力。《海赋》中用“髣髴”二字（而不用“仿佛”），好像海怪蓬头乱发在水中出没，可以增加大海的神秘气势。

刘先生平时对学生、对同事，礼貌谦和，彬彬有礼。他看到他不喜欢的人，也真当面给人家下不了台。抗日战争初期，中国空军力量小，日本军用飞机经常到昆明轰炸、骚扰。联大北墙外是大片荒山、坟地，听到警报声，师生到校外后山隐蔽。有一次，刘先生躲警报，在后山遇到他平时很不喜欢的一位先生，他当面指责他：“我躲飞机是为了保存中国文化，你怎么也来躲飞机？”那一位先生很有涵养，对刘先生也很尊重，没有和他争辩，换了一个地方，离得他远远的。魏晋时，阮籍用青白眼对待不同的客人，刘先生在这一点上有点近似。

刘文典先生经常讲文学造诣与人格修养不可分，为人与为文是一回事。他驳斥周作人的主张。周作人说，读者读作家的作品，并不必了解作者是什么人。比如吃包子，只要包子做得好吃，不管制作包子的厨师是否强奸过他嫂子。（周作人的这段话，我不详其出处，刘文典确是对同学这样讲的。）刘先生接着说，“文学作品是高级精神产品，不同于制作包子。一个强奸过他嫂子的人能作出‘采菊东篱下，悠然见南山’的诗来吗？”

刘先生魏晋风度太多了，太任性了，联大结束迁回北京的那一年（1946年），他应云南绅士的邀请，去滇西一个县里为人撰写墓志，对方盛情挽留，请他游山玩水以助文思，一住四个星期。学校对他不按规定上课，长期请假缺课，提出了批评。三校迁回北平时，他没有随同大家北返，留在云南，应聘为云南大学教授。云南大学能请到刘先生，喜出望外，求之不得。从此，我再未见到刘先生。

刘先生精考订，哲学、文学修养也很高。他曾赴云南西部滇缅战线慰劳前线将士。刘先生回来，在课堂上说起在宋希濂军部，即席赋诗祝捷。他吟诵其中的二首。他习惯于叼着香烟讲话，有些字句听不清，有句云：

春风绝塞吹芳草，
落日荒城照大旗。
海外忽传收澳北，
天兵已报过泸西。

刘先生讲，杜甫有“落日照大旗”句，这里古典今用，写出了军营气势。他得意地念了两遍，所以记住了。

我眼中的闻一多、顾随先生

闻一多先生在北大任兼任讲师。当时规定，教授是专职的，要担任三门课。只讲一两门课的外校教师，不论是什么职称，一律为“兼任讲师”。当时在北大兼任讲师的如林宰平、周叔迦、张申府都是“兼任讲师”。本校由助教晋升一级，称“专任讲师”。

闻一多先生在北大中文系讲《诗经》，我偶然去听过几次课。闻先生口才好，又是诗人，有创作经验，诗人讲《诗经》，与训诂学家一字一句讲法不一样。他讲《葛覃》，下课了，闻先生收拾提包要离开，同学们拥到讲台边，问了许多问题，闻先生一一解答。当同学们问古人注释中两说均可通，哪一种说法更符合《葛覃》原义时，闻先生说，诗有诗的特点，不能谨守《毛诗》的说教，“后妃之本”。后一说，写出了葛覃在风中摇曳的姿态，似更可取。提问者满意而去。

1938 年春，长沙临时大学搬迁，组织部分北大、清华、南开三校师生，从湖南长沙步行到昆明。同学有 300 余人，教师闻一多先生、李季偑先生也加入这个旅行团。李季偑先生是生物学家，闻先生沿途用铅笔写生多幅，还指导有兴趣的同学沿途采集民间歌谣。后来由南开大学同学刘兆吉整理成册，书名《采风录》。这个集子，既是地方民俗记录，也带有抗战时期的时代特点。闻先生告诉同学们，不要小看民歌，《诗经》就是当年的民歌，收集、保存下来就是文学瑰宝。刘兆吉后来任重庆西南师大教授，还怀念闻一多先生当年的关怀和指导，深悔当年收集得少了，有遗漏。时代在变化，湘、黔、滇三省的乡村情况也在变。事隔多年，再补充已不可能了。

经过长途旅行，亲身经历了中国农村少数民族地区，通过采风，懂得“礼失而求诸野”的名言，闻先生后来关于上古民俗、礼制的考据文章，关于古代神话的研究，取得新的突破，与他的湘、黔、滇步行考察大有关系。

顾随先生在北大讲词曲。他说，诗词不同，词在于抒情，而诗可以叙事、抒情，还可以发议论。商务印书馆出版《词选》，附有英文，译为“Lyrical Poem”，译得好，把词的特点说出来了。晏殊词“落花人独立，微雨燕双飞”，是词的抒情语，用作诗句即软弱。顾先生也是一位戏曲家。他说，诗从古诗到律诗，格律越来越严，正因为严，才更见作者的本事。好比打网球，中间用网子隔开，场内画上界线，不出界又打得好，才有看头。什么限制都不要，打起来没有意思，也不会引起人们欣赏的兴趣。曲子格律比诗词更严，除平仄要求外，还要有四声的要求，还要用得自然，不能使读者读了觉得是硬凑数。京剧用词，许多不通，为了合辙押韵，硬凑成韵脚，如“马能行”“地埃尘”，文学意味太少。他举出《西厢记·酬柬》中有“休使俺红娘再来请”，这一句末尾三个字要押“去平上”三声，“再来请”恰是去、平、上三声，可谓天造地设，王实甫天才不可及。顾随先生很喜欢京戏，对京剧名演员，称谭鑫培为“叫天”，杨小楼为“小楼”，说到他们的长处如数家珍，有时离开讲课内容十万八千里，重点在于称赞中国京剧音乐、舞蹈、歌唱的有机结合，是世界的瑰宝。

顾随先生欣赏旧诗词，但不提倡写旧诗词，认为旧诗词词汇与现代新事物相去太远，用来写现代生活很不协调，不伦不类，硬写上有时显得很可笑。他在美国纽约，夜间梦见回家，醒来，冒出两句：“梦醒人何处，开眼电灯明。”前一句还像旧诗，后一句纳入旧诗，很不自然，但确是实情，改成别的说法，失去当时的真情实感。现代人接触到地名有中国有外国的，洛阳、长安以外，还有巴黎、伦敦，这些入诗还可以，如遇到“斯德哥尔摩”“布宜诺斯艾利斯”等，押韵都困难。旧诗词有它的寿命，不是永久不变的。

沈兼士与魏建功先生

北大中文系继承清代朴学传统，又加以西方近现代的整理方法，在当时国内语言、文字研究方面有领先地位。四川大学与南京中央大学国学根柢也厚，他们更多继承清代朴学，受西方方法影响较少，与北大中文系有区别。

沈兼士先生在北大讲授“文字学”，用的教材是王筠的《文字蒙求》，主要参考书是朱骏声的《说文通训定声》。他讲课，海阔天空，漫无边际，他讲课的笔记不好记，头绪乱。听课前如充分自学，读了一些有关参考书，有一定的基础，再来听他讲课，收获较大。他们受传统方法影响多，西方近代科学方法吸收不够。沈先生学生魏建功先生教“音韵学”，讲课比沈先生条理清楚。沈先生有一次考试在黑板上只写出“国立北京大学”六个字，由学生把学到的文字学知识对应这六个字的来历、意义、属性尽量写出来。少数用功的学生从甲骨文说起，通过说文到后来的演变，每一个字几乎都写成一篇短文。

沈先生讲课还讲到，研究古文字，看拓片，也要见实物才可靠。他曾举清末发现了甲骨文，在学术界引起轰动一事，说金石学家潘祖荫也出重价搜求，当时琉璃厂书商利用烘烤烧饼背面拓成拓片，和真的甲骨拓片混在一起卖给他。他的藏品中，有真品，也有从烧饼背面拓下来的赝品。苏州潘家是书香门第，北大教授潘家洵先生是潘祖荫的嫡孙。

沈先生学期考试前，不知哪一位同学在黑板上写“能给 60 分足矣”。沈先生看后，笑了，说：“魏建功在我班上考 100 分，你们的要求太低了。”魏建功先生讲音韵学，讲古今音韵变化的基础知识。魏先生第一课，举《庄子》“北溟有鱼，其名为鲲”。“溟”字古注为海。冥、每、梅、霉、敏，声母与 m 有关，与海有关的如晦、悔，又与“海”有关。这种现象是音韵学研究的任务。有的古字是记音为主，如完全用字形去推敲，会走向死胡同，难免穿凿附会。形与音的联系考察，才能减少读古书的失误。

魏先生注意到方言调查有助于古今音韵的综合对比。

魏建功先生又是中国地方民歌的搜集、研究者。他长期与刘半农先生主持北大歌谣研究会，在国内首开风气，功不可没。

钱穆：“谨以此书献给前线百万将士”

钱穆先生，字宾四，江苏无锡人。我大学一年级时听他讲中国通史，这是文科、法科的共同必修课，听讲者甚众，在二院大礼堂上课，座无虚席，初听时，不大适应他的无锡口音，听了几次，习惯了，很感兴趣。

钱先生讲课生气活泼，感情充沛，声音洪亮，听者忘倦。

他善于利用地下考古材料，结合文献，开头讲上古殷商史，利用王国维甲骨文研究成果，内容显得十分充实而有说服力。

钱先生还开过“近三百年学术史”课，是历史系高年级选修课。清代学术界汉学、文字考据学占主流，钱先生讲清代思想，虽涉及汉学，并未纠缠于当时的考订、训诂。他讲顾炎武，很推重他的《天下郡国利病书》；讲颜习斋，肯定颜氏的重实行、反空谈精神，却又指出颜氏太重狭隘实践而轻视理论，也有弊病，与胡适一味推重颜习斋的观点不同。

钱先生在北大历史系教授中，他是唯一没有出国留学的教授，在当时崇洋的情况下，也遇到一些小的不愉快。有一年，系主任陈受颐休假，有人提议系主任是否由钱先生接替。胡适（当时任文学院长）说：“钱先生刚来北大时是副教授，现在已是教授了。”没有往下说。这个建议就搁浅了。这是历史系高年级同学传闻之说，可能有据。

钱先生在西南联大时，讲课喜欢讲中西文化的异同，对中国文化情有独钟。当时，姚从吾先生对他说：“讲中西文化的异同，最好听听莱茵河畔教堂的钟声，这里有西方文化的精神。”钱先生没有听过莱茵河畔教堂的钟声，所以似乎没有资格奢谈东西文化比较。姚从吾的话是我亲耳听到的。

钱先生治学勤奋，搜集资料十分认真。20世纪30年代没有影印设备，只能用手抄录。钱先生家里用了三个毛笔字写得好的书手，给他抄写。钱先生有天赋，又勤奋好学，令人钦佩。

钱先生通史学年出题目也新颖。有一道题只有六个字，拟旨“批红”“判事”“封驳”，意在考查学生对唐的政治制度及其机制的掌握情况。考试下来，同学张锡纶（现已离休）对我说：“试题出得真棒。”

七七事变后，钱先生与同学们一齐到了湖南长沙，又转到南岳衡山脚下。前方抗战，同学们难以安下心来读书，都要到前方参加第一线工作。记得有一次欢送离校到前方的同学会上，有一位同学讲：“我渺渺茫茫地来到学校，我又渺渺茫茫地离开了学校。”钱穆先生针对这位要离开的同学的发言说：“我们这个时代非同寻常，每一位关心国家兴亡的人士，都要有清楚明确的目的，万万不可渺渺茫茫。前面有艰难的前程等待大家开拓……”

学校迁到云南，文法学院设在云南蒙自县，租用了一个快倒闭的法商洋行（哥鲁士洋行），又租了蒙自海关的一部分房子，安顿下来。钱穆先生继续整理他的“中国通史讲义”，后来在商务印书馆出版，书名为《国史大纲》，扉页上写着“谨以此书献给前线百万将士”，钱先生爱国主义精神跃然纸上。

钱先生在蒙自与哲学系的沈有鼎同住一室。沈有鼎为人古怪。抗战时期，国民党靠大量发行纸币维持行政及一切开支。每月发工资，都是新印的纸币。沈有鼎每月把工资码放整齐，放在一个旧皮箱内，上课、散步从不离手，每天晚上数一遍，以此自娱。有一天检点钞票，发现少了一摞，他怀疑钱先生拿了他的钱，就问钱先生。钱先生平时待人和气，彬彬有礼，对沈有鼎的无礼质问，不禁大怒，要打沈有鼎的耳光。这件趣事在蒙自流传颇广。贺麟先生向我转告这件事时，我觉得沈有鼎真是个怪人。

联大文学院迁回昆明，因一时没有教授宿舍，一部分教师住在昆明以南100多里的宜良县，汤用彤先生、钱穆先生都租住宜良岩泉寺，下寺是和尚主持，上寺为道士主持。他们先住在下寺，和尚吃素，承包房客伙食，房客可以吃荤。有时，钱先生买一只鸡煨汤，办伙食的和尚不吃肉，却喜欢偷喝鸡汤。后来从下寺搬到上寺，跟道士搭伙。道士不吃素，好吸鸦片，有一定的文化素养，相处融洽，直到在昆明市找到住房，他们才离开宜良岩泉寺。

1946 年，西南联大结束，三校各自回到原来校址。我将回北大。从重庆经成都转西安，回家探望老父。汤先生嘱托，过成都时看望他的两位老朋友，一位是吴宓先生，一位是钱穆先生。吴先生在齐鲁大学，钱先生在华西大学。钱先生住的地方比吴先生的好得多。钱先生知道我未到过成都，告诉我可以游游青城山、灌口，峨眉山、乐山比较远，且不是一个方向，如急于回西安就来不及了。还指点我每处花多少时间，途中费用也大致说了说。

我虽然多年听钱先生的课，过去有过接触，也多属于问问学问，这次见面只谈了生活方面的琐事，娓娓而谈，亲切如家人，对钱先生的为人更增加了一层理解，如坐春风中。

张颐：以汉学之风治西学

1934年，我考入北大哲学系，系主任是张颐（字真如）先生，四川人，早年同情革命，曾参加制造炸弹的计划，以响应四川反抗清朝的革命派。后来，武昌起义成功，四川地方当局响应革命，炸弹计划没有得到实行的机会。因他筹划革命有功，四川省派他到欧洲及美国留学。辛亥革命以后，四川连年军阀内战，地方官员经常变换，四川省教育厅长经常换人，当年派出的留学生没有经常考核，只是每年按时给他资助，不问他学什么，学得怎样，张先生得以在德国、美国、英国住了10多年。贺麟先生和我谈起张颐先生早年留学的经过，这样对我说的。

张颐先生在德国时，正值朱德将军也出国考察，他俩都是四川同乡，还有过交往。他在北大哲学系讲西方哲学史及黑格尔哲学。熊伟、胡世华都是张先生教过的学生。我没有赶得上他的课，一年级新生选课，选课单上要经系主任签字后，才可以取得注册登记资格。

张先生于1935年离开北大到四川大学，任鸿隽当四川大学校长时请他去的。日本投降后，北京大学从昆明迁回北平，张先生又被聘回北大。1948年，北平快解放时，他离开了北大，回到四川。贺麟先生一次对我说，北大教授们有一天游颐和园，大家玩得很高兴，张先生指着排云殿和长廊说："这么好的园林，共产党为什么非要烧掉它不可？"言下不胜慨叹。可能张先生受到一些不正确的宣传，认为共产党专门破坏文物，不要文化。当时像张先生这样对共产党误解的知识分子可能不少。

张先生是我国第一代介绍黑格尔哲学的专家，对学生要求严格，提倡认真读原著的风气。他讲西方哲学史，用梯利的哲学史作教材，一句句讲。同学们要求不必照书上念，讲讲他的见解，张先生说："我考虑过，你们现在的程度，这个方式对你们更有利，不要好高骛远。精读过一部教科书，再由此引申，可以触类旁通，自己读别的书就容易了。"

张先生是西方哲学史的专家，我们也看到过他撰写的博士论文，确实给人以朴实无华的治学印象，治西学，而有中国汉学家的学风。

贺麟先生、郑昕先生（一位是研究黑格尔哲学，一位是研究康德哲学）都是张颐先生当年主持北大哲学系时延揽来的青年专家。这两位学者当时名气不大，后来都各自有了新的发展，蔚然成为学派重镇。北大哲学系后来的师生们都佩服张先生有知人之明。

郑昕：思辨与浪漫并行不悖

郑昕先生，字承璧，安徽庐江人，早年在天津读南开中学，听过熊十力先生的课。后来，他没有在国内上大学，一个人到欧洲德国读哲学。他在国外读书以兴趣为主，没有取得学位，有点像陈寅恪先生。

我上北大第一年，必修课有逻辑学。郑先生是我逻辑学的启蒙老师。

郑先生不善于讲课，讲课时，不是面向学生，经常侧面对着窗外讲。在黑板上写字时，背过身去。刚上课时，面对学生一堂课，侧影对着学生的时候多。后来听高年级同学说，郑先生有了改进，他们初次听郑先生讲课，郑先生总是面对黑板、背对学生。

郑先生讲康德哲学选修课，他不善于言说，我的关于康德哲学系统的知识是自己看书得到的。郑先生毕竟是研究康德的专家，当我们看书遇到疑难，向他提出问题时，他能精辟地讲解，把我们疑难的地方讲透。郑先生没有架子，很能理解同学们的思想。“九一八”日军占据东北三省以后，北平成了边城，同学们举行游行、罢课，郑先生对我们的爱国行动很同情。

学校迁到南岳，郑先生同冯友兰同住一室。冯先生天天写他的《新理学》，每天一定写若干字，从不拖欠。郑先生对我说，冯先生简直是一部写书的机器，真不可及。

与郑昕先生接触较多，是在抗战后期，郑昕先生搬到青云街靛花巷3号，原来的北大文科研究所的单身宿舍。国民党抗战越来越不积极，中日战场处在相持阶段，国民党上层腐败透顶，已失尽人心。郑先生对政局大发牢骚。他桌上有一部《花间集》，还有《庄子》。他在联大开的课还是“康德哲学”，但他的兴趣好像不在这里，更关心时局。

我在教课之余，跟游国恩、罗庸两先生学写旧诗。这时朱自清先生也写旧诗。朱先生说，新诗有它旺盛的生命力，旧诗的长处是含蓄，又加上汉字一字多义，作者有感情要抒发，但又不愿讲得太显露无余，旧诗正好满足作者的这种心态。写诗动机，主要为作者，而不是为读者。朱自清先生这种见解，当时我也有同感。住在靛花巷的还有罗常培先生，是音韵学家，他借给我一本讲诗律的书。有时把写成的诗拿给郑先生看，共同评议一阵，随手扔去，过后也就忘了。

郑先生在新中国成立后，积极提倡马克思主义哲学，与艾思奇同志负责筹建“中国新哲学会”，担任副会长，团结了广大旧大学哲学界人士，对推动哲学的发展功不可没。1952 年全国高等院校进行了一次大的调整，金岳霖先生担任北大哲学系主任，后金调到哲学研究所任副所长（正所长是潘梓年同志），北大哲学系主任由郑昕先生继任。

郑先生嗜烟、嗜酒，后来因胃癌不幸早逝。

郑先生从事高度思辨之学，性格却是浪漫主义的，两种品格在郑先生身上形成奇妙的结合。

宋朝王安石是宰相，又是文学家、思想家，他对工农业生产以及女红缝纫也很留意，是典型的中国学者。郑先生完全是西方现代训练出来的专家，只钻研哲学，哲学以外的，一概不懂。有一次，他的夫人缝制衣服，请他用面粉打浆糊，郑先生很快做成送来，一点黏性也没有，原来郑先生把藕粉当成面粉了，遭到夫人的一阵埋怨。

郑先生年轻时常骑自行车，以后常年不骑。一天，他借一位同事的自行车出游，昆明市及郊区多丘陵，下坡时越走越快，郑先生忙中有错，忘了用闸，双手及手臂摔伤甚重，郑先生对人说此次出游很痛快。

还有一次，郑先生患斑疹伤寒，是昆明的流行病。我和韩裕文等四个人用帆布床把他从宿舍抬到北门街医院。我第一次体会抬担架的滋味，是一项很吃力的劳动。

日军投降后，北大迁回北京，郑先生生病，我们几个老学生去医院看望他。在正常情况下，对生病的师长也很关心，但是缺少抗战时期那艰苦与共、患难相扶持的亲切感。

郑先生患癌症，逝世于“文化大革命”前，他免遭了一场灾难。如不是患了这种不治之症，他会享有高寿的。他的身体比贺先生、汤先生都健壮。

西南联大时期的郑天挺先生

郑天挺，字毅生，是明清史专家，他有治学的专长，又有办事的才干。西南联大八年间，他处理那些极琐碎、极不起眼的总务工作，从容不迫，办事公道，博得师生们的信任和称赞。他除了主管西南联大的总务工作外，还兼管北京大学文科研究所的总务工作，他也是文科研究所师生共同尊奉的“山长”（旧式书院的负责人）。

郑先生工作忙，但从未放弃教学工作，他讲授校勘学、明清史，经常在夜间看书、写作。当时靛花巷这所集体宿舍里，熄灯最迟的有两位，一是汤用彤先生，一是郑天挺先生。据我所知，当时大学里有几位学有专长的教授，管了事务，脱离了教学，以后就脱离了学术界。郑天挺先生早年得明清史专家孟森（心史）的真传，由于不断努力，继续攀登，他的国际声望甚至超过孟森先生，在南开大学创建了明清史的中心。

总务工作十分繁杂、琐碎，经常有些无原则的纠纷，三校联合，人员的成分也复杂，郑先生处之以镇定、公平，不动声色地把事情办了。1945 年，日本投降，西南联大决定结束，三校各自搬回原址。郑先生奉派发回北平筹备恢复北京大学。他临行前，委托我和韩裕文（已故）两人清理他房间的书籍、绘画、文件，该留的留下，该销毁的销毁。我们两人用了好几天的时间，清理他 8 年来的函件、文件时，才知道他默默无闻地做了大量工作：为学校延揽人才，给同事们平息争端，消除了一些派系之间处于萌芽状态的对立。西南联大的领导层，他们不会把学校领上邪路，特别像梅贻琦先生以办教育为终身事业的学者，光有上层团结，如果教务、总务等职能部门不协调，天天闹人事纠纷，学校也难办好，当时确有搞派系、闹不团结的一些人。如果那些想闹事的人告密、攻讦，闹到重庆教育部，国民党巴不得找个借口，“整顿”联大，派一批学阀党棍来插手，西南联大就要遭殃，民主堡垒也将受到伤害。郑天挺先生善于处理纠纷，协调同事之间的关系，对不利于三校团结的言行不支持、不扩散，使它消弭于无形。这些功劳，郑先生生前从来不曾对人表白过，若不是偶然的机会帮郑先生清理文件，我也无从知道，我尊重郑先生的意志，从未对外讲，但是郑先生的贡献，郑先生的胸怀，值得敬佩。郑先生已作古，若不说一说，也许这些看不见的功绩将永远湮没。

还有几件小事也想提一提。

郑天挺先生与罗常培先生同住在青云街靛花巷3号，北大文科研究所集体宿舍，和研究生住在一起，在一个食堂吃饭。他两人同年、同月、同日生，按生辰八字，有六个字相同，罗常培先生开玩笑说：“我和郑先生的八字差了两个字，我降生的时辰不好，所以当不了总务长。”当时章廷谦先生每年都宣传郑、罗两人的生日，强迫他俩请客，庆“双寿”。当时大家很穷，日子不好过，花钱请客，出于被迫，每年两人请有关老朋友吃一顿，罗先生对章廷谦先生的起哄颇有烦言，我没有听到郑先生对此发过牢骚。

西南联大学年考试，都由助教事先准备考卷，印制考题，临场监考。有一次助教何鹏毓睡觉睡过了头，醒后，发现时间已过，挟起考卷和试题向教室跑去。何住在文林街宿舍，到新校舍至少要15分钟，何鹏毓生得胖，走得急了些，加上心情紧张，刚跨进教室，就晕了过去。郑先生和班上的同学们把他扶起来，七手八脚抢救，喷凉水、按摩，十来分钟，何苏醒过来。郑先生这才发卷子，开始考试。事后郑先生没有埋怨过何鹏毓。那天我到学校，正碰见这件事的发生。

北大文科研究所第一届研究生周法高原为中央大学中文系毕业，在文科研究所跟罗常培先生研究古音韵学，成绩优异，他后来随中央研究院历史语言研究所去了台湾，前些年被选为院士。他读研究生期间，患小肠疝气，需动手术，要住院，请名医外科专家范秉哲给开刀。抗战时期，物价高昂，住院费用和手术费用都比较贵，旧社会没有公费医疗，医疗费用都由个人负担。住院前如不能先交足费用，则需有人担保。郑天挺先生是研究生的“山长”，做了周法高的担保人。手术很顺利，范大夫医道也高明。周法高生怕住院时间长了，花费太多，他没有等到拆线，私自跑出了医院，自己忍着痛把缝合线拆掉了。病人失踪，医院到处找。这时周法高大约还欠医院一点钱，如果不算拆线的费用，再减去提前出院省下的住院费，欠款也有限。郑天挺知道了这件事，一面批评周法高不应该不守医院规矩，不辞而别，一面也向范秉哲大夫作了解释，了结了这场小小纠葛。范秉哲大夫晚年在北京安居，他一生治疗过上千病人，他也许不记得这个小插曲了。3 年前看到周法高写的一篇回忆大陆读研究生的生活的文章，曾讲到他得过疝气，请一位大夫治好了，但未提他自己拆线和郑天挺先生担保的经过，补叙几句，留作海峡两岸学者佳话。

罗莘田：一代大师，因小见大

我在北大读书时，没有听过罗莘田先生讲课。抗战时期，我报考了北京大学文科研究所第一批研究生，那是1939年。北大研究生考试前先送交论文，论文通过后，才能报名。笔试后，还要参加口试，考试委员中有罗先生，这是第一次与罗先生见面。毕业时，答辩委员中也有罗先生，罗先生参与了我读研究生的全过程。我算是一个及门弟子，只是未曾入室。

密切的师生关系

当时文科研究所的导师，有陈寅恪、向达、姚从吾、郑天挺、罗常培、罗膺中、杨振声、汤用彤、贺麟。

师生们共同租用了一幢三层楼的宿舍，在昆明靛花巷3号。师生们同灶吃饭，分在两个餐厅，因为房间小，一间屋摆不开两张饭桌。

师生天天见面，朝夕相处。郑天挺担任文科研究所的副所长（正所长是傅斯年先生，后来兼任中央研究院总干事，常驻重庆）。罗莘田先生戏称，我们过着古代书院生活，郑先生是书院的“山长”。当时同学周法高是罗先生的研究生，周戏编了一副对联：

郑所长，副所长，傅所长，正所长，正副所长；

甄宝玉，假宝玉，贾宝玉，真宝玉，真假宝玉。

对仗不大工稳，在同学中流传，后来传到罗先生耳中，把周法高叫来，要他把心思用在正道上，不要逞歪才。

课余的学术报告

西南联大的学术空气很浓，课外、晚间的学术讲演，百家争鸣。文科研究所罗先生组织的讲演，我记得的有：汤用彤先生讲“言意之辨”；向达先生讲“唐代俗讲考”；冯友兰先生讲“禅宗思想方法”；贺麟先生讲“知行合一新论”；化工系教授陈国符先生讲“道藏源流考”。这些讲演有的收入论文集，有的拓展成专著。陈寅恪先生每天九时入寝，不外出，从未参加过学术讲演。这些不同学科的讲演，罗先生都有兴趣。罗先生四十多岁，却不会世故，同大家在返回靛花巷的途中，有时也参加同学们的评论，有青年人的兴致。

生动活泼的课外生活

靛花巷导师中，好静的多。罗先生性格活泼开朗，组织“昆曲社”，以中文系青年教师为主，经常参加的骨干有浦江清、沈有鼎，生物系的崔芝兰教授，还有云南大学中文系的青年教师，罗先生也是常客。在罗先生影响下，我也去听过几次昆曲清唱，居然坐满一间小教室。我还和罗先生共同看过联大中文系师生演的话剧《风雪夜归人》，男女两位主角都出自中文系。罗先生发动中文系专攻古音韵学的讲师用唐韵读唐诗，与近代读法很不一样，使人耳目一新，大开眼界。还和姚从吾先生、罗先生听过中央大学黎东方教授讲三国历史，回来的路上罗先生评论说，“这是另外的学派，可听而不可学”。

安贫乐学

写联大的历史，经常提到联大师生面临物价飞涨的局面，不得不在校外兼职，以贴补生活，这是实情。却也有一些教授靠那点固定的收入，不兼职，专心做学问。据我所知，文科研究所的导师，没有一个在校外兼职的。有时收到一笔稿费，罗先生总忘不了邀几位同学一同到附近北方人开的小馆子吃一顿北方饭，中文系以外，罗先生忘不了也邀我参加。

热心助人

学生毕业后，初次教书，心里不踏实，罗先生就告诉学生不要胆怯。说他自已刚毕业到外地(西安)教书，主要依靠钱玄同先生的讲义，再逐渐补充，教到第二遍时补充自已的材料，逐渐充实，教学内容有所提高，自已信心也增强了。学生们有什么困难，或者请他介绍工作，他总是热心帮助，从不推辞。有一次四川某大学请马学良去教授，许以副教授，马不去。罗先生知道了，对马学良大加称赞，说研究少数民族语言，不能离开了云南这块宝地，坚持下去，必有大的成就。罗先生对他的弟子中，到结婚年龄尚未成家的，他也关心，愿意做媒。他说，我将要刻一方图章，“百梅馆主”，以纪念做媒的成绩。据我所知，经罗先生介绍的，虽未达到一百对，但也的确组成了好几对新的家庭。

仗义执言

罗先生性格开朗，看不惯的事，认为不合理的，他直言不讳地批评。抗战时期，由于物价上涨，工资不变，文教人员难以维持生活。当时教育部规定，除固定的工资另外增加“米贴”，按人口多少，给以补助。这一办法，缓和了一部分工资低、家庭负担重的职工的困难。中文系一位教授填表时，子女数目栏目内填了七八个子女的名字，备注中说明，“前妻所生”。罗先生对这位教授很看不起，说，平日断绝与前妻子女来往，发米贴时，才想起前妻所生来。

罗先生的住室

抗战时期，西南联大师生都很艰苦，有一间宽大的住室，就很不错了。罗先生住室正中墙上高处挂一镜框，照片上写着“恬厂四十自造像”。

下边挂着两幅字，一幅是叶恭绰写的大字行书，豪放、有气势，而内容一般，抄自成语，事隔多年，没有印象。另一幅是沈尹默写的条幅，是沈氏自己的诗。沈的诗比他的字要好些，记得有：

年来容我且徐徐，小病深思亦启予。竖起脊梁绝倾欹，放开腹笥着空虚。

腊梅枝头雪未消，东风吹雪绽山桃。北人莫道春常晚，为此春情岂易遭。

字画旁边有个面盆架，有时浸泡着衬衫、袜子。罗先生利用读书余暇，自己洗衣服。有时罗先生正洗衣服，学生来了，帮着拿到室外晾晒，回来再继续谈学问。

读音要准确

有一次有人谈到唐代医学家孙思邈，罗先生说，现在很多人都念错了，念成孙思秒（miǎo），应当读孙思莫（mò）。还说起唱歌、唱戏，不能念倒（dào）了字，抗战时期流行广泛的《松花江上》，“我的家在东北松花江上……九一八，九一八”，这两个“九一八”都念成“揪尾巴”了。他又说，有修养的演员，即使天赋好，念倒了字，也会使他的艺术减色。

《临川音系》

罗先生的《临川音系》《厦门音系》是他早年成名之作。我对罗先生涉及的领域未入门，不敢赞一词。但从罗先生对中国方言的研究，给我以启发，方言是地区性的语言，一个地区的山川水土、文物、风俗，自成体系，越是古代，地区的特点越明显。由此我想到，文化、文学也和方言一样，也不能没有地区性。中国地域辽阔，风俗及传统文化，东部、西部有很大差异。同为明末清初人，浙东的黄宗羲、湖南的王夫之的思想很不同。地区文化对他们的影响不能忽略。离开地区性，不能把黄、王二人的思想讲清楚。

不服输的性格

罗先生所治的语言学，沿袭清代朴学传统，把这一学科归到中文系。实际上，近代语言学这一学科更需外国语文的基础。西方语言基础不深不厚，就难以超过乾嘉诸大家，有所前进。中国语言学界的开拓者，人们公认三位大师：李方桂、赵元任、罗常培。李、赵二位都在青年时期在西方学习过，接受过西方近代科学训练；唯有罗先生，未出国门一步，也达到一流水平，成为现代语言学奠基人之一，他要比别人付出更多辛劳，这是不言而喻的。罗先生没有在美国当学生，却在美国做了教授，而且成了一位卓越的教授。罗先生的勤奋好学，给他的学生们树立了榜样，这种精神启发了不少学生。

在靛花巷文科研究所，有三位先生，汤用彤、郑天挺、罗常培这三位导师熄灯最迟，都在十二时以后，导师如此，学生也不敢懈怠，也算导师们言传以外的身教吧。

庆双寿

旧社会，夫妻二人同年生的，遇到过生日，两人合并举行一次庆寿家宴。亲朋好友也前来祝贺，热闹一天。罗先生与郑天挺先生恰好同年同月同日生，只是时辰不同。罗先生曾对人戏称，“我的八字和郑先生的差两个字，所以命中注定做不了总务长”（郑先生当时任西南联大历史系教授，兼作总务主任）。中文系章廷谦教授，字矛尘，五四时期老北大的学生，鲁迅文章中称为“一撮毛哥哥”的。此人善交际，爱起哄。每年快到罗先生生日时，他到处喧嚷：“罗、郑两位过双寿，要请客，请大家别忘了参加。”罗、郑两位对这种起哄式的被迫请客很反感。有一次，罗先生在院子里发话说：“明年过生日，谁都可以请，就是不请章矛尘。”章廷谦倒不在乎，不请他也会到场的。

建所轶闻

新中国成立后，胡乔木到东厂胡同几次找罗先生，提到国家加强语言研究，要成立研究机构，希望罗先生主持工作，提出建所方案。最初未允，后来，罗先生对他的学生说，新中国要建语言所，这是件大事。当前，李方桂、赵元任都不在国内，我不能再推辞了。提出建所方案，对罗先生来说不难。他胸有成竹，很快拿出方案。当时不知是谁给罗先生出了一个主意，说，现在要学习苏联经验，苏联正流行马尔语言学派，应把学习马尔学派放在第一条。后来知道马尔学派主张语言有阶级性，是错的，在苏联已遭到批判，随即把第一条删去了。因为这一条是作为标签贴上的，第一条以下都是罗先生和同事们仔细推敲、论证后写定的，第一条拿掉，丝毫不影响原来章程的完整性。

（据《竹影集》。原载《语文建设》1999 年第 5 期，题为《北大文科研究所师生生活杂忆——纪念罗莘田先生诞辰 100 周年》）

马一浮：礼闻来学，不闻往教

马一浮先生是我素日尊敬的前辈学者，抗战期间曾有机会听过马先生的言论，读过他在四川复性书院时期刻印的全部书籍，有马先生的讲义、诗集、信札等，可惜印数有限，社会上流通的不多，现在有了马先生的集子问世，是海内外学术界共同关心的盛事。

马先生的遗文得到学术界的广泛重视，主要原因是他的著作体现了中华民族传统文化的优秀部分。马先生学术造诣深广，世人鲜能望其涯涣。他治学广大而又精深，能会通佛儒，兼容文史，是一位难得的通儒。

近代大学分科过细，为了教学方便，分科讲授，事实上各门学科之间并不能划分得一清二楚，是各自独立发展的。因为文化是一个有机的整体，生硬分割，必致戕害它的生机。马一浮先生的《六艺论》，是他对中国文化的整体观，也可以说是他的学术思想体系。马先生生前没有来得及充分发挥，阐述的责任留待后来学人。

中华文化近 150 年来，发展的总方向是走向现代化。无数仁人志士、专家学者都在为中华民族的生存和发展殚心竭力。有的从政治方面，有的从经济方面，有的从文化教育方面，大家共同的目的在于探索继往开来，促成中华民族的现代化。其推动的内在动力是爱国主义。回顾马一浮先生一生的活动，都是在爱国主义这个总原则下开展的。

中国传统文化有许多特点和优点，概括说来，约有以下几点：

第一，体系的兼融性。中国传统文化的三大支柱是儒、佛、道三家。这三家各自有二千余年的历史，越到后来，三家越倾向于融合，使人无法分辨哪是儒，哪是佛、道。这一点马先生的著作体现得最深刻。

第二，表现形式的多样性。一个文化通人，要能遨游于文学、史学、哲学，以及兵学、医学、艺术等诸多领域。黄宗羲是历史大家，又是哲学家、政治思想家；顾炎武是音韵、文字学家，又是政治思想家和地理学家；戴震长于考据学，又是哲学家；王夫之是哲学家，又是史论家。王安石说过，不通群经即不能通一经，深刻地指出博与约的辩证统一关系。马先生的著作充分体现了这一特点。

第三，心系民间疾苦，关心天下兴亡的社会性。文化人虽身坐书斋，家居陋巷，他的心胸却不受生活小天地的限制。杜甫被奉为诗圣，杜诗得到古今广大人民的传诵，就在于他的作品不限于个人的悲伤衰老，不被理解，而是关心天下人的疾苦。李商隐的诗，可算第一流的精品，深刻华美，古今独步，但他更多注意个人的不遇，眼界比较狭小，虽精美而欠宏大。马先生避寇川中，诗歌不乏忧世伤时之作，而气舒神凝，毫不萧索，关心世道人心胜于关心个人。

第四，摆脱目前个人得失的超脱性。超脱性是中国文化的又一特征，关心天下兴亡，知其不可为而为之，是儒家的传统；超脱、自由，涵养自性中的完美境界，则是佛道两家的传统。社会从来是不完善的，在不完善的社会环境中，能保持完善的人生境界，这是中国传统文化的又一特点。周敦颐的《爱莲说》所谓“出污泥而不染”，千百年受到文人的欣赏，就在于他体现了中国传统文化的中国学者既关心社会而又能超脱的境界。

第五，述而不作，以述为作，述中见作。中国学者治学，每一时代都有创见，其创见足以代表他们时代的特征，但所用的概念、名词，都是前人用过的，只是把旧概念赋予时代的新内容，古而不老，旧中有新。马先生文章、诗词、书法都从传统规矩中来，又不囿于传统规矩。马先生不着意为文，其文章自然典丽，层次分明，语臻妙善，禅趣天成。马先生书法超逸，游刃于古人规矩之内而迥出古人藩篱，神采内敛，秀劲深涵，方之古人，近似朱熹书法。世间书法家只因缺少学问根柢，只靠临池功夫，则难臻一流。

近世学术传播，不出三条途径：一是讲学授徒；二是著作问世；三是学侣交游。马先生学问人品为世人所景慕，也是通过这三条渠道。其中讲学授徒是主要途径。讲学可以直接交流思想，当面问答，互相切磋，教学相长。青年人思想活跃，见解虽不成熟，但善于发现问题。我国最早的第一代教师孔子就是靠讲学授徒，形成学派，流传后世的。他也受到过青年学生的启发，“启予者商也”，子夏从孔子互相讨论中也受到益处。儒教以外，佛教、道教的太师讲学也多以寺院、宫观为基地，由学派发展为宗派，不断扩大他们学派的影响。

马先生交游多属海内英彦，马先生的著作均已传世。马先生与近代几位国学大师比较，唯一欠缺的是他讲学授徒的时间太短，在他一生数十年学术活动中，讲学授徒时间仅仅四五年，而且在抗战时期，国民党营谋私利，物价飞涨，民不聊生，学生读书，经济来源艰难，书院后期，师生有人离去，这对马先生是一种损失。现在总结过去，令人遗憾地感到私淑景慕者多，及门亲炙者少，遂使宏大丰富的学术体系后继乏人。

抗战结束后，山河光复，时世太平，马先生重返杭州，先生已年届暮年，身边缺追随多年的直接传人。且不说孔子的及门传人，如二程门下有游（酢）、杨（时）、尹（焞）、谢（良佐），朱熹门下有黄（榦）、蔡（忱），王守仁门下有王畿、王艮、邹守益、徐爱诸弟子的护持。这是马先生的不幸，也是学术界的一大损失。

纵览古今，不难发现世界本来不是完美无缺地按照人们的愿望发展的。儒教谓之“命”，佛教谓之“缘”，时人谓之“机会”。说到底，个人命运不能不受时代、社会大环境的制约。只要中华民族共同建立的社会主义祖国日趋富强，国家的文化、学术也会繁荣起来，马先生汲汲以求、终生关怀的继承发扬中华民族传统优秀文化的夙愿将会实现，我们后继者会按着去做，把它做好。前景无限，事在人为。

1935 年，我在北京大学哲学系读书，选修了熊十力先生的课——“佛家名词简释”，后来公开出版，定名为《佛家名相通释》。选课听讲，同时阅读熊先生著《新唯识论》。《新唯识论》开头第一页有马一浮先生的《序》。这是我第一次知道马一浮这位学者的名字，老同学告诉我，蔡元培主持北大时，多方延揽海内专家，马叙伦、黄侃、陈独秀、李大钊、胡适、梁漱溟、鲁迅，都在北大任课。蔡先生发出聘书，邀聘马先生来北大任教。马一浮先生回电报：“礼闻来学，不闻往教。”把聘书退回了。

汉儒传经，守家法，重师承，学生求学都要投奔老师门下，这是事实。古代国家设立太学，太学有祭酒、助教，为太学生解答问题，传授知识。太学设在京师（首都），太学生到太学求学也是“来学”。当年北京大学的前身是京师大学堂，民国时期，北京大学等于国家的“太学”。大儒到太学讲学授徒，无违于古礼。当年程伊川曾在太学当过助教。马先生不肯到北大教书，因而学术界不大熟悉马浮（字一浮）这个人。

马一浮先生写过不少序跋，序跋涉及范围至广。专门为同辈学者的著作写的序文，以《新唯识论序》最有代表性。因为这篇序既讲到《新唯识论》这部专著的学术价值，又讲了作序者对哲学的看法。序文中说：“夫玄悟莫盛于知化，微言莫难于语变。穷变化之道者，其唯尽性之功乎？圣证所齐，极于一性，尽己则尽物，己外无物也；知性则知天，性外无天地也……运乎无始，故不可息；周乎无方，故不可离。”序文用意在于介绍《新唯识论》的内容和学术价值，衡量熊十力先生的著作要有一个标准。马先生开头讲明哲学的范围、对象及研究哲学的目的和方法。开宗明义，揭出儒家以宋明理学为哲学正宗，学问目的在于发挥儒家理学宗旨。

《新唯识论》是从传统法相唯识宗分化出来的新学派，借用佛教唯识学派的框架，充实以儒家理学的新内容，不是跟着玄奘、窥基的脚步走，而是另辟蹊径，建立自己的新体系。马一浮称赞《新唯识论》的学术造诣远远超过中国佛教史上理论成就极高的几位高僧：道生、僧肇、玄奘和窥基。[“（道）生（僧）肇敛手而咨嗟，（玄）奘（窥）基矫舌而不下。”]

1938年冬，马一浮先生筹建复性书院，经重庆去乐山。我在重庆第一次与马先生见面。他举止雍容，白髯垂胸，语音洪亮，出口成文，用词典雅，给我留下深刻印象。马先生在重庆时，蒋介石约他见面，谈过一次话。我问马先生，见蒋时谈得如何？马先生说，他劝蒋“虚以接人，诚以成务，以国家复兴为怀，以生民忧乐为念”……像这样文词典丽的骈偶句有一二十句，当时我也记不全。我又问马先生对蒋介石这个人的印象如何？在他身上看得出一些中兴气象？马先生沉思了一两分钟，说：“此人英武过人，而器宇偏狭，乏博大气象。举止庄重，杂有矫揉，乃偏霸之才，偏安有余，中兴不足。方之古人，属刘裕、陈霸先一流人物。”“偏霸之才”四个字连说了两遍，故印象颇深。在座的熊十力先生接着说，此人心术不正。马先生笑笑，没有和熊十力先生争辩。事后我问贺麟先生，马先生对蒋介石的评论，您以为如何？贺先生说，这是马先生的看法，他有他的依据。贺先生又说，马先生学者气太重，对蒋说的那些话，一则蒋听不懂（文言词句），二则听不进，讲“虚”，讲“诚”，怕是格格不入。

马先生对儒学的继承和发展有极精辟的见解。他说孔子的儿孙不在孔府，曲阜只有孔子的奉祀人，没有孔学的继承人。孔子的嫡传儿孙是程、朱、陆、王，他们都不姓孔。马先生用禅宗语言把学术继承的道理表达得深透确切。此等议论，不见于文章、著述，弥足珍贵，恐成绝响，附记在这里。

艾思奇：不与俗人争短长

1949年，艾思奇同志受聘为北京大学哲学系教授。艾思奇同志是中国最早的马克思主义哲学家之一，在青年中有广泛的影响。不少知识青年读了他的《大众哲学》，投奔了延安。新中国成立后，他又是与旧大学哲学界广交朋友，普及马克思主义哲学的功臣。

记得北平解放后，北京大学定期举行哲学双周座谈会。参加者有两部分学者：一部分是较早接受马克思主义思想的学者，其中有侯外庐、何思敬、徐特立、艾思奇和胡绳。另外一部分学者是当时北京大学和清华大学哲学系教师。北京大学有汤用彤、朱光潜、贺麟、郑昕、胡世华、齐良骥、任继愈。清华大学哲学系有冯友兰、金岳霖、邓以蛰、任华、王宪钧、张岱年。座谈地点在北大孑民堂。这是北大最大的一个会议室和对外接待室。时间定在隔周的星期日上午。每次谈论会，推一位主讲人，大家提问题讨论，不拘形式，交换意见，会场气氛生动活泼。清华大学远在城外，交通虽不便，但清华的教授们都按时参加，风雨无阻。因为新中国成立后大家对马克思主义哲学很感兴趣，新旧哲学工作者互相交流，获益很多。

讨论的题目，记得有西方美学思想、黑格尔哲学、康德哲学、罗素哲学、杜威哲学、形式逻辑、数理逻辑、中国近代思想。记得关于形式逻辑是不是形而上学，当时有过争议，艾思奇同志主张形式逻辑即形而上学，金岳霖及清华、北大的学者都认为这两者不是一回事。经过反复辩论，后来取得共识，认为形式逻辑不是形而上学。金岳霖为形式逻辑正名，坚持真理，艾思奇虚怀若谷的风格深为哲学界称道。时隔几十年，当时争辩的问题早已不成问题，这次争辩已被遗忘，但在当时，却被看作是一件大事。

旧中国有一个“中国哲学会”，完全由会员交纳的会费维持，是一个纯粹民间的学术团体。这个学会不是专门研究“中国哲学”，而是在中国全国范围内研究哲学的学会，中外哲学史、逻辑及其他属于哲学的领域都包括在内。新中国成立后，这个学会自动停止了活动。原来在延安成立的新哲学会在北京成立，重新选举了会长和副会长，会长是李达，副会长由艾思奇和郑昕两人担任。李达当时任湖南大学校长，常住南方，实际负责人是艾思奇同志。

新哲学会成立后，吸收了社会上更多有造诣的哲学爱好者。记得当时佛教界巨赞法师也申请加入了中国哲学会。按照学会章程，新会员入会要有两位会员介绍、经会长批准才能入会。郑昕和我充当了巨赞法师的入会介绍人。中国新哲学会会址在南河沿金钩胡同 19 号一所两进院的平房内。下设中国哲学史、外国哲学史、逻辑、中国近代思想史、辩证唯物主义与历史唯物主义五个组，各组分别为大学哲学系编写教学大纲及有关资料，也在这里举行过多次学术讨论会。新哲学会成立后，孑民堂的双周座谈会停止了活动，新哲学会的活动吸收了更多人参加。

当时新中国成立前不久，物资匮乏，编写的讲义都是手工刻写蜡纸，用手工操作的油印机印刷的。编写的《中国近代思想史提纲》就是在金钩胡同新哲学会中国近代思想史组筹备，后来由北大的几位教师完成的。

艾思奇同志在北大讲课，最初讲的是“社会发展史”，这是北京大学全校学生共同必修课。当时北京刚解放，北京大学有文、理、法、工、医等学院，地址分散，人数众多，无法集中听课，而且也找不到能够容纳万人的大课堂。北大集中了几十位青年教员组成辅导班，由艾思奇同志先向辅导班教员讲一遍主要内容，然后由辅导班教员分别回到各个班向同学授课。艾思奇先向辅导教师讲一次，辅导教师回到各系，结合各系的情况，分别编写教材，向学生讲授。讲课方式与旧大学方式不同，隔周上课，隔周讨论，有点像“西明纳尔”（Seminar）的教学方式。艾思奇同志在这门全校必修课上，既负责讲课，隔一周又负责解答学生提出的问题。我作为“社会发展史”的辅导教师，既要上课，又要解答上课讨论中遇到的问题。因为有三位教师轮流讲课，我有充分时间阅读了一些马列主义有关参考书及马、恩等原著，接触到马克思主义哲学这个新领域，从此开拓了视野，打开了思路。艾思奇同志是我学习马克思主义的启蒙老师。在清华大学，讲“社会发展史”也采用北京大学的讲授方法，任华也担任过辅导教师。

在孑民堂双周座谈会期间，学习过《实践论》和《论人民民主专政》。会上大家讨论过几次，后来又在新哲学会举行过讨论会。这几次讨论会艾思奇、胡绳等都多次发言。因为《实践论》中讲到知行问题，中国哲学史和西方哲学研究者多有自己的体会，发言很踊跃。冯友兰、贺麟、汤用彤、任华都有较长的发言，艾思奇同志也有多次发言，并解答问题，与会者都有不同的收获。

艾思奇同志最初讲授全校的共同课“社会发展史”以后，接着在哲学系开设的课程有辩证唯物论与历史唯物论及马列原著等课程，哲学系的学生都听过艾思奇同志讲课。他在延安、在高级党校讲课多年，经验丰富，深受学生欢迎。教员中我也是旁听者之一。

艾思奇同志为哲学系讲过一系列的课程，他主要讲辩证唯物主义、历史唯物主义。他讲话有浓重的云南口音，缓慢而有条理，具有云南人朴实、厚重的风格。他从不放声大笑，有时也迸发一句幽默的话。有一次讲到人的道德意识是自觉的行为，他说：“道德出于自我意识，不同于动物，狗就没有自我意识，只能给人当走狗。”引起同学们的笑声。艾思奇同志不笑，照常讲下去。

艾思奇同志讲历史唯物主义，引用中国“英雄造时势，时势造英雄”的成语。他说，社会存在决定社会意识，英雄是社会发展潮流中产生的。顺应社会潮流，英雄才能成为成功的英雄。不顺应社会潮流，或客观条件不具备，英雄便无用武之地。三国时期诸葛亮只能三分天下占据一分，要统一中国，就没有办到。欧洲的拿破仑也是英雄，他只是历史时代的产物，当时法国没有拿破仑，法兰西也会产生一位相当于拿破仑的人物出来，完成法国这场变革。在 1951 年，胡乔木发表了《中国共产党三十年》，文章中也讲中国共产党按照中国工人阶级的需要，培养塑造出自己的领袖。艾思奇、胡乔木的观点是历史唯物主义的，很有说服力，有力地驳斥了国家的兴衰全靠圣人、圣人出天下治的唯心观。唯心史观认为有了尧、舜这样的圣王，天下大治，尧、舜不经常有，所以天下乱多治少。这种观点不合历史实际。

艾思奇在北大哲学系讲辩证唯物主义的范畴时，关于“必然和偶然”一对范畴，他举例说，一切反动的、不得民心的反动派必然失败，这是必然，至于哪天哪月灭亡，这是偶然，科学的历史观不同于算命卜卦的先生，区别在此。又举长期采用农村包围城市的战略，战略出于革命需要，出于群众的拥戴。有了革命，就有领袖，这是必然，至于这革命领袖产生于湖南还是江西，他是否一定叫毛泽东，则是偶然。他把道理讲透了，他的话是对的，经得起时间考验的。

艾思奇同志讲授历史唯物主义，也受到当时历史的局限。讲到社会的生产时，他引用恩格斯的说法：人类社会生产有两种，一种是物质生产，一种是人的生产（生产下一代，生育子女）。当时斯大林的政治经济学，只承认物质生产，人的生儿育女不算生产。艾思奇讲课时接受了斯大林的观点。记得他说，像恩格斯这样伟大的思想家“也难免有错误，不过只是一小点，不算什么大事，恩格斯还是了不起的大思想家”。斯大林反对恩格斯关于生产的说法，后来已得到改正。可见，学术问题有它的严肃性，政治干预奏效于一时，但不能行久及远。

北京大学哲学系的马克思主义哲学奠基人最早是 20 世纪 20 年代的李大钊，他讲授过唯物史观，后来中断了几十年。艾思奇来到北大后，中断了的马克思主义思想不但活跃起来，而且发展了。

艾思奇同志在北大讲课，大约 5 年时间，把马克思主义普及高等学校，在北大哲学系留下深刻的印象，和高等学校的知识分子结下了深厚的友谊。艾思奇同志功不可没。

1953 年以后，大批苏联专家来到中国，北京大学也分配来几位苏联专家。他们讲课很机械，只讲正面结论，不讲反面论点，不提倡辩论，不许反问。本来内容十分丰富的辩证唯物主义课，被苏联专家讲成了干巴巴的教条。考试也提倡死记硬背，学生的创造性受到压抑。《联共党史》讲到俄国十月革命后，农村消灭了富农阶级。学生问：“当年那些富农哪里去了？”苏联专家不耐烦了，反问学生：“你打听他们干吗，是不是要与他们通信？”学生们不敢再问了。

后来才知道，苏联派来的这些教师大多数不是第一流专家，也有从党政机关抽调来的，学术造诣和艾思奇同志不在一个档次上。

艾思奇同志向社会、向广大群众普及哲学，人们早已熟知。他在新中国成立后，把马克思主义普及到大学、高等研究机构，与知识分子广交朋友，似未引起注意。当时形势下的哲学普及工作，十分艰巨。他把本来站在唯心主义阵营的大批旧知识分子引导到了马克思主义一边来。固然这是由整个革命形势决定的，但他的功绩是卓越的。我就是闻道较迟，接受启蒙教育的一个。

1961 年，参加编写大学文科教材，我负责主编《中国哲学史》教科书，集中住在西郊的高级党校，见面的机会较多，对艾思奇同志了解渐多。他多才多艺，喜游泳，喜音乐，爱好绘画，收藏齐白石的国画。对中国哲学史也有广泛的兴趣和独到的见解。为人豁达，能容忍，不与一般俗人争一日之短长，真理所在，则分毫不让。我深为他英年早逝而悲伤，又为他在“文化大革命”前离世而庆幸。艾思奇同志如果生前遇上“文化大革命”，其结局将难以预料。

怀念张岱年先生

回想与张岱年先生初识，是在1935年中国哲学会第四届年会上。当时他在清华大学任助教，我是北大哲学系的学生。旧中国的“中国哲学会”是一个民间组织的学术团体。凡属大学开设的学科，中外哲学史、学派、美学、伦理学、逻辑学诸学科的专业者，都可以加入学会为会员。记得当时北大参加的教师有汤用彤、贺麟、郑昕、胡适、林志钧等几位先生，清华大学参加年会的教授有金岳霖、冯友兰、邓以蛰，还有两位青年教师，一位是研究美学的李濂，另一位是张岱年。北大的同学对本校的教授们见惯了，不大注意他们会上的发言，对清华的教授们提的问题倒是很感兴趣。金岳霖先生讲“道、式、能”，这是他后来《道论》和《知识论》两部专著的雏形。冯友兰讲“朱子的理与气”，开头讲，朱子的气不同于流动的气体，它指的是天地构成的原始材料，英文叫作stuff，可以译为“士大夫”，可见“士大夫”还够个料，不是废物。

我特别感兴趣的是两位青年教师。李濂讲中国古代绘画的重要范畴，“气韵生动”。李濂操河南方言，他的老师邓以蛰怕听众听不懂，把主要名词帮他在黑板写出来。他们师生间的融洽，老师对学生的关怀，我们这些学生感到新鲜、敬佩。张岱年当时风华正茂，头发自然弯曲呈波浪状，最初疑心他烫发，后来知道他是天生的卷发，口才不流利，却清晰、扼要，没有废辞。他讲的题目我大致记得是“现在中国所需要的哲学”。短短几十分钟，难以阐发得详尽，大意是说中国需要在传统哲学的基础上，吸收西方近代的新哲学思想。他的论文已经孕育着他晚年的“综合创新论”的构架。这次哲学会上，北大、清华以外的教授们有中国大学傅铜的“快乐主义新诠”，彭基相的“孔德哲学述评”，傅的论文欠深入，失之浅；彭的论文无新意，失之平。

两年以后，七七事变，北平沦陷，我在西南联合大学，张先生身陷敌占区，音讯隔绝近十年。

日寇战败投降后，西南联大解散，各自回到原来的旧址。北大与清华又分在城内城外两地，接触多的时期还得算新中国成立以后的两三年以及院系调整后，我们在同一个教研室工作许多年。

听金岳霖先生说，张先生平时不苟言笑，安步徐行。有一次哲学系教师散了会，回家的路上大家边走边说。张先生忽然脱离了大伙，一个人蹑手蹑脚快步向一棵大树下走去。原来他发现了一只刚脱壳的蝉，正向高处爬，张先生手到擒来，带回去给他五岁的儿子玩。张先生在讲学研究心性之学外，还有富于人情味的家庭生活。蹑手蹑脚给小儿子捉蝉的张岱年和阐明天理人欲之辩的张岱年结合起来认识，才是一个活生生的张岱年先生。

由于众所周知的原因，张岱年先生受到不公正的对待，在学术界沉埋了二十年。他身处逆境，仍然从许多方面实现他早年关心的三个方面：（1）哲学理论问题的探索；（2）中国哲学史研究；（3）文化问题的研究。

新中国成立后，中国学术界在文学、史学、考古、艺术诸多方面成绩显著，唯有哲学理论界，成绩平平，可以载入史乘的不多。马克思主义本来不是纯学术，它与当时现实政治，阶级关系密切，以及国内国际的政治形势密不可分。张岱年先生 20 世纪 20 年代，已接触学术思想的马克思主义，并参与当时的社会史论战。当年列宁在世时，曾称赞普列汉诺夫是优秀的马克思主义理论家，曾造就了一代马克思主义者：斯大林当政后，普列汉诺夫、布哈林都不算马克思主义者，够哲学家资格的，列宁以外只有斯大林。20 世纪 20 年代的马克思主义讲述方式与 50 年代后期的马克思主义很不相同。新中国成立后和大家一同学习马克思主义，显然受苏联哲学教科书的影响。苏联的哲学教科书认为，只有国家的领导人才享有马克思主义的阐释权、发展权。

新中国只有毛泽东称得起马克思主义哲学家，其余哲学工作者都是注释者。如果有人不自量力，妄图以个人名义发展马克思主义，即使持之有故、言之成理也难有施展的机会。

全国大学院系调整后，全国各大学的哲学教师集中到北大哲学系，当时，教授副教授共有二十八人之多，堪称世界最大的哲学系。主要是学习、改造思想，只开了两门课，一门是“中国近代思想史”，由三位教师集中备课，由一个人出面讲授。一门是“中国哲学史”，是哲学系的重点必修课，两年讲完;课程由四位教师分担，粥少僧多，张岱年先生只担任了宋元明清这一段，占“中国哲学史”这门课程的四分之一，没有能够充分发挥其所长。文化问题的研究，由于政治条件不具备，也难有充分发挥的机会。

一个人的成功，既要主观努力，也要有适当发展的客观环境。有时环境起着决定性的作用。张岱年先生在哲学史教学方面，未能尽其所长，但他培养研究生、教育青年学者成绩卓越，比如他带出来的博士陈来就是其中的佼佼者。张岱年培养了许多研究生，在学术界有很好的声誉，北大新一代青年学者今天都成为学术界骨干，有的成为学科带头人。张岱年先生开的中国哲学史课虽然未能从头到尾讲到底，但他为研究生讲的“中国哲学史史料学”，充实而精湛，来听讲的除北大研究生外，社科院、北师大的学生也慕名而来，虚而往，实而归。哲学史史料本来属于张岱年当年自己治学的准备工作，哲学史史料学不是罗列书目，而是结合自己治学的过程，带着青年同学到后台参观，指点某处台词配合的某些道具的用处，使听讲的学生得益匪浅。人们只看到张岱年理论空灵高明，往往忘了张岱年用过扎实的功夫，为理论的空灵高明打下了丰实基础。

新时代有新时代的哲学体系。记得抗战时期，我国有好几位哲学家构建了他们的哲学体系。金岳霖的《道论》《知识论》，冯友兰的《新理学》，熊十力的语体文本《新唯识论》，都是抗日战争时期的精神产品。浙江杭州马一浮讲他的《六艺论》，以《六艺》为框架，发挥他的中国传统文化哲学，他在四川乐山复性书院的一系列的演讲录，是《六艺论》的一部分，由于条件不具备，未能完成。

张岱年的《综合创新论》既包括了他的哲学观又包括他的历史文化观，是他构建的新时代哲学体系，由于条件不具备，未能亲手完成。以他高明的才智、学殖的丰赡应该不成问题，可惜条件不具备，这一宏伟设计，未能实现！

一个比较完整的哲学体系，从酝酿到成型，总要经历长期反复思考的过程，如果经过不同学派的攻击辩论，其系统会更臻完善，立于不败之地。抗战期间，张岱年先生“抱刘越石之孤忠”，坚贞自守，与广大哲学界同仁长期隔绝。新中国成立后，他的发言机会蹉跎了二十年，旺盛的精力、活跃的思想遭到禁锢，他个人受的损失无法弥补，使人深感沉痛；他的精神产品没有来得及奉献给学术界，更是无法弥补的损失。

所幸张岱年先生《全集》留下来，给后人以借鉴、启发的依据，这是无可奈何之中的慰藉。

与张岱年先生先后相过从近七十年，临文时，心情无比的沉重。汉代王充曾在《论衡·命义篇》说，“闻历阴之都一宿沉而为湖”，“数万之中必当有长命未当死之人”，在极左思潮的趋势下，知识分子难以掌握自己的命运，“国命胜人命”，王充当年深为感叹，我们不赞同王充的命定论，相信王夫之的“唯君子可以造命”，我们有创造历史主宰命运的使命。看到张岱年先生的一生，使人感到人类创造历史的道路还很长，很长。愿与大家共勉。

（原载《不息集》，北京大学出版社，2005 年 4 月版）

中国文化的特点

韩愈何以宋以后身价大增

古今历史人物，其功业足以不朽者，大致可分两种类型。一种是代表旧时代的结束者，一种是代表新阶段的开拓者。像诸葛亮、文天祥、近代的章太炎、西方的黑格尔属于前者；像屈原、司马迁、近代的孙中山、鲁迅、西方的马克思属于后者。他们的业绩都足以传世不朽。韩愈也是我国历史上不朽的人物之一，他的功绩在于开拓新阶段。

安史之乱后，人心厌乱，客观上要求有一个强有力的中央政府，要求消灭地方割据势力。唐以后的历史发展证明，中国社会正是沿着这一条道路前进的。韩愈所提倡的排佛、古文运动、创立道统说，与社会发展、文学发展和哲学发展的总趋势符合。我们不能说后来的文学家、政治家、哲学家读了韩愈的书，才这样去做的，这里只是指出，韩愈的许多主张，符合历史潮流。韩愈的历史地位，宋以后被抬高。韩愈的著作，在宋以后越来越引起学术界的兴趣。韩愈还是那个韩愈，何以宋以后身价大增？这不能从韩愈本身找原因，只能从社会历史中找原因。韩愈是宋代哲学、文学界的先驱，他赢得宋人对他的崇拜，是理所当然的。

排佛

韩愈排佛是他的一贯主张。他的《谏迎佛骨表》，由于措辞激烈，不避忌讳，给他招来一场灾难。韩愈排佛的理由都是前人已讲过的，没有比南北朝人更多的新见解。陈寅恪先生认为韩愈反对佛教，重点在于反对道教，道教在唐朝为患更甚于佛教。韩愈虽未公开指斥道教，实际上也抨击了道教。这是陈先生的新解释。如果我们作更进一步的探索，我们还会发现韩愈排佛教、道教，还包含反对藩镇割据以加强中央集权的意义在内。

考察韩愈排佛，不应局限于排佛的文章的字句，更要注意排佛这一行动在当时社会环境下所起的作用。《礼运·大同》是在汉代提出来的学说。清末康有为变法，重新提出“大同”理想，撰写了《大同书》。康有为的《大同书》与《礼运·大同》思想不大一样。再比如“实事求是”这是我国古代成语，中国马克思主义者拿来为唯物主义认识论作注解，很恰当。“实事求是”对今天的中国共产党并不是一个新口号，因为已在党内讲了几十年。粉碎“四人帮”以后，党中央重新提出“实事求是”的口号，号召人们从两个“凡是”的桎梏中解放出来，打破教条主义、造神主义。旧口号有了新内容，以今例古，其理不殊。

安史之乱后，唐朝藩镇割据，中央政令不能在割据地区贯彻，韩愈提出排佛，目的在于维护中国封建传统文化。他从维护封建传统的立场，指斥佛教是“夷狄”之教。因为它败坏了中国传统文化（即封建文化）的纲常名教，破坏君臣、父子、夫妇的伦常，逃避了臣民的纳税服役的义务。照韩愈这个理论来衡量，当时败坏纲常名教，背离君臣大义，不为朝廷国家尽纳税服役义务的，除了佛教、道教以外，还有割据国土的藩镇军阀。他们破坏封建纲常名教，没有履行臣对君的义务。藩镇割据地方政权实行的也是“夷狄之道”。

韩愈的政治主张与他的排佛一样明确，他坚决主张削平藩镇，维护中央集权。裴度平淮西取得胜利，韩愈为之欢呼、歌颂。为了说服地方割据势力，韩愈不惜冒生命危险，与地方军阀开展面对面的辩论。可惜唐朝这个小中兴的局面没有维持多久，唐宪宗因服道士药中毒而死，唐王朝权力落在历代宦官手中，再也没有振作起来。

中国历史表明，巩固中央集权，消除割据势力，已成为唐末至宋、元、明、清的一贯发展趋势。韩愈中央集权的政治主张，在当时由于主客观条件不具备，没有做到。经过多年的努力，宋朝做到了。宋以后未曾出现过地方割据政权，与宋朝并存的有夏、辽、金诸王朝，都是独立的主权国家，不是分裂中央政权、闹独立的地方政权，与唐末藩镇割据政权的性质不同。宋以后，再未出现过地方割据政权，对今天说，这也是相沿千年之久的中华民族的一份宝贵遗产。

古文运动

文学，是社会活动的一面镜子，它对社会生活有反映、描述、评论、宣传多种功能，文学与社会生活相终始，社会不停地前进、发展、创新。社会在前进，文学也在前进。文学如同长江大河，上游水系不断增加进来，增益、丰富、充实着旧水系，而不是加入了新水系，旧水系即停止流动。我国最早的文学创作《诗经》多采四言形式，后来五言、七言兴起，丰富了表达方式，而四言诗并未废除。律诗起于古诗以后，当时号为近体诗。近体诗盛行，古体诗并未废除。辞赋起于战国，盛行于两汉，但辞赋经历了两千年之久，直到明清并未消亡。文化变革不同于政权更替。新政权建立之日即旧政权灭亡之时，文化则不能割断，新文化都是在旧文化的基础上产生的。

文学是文化的一个分支。韩愈提倡古文运动，扩大了古文的运用范围，使古文进入文坛，受到社会重视。古文上台，并不意味着骈文下台。唐、宋古文盛行，骈文一直是官方通用文体，凡政府公告、国家任免官吏、官僚政绩考评，甚至一般社交函札，仍用骈体。韩愈的功绩并不是打倒骈文，而在于运用文学本身的魅力，扩大了文学表现领域。

韩愈把散文这个文学工具，运用得出神入化，得心应手，用于墓志碑铭，文辞简雅；用于写事状物，能尽传神之妙；用于发抒胸臆，能无所不达；用于日常生活小品、杂文，能生动活泼，嬉笑怒骂，涉笔成趣。他的《进学解》亦庄亦谐，《杂说》以小喻大，《毛颖传》寓苍凉于滑稽。当时有人不理解他，说他太不严肃，其实这是对韩愈的误解。韩愈的散文刚健清新而自然，“唯陈言之务去”，却不留斧凿痕，举重若轻。苏轼也是文学巨匠，而苏轼不免有文人夸大虚浮之气，这一点朱熹早已指出过。

除了散文以外，韩愈的诗也独辟蹊径。韩愈“以文为诗”，古今论者或以为功，或以为过。是功是过，这里不作评论。“以文为诗”，应当认为这是韩愈的特点。他打破了诗只限于抒情的旧传统，拓展诗的表现范围，这是事实。学术界一般认为唐诗宏阔，宋诗深沉。从认识史的角度来看，由宏阔到深沉，是一个发展，表明诗在前进。这一变革，不是一朝一夕之功，也不是一手一足之劳，而是靠众多作家共同努力，顺着文学发展趋势推动促成的。众多推动者中，韩愈是重要的一员。

天地之大，品类之繁，世态变幻而恢诡。在韩愈眼下，没有不可以入文的，也没有不可以入诗的。语言这个文学工具，简直被韩愈用活了，竟做到无往而不适，无事而不宜。杜甫为诗，超逸绝伦，无愧于诗圣，但杜甫的散文的确不算高明，有时显得很不通顺。说到驾驭语言的功力，韩愈堪称超逸绝伦。

有人说韩愈诗风偏于险怪，认为这是韩愈自以为无法超过李白、杜甫，才力图以险怪取胜。这种评论是不了解韩愈，也低估了韩愈的文品。

文学的价值，在于能够通过形象思维，揭示社会现象的本质，要求作家不但有语言技巧，更要看作家对现实生活的感受及理解的深度。照这个标准来衡量韩愈的文学造诣，试把韩愈排在古代伟大作家的行列里比一比，韩愈比先秦诸子、屈原、司马迁、李白、杜甫稍逊。韩愈的文学造诣仍应属上品。

评价历史人物，既要看他在本学科领域中所起的作用，又要看他本人的学术造诣，历史作用和作家本人的造诣，有时一致，有时不一致，不完全是一回事。韩愈的历史地位，有他开创新局面、推动学术发展的功劳，也有他创作的功劳。前者的功绩更大一些，因为他为后世开了风气。

建立道统说

韩愈在《原道》中提出了尧、舜、禹、汤、文、武、周公、孔、孟，古代圣人历代相传的道统理论。道统说的提出是针对佛教而提出的。佛教道统说的建立、推广、流行，起于隋唐，盛行于安史之乱以后。隋唐佛教建立了各大宗派，各派有自己所依据的根本经典（比如华严宗依《华严经》；天台宗依《法华经》。对所依据的根本经典各宗派有自己的解释，师徒世代相传，出现了解经的章句之学，如《法华文句》等）。这种风气颇似汉代经学、经师相传授的章句之学，我称之为“佛教经学”。“佛教经学”与佛教道统说、佛教宗派的建立，是同一事实在不同方面的表现。佛教各宗派都标榜自己得到释迦的真传，找不到文字根据的，则自称是得到“教外别传”“佛祖心传”，总之，都自称是佛教正宗。除教义上争正统，还在传法世系上来证明自己的宗派有渊源，是正统佛教。

安史之乱后，佛教寺院经济遭到不同程度的破坏，僧众避乱，流动较大，经典散佚，有的毁于战火。各宗派为了保持自己宗派的纯洁性，更有强调传法世系的必要。如神会和尚在滑台召开的“南宗定是非论”，就是一次声势很大的法统之争，也就是佛教宗派中的“道统”之争。

韩愈的道统论，为后来儒教正式建立后的道统论奠定了基础。陈寅恪先生《论韩愈》中指出，韩愈的道统论受佛教的启发，乃不刊之论。陈先生根据的理由是韩愈少年颖悟，随兄在岭南，在禅宗流行地区，必受禅宗影响。韩愈少年颖悟，对社会思潮有感应，自不待言。我们还应看到隋唐时期佛教势力最大、影响深远的地区，并不在岭南，而在中原。早在南北朝时期，禅宗已盛行于嵩洛。安史之乱后，中原地区佛教宗派之间的道统之争较偏远地区更加激烈。滑台之会，就发生在中原。当年惠能求法，在岭南无师可投，才奔赴湖北。韩愈生长于中原，当时佛教思潮弥漫于朝野上下，其影响不限于岭南一隅，长安、洛阳佛教宗派林立，不止禅宗一家。上有帝王、贵族提倡，下有百姓群众景从，佛、道、儒三家鼎立，各立门户，互争高低，构成隋唐思想界的总形势。

儒家在政治上占优势，其哲学思想、思辨分析，不及佛教深刻。业报轮回、三世因果之说，积数百年的宣传，已深入人心。儒家为了在三教中争取领导地位，力图论证儒教源远流长，得圣人真传，又由于受到佛教建立法统的启发，于是建立自己的道统论。

再进一步探本溯源，问一问佛教法统论又是从哪里来的？我看佛教各宗谱牒相传，以嫡系自诩，并非出自佛教自身，而是受了魏晋以来门阀士族谱系之学影响，世间法影响到出世间法的结果。纵览天竺佛书及有关释迦及部派传记，他们一向缺乏时间观念，也有一代一代严格记录的习惯。而中国魏晋南北朝时期，门阀士族的家族出身，关系到这个士族成员社会声望及政治升降。谱牒之学，在南朝成为显学。政府任命官员，必以族谱渊源为根据。伪造族谱者，置以重典。宗教号称出世，出世的宗教一刻也离不开世间。佛教的传法世系，所谓法统说，正是当时门阀士族世间法在出世间法的反映。

韩愈把世间封建宗法家族谱系学，移植为学术承传的学术谱系学——道统论。道统论形成后，再与封建宗法的政治承传关系相结合，于是儒家政治上的正统与儒家学术上道统结合起来。韩愈在这一方面给儒家立了大功。

三教鼎立时期，社会上流传着“儒以治世，佛以治心”之类的儒佛分工论。意思是说，儒教有治世的功能，佛教有感化人心的功能，说到心性修养之学，还得仰仗佛教。儒家为了夺取思想阵地，在治世这个功能之外，还要发挥“治心”的功能。道统说的实际意义，在于为儒家张目，宣布儒家不止有治世之术，儒家还兼有心性修养功夫，它有深远的思想渊源，它继承了尧、舜、禹、汤、文、武、周公、孔、孟学术嫡传正宗。道统说的建立，意味着把天下一切学术（道）都纳入儒家门下。道统说，发端于唐代韩愈，完成于宋代朱熹。朱熹接着韩愈指示的方向走到底。

新中国成立后，对韩愈的研究开展得不多，对韩愈的评价也欠公允。粉碎“四人帮”以后，纠正了学术界极左的倾向，贯彻了实事求是的学风，学术界出现了新气象，沉寂的学术界活跃起来。研究韩愈的专著不下10种。陈克明同志《韩愈诗文系年》是值得向广大读者推荐的一部专著。它为研究者提供了可信的背景资料，无疑对今后研究者提供了方便。

陈克明同志在中国社会科学院哲学研究所从事中国哲学史研究30年，对古典文献整理工作有较深的素养。他通义理之学又好词章之学。凭他的知识积累和勤奋的治学精神，写成了《韩愈诗文系年》，为今后研究者提供了方便。《韩愈诗文系年》的优点，一是详备，二是谨严。凡前人及时贤的成果可采取者，尽量吸收，以期详备；诗文创作的时间一时难以确定的，存而不断，以待后人。这两个优点，整理其他古籍也同样值得推广。

若干年来，学术界有一种风气，认为资料整理不算创造性的研究，写论文才算创造性的研究。有人把夸夸其谈当作了创造性。不务实，不从第一手材料入手，那样的“创造性”经不起风雨，不值得提倡。

研究韩愈，现在刚刚开始，在文献资料整理取得大面积丰收之后，才可能产生高质量的创造性的研究成果。鄙薄资料工作，妄图一举写出创造性的著作，那是空想。盼望继《韩愈诗文系年》之后，对一些重要作家，写出大量有分量的著作，为后人提供资料，铺平道路，我国今后的学术大繁荣就有了指望。

谈朱熹

张立文同志勤奋好学，研究朱熹的哲学有年。他的《朱熹思想研究》最近完成，要我写一篇序。我高兴地接受了这一任务。这是因为：

朱熹这个人很重要，应当有专门研究的著作问世。新中国成立后学术界缺少这方面的系统研究，现在有了这方面的著作，是件好事。在政治运动接连不断的年月里，社会风气不鼓励读书，甚至打击读书的情况下，张立文同志居然挤时间，甘于寂寞，埋头读书，不怕坐冷板凳，这种好学态度值得提倡。42年前，我写的毕业论文也是《朱子的哲学》，对这个题目一向有兴趣，也很关心，看到中、青年一代的成长，我很高兴。

由于以上的原因，借写序的机会谈一谈关于朱熹研究的一些看法。

中国哲学史的研究，从“五四”算起不过60多年，60多年的社会变迁之大超过了过去的几千年。这60多年又可分为两大阶段。1949年中华人民共和国成立以前为第一阶段，新中国成立以来到现在为第二阶段。第三阶段的学术研究打破了几千年的封建传统和“圣人”经传的教条，这是一大突破。像孔子这样的“圣人”，在“五四”以前，谁敢评论他？“五四”以后才把他从“圣人”的宝座上拉下来，恢复了他先秦诸子之一的本来面目。这是打开封建禁区的第一步，使哲学从经学中独立出来另立门户。当然，封建禁区打开得很不够，突破旧传统也很不彻底，但无论如何，“五四”以后的学术界开了新生面，这是事实。

随着“五四”带来的思想大解放，学术界活跃起来了，大量的西方外来的文化及各种思想体系被引进，特别是马克思主义的传入。不过，那时，在人们的眼里马克思主义还仅仅是百家中的一家。又经历了30年的实践考验，马克思主义的理论已在广大革命群众中扎下了根，它不但指引中国革命走向胜利，而且在它指导下，中国的社会科学也真正成为科学。这就使得过去看不清楚的一些历史现象能够看清楚了，不易理解的一些问题可以理解了，因为人们手中有了唯物历史观这个工具。在历史科学领域里取得的成绩尤为显著，这些成绩当然也包括中国哲学史的研究。

近30年来，我们已有了十来部大小不同规格的哲学史和思想史，也造就了一大批人才。但是也应看到现在的哲学史著作的科学性和体系的严密性，还不能满足社会的要求。要写出高水平的哲学通史，必须有大量的专题研究作为支柱。通史要求上下相通，即通古今之变，找出哲学发展的总规律。还要求左右相通，即和每一时代的思潮相呼应，与宗教、文学、艺术、科学等意识形态挂上钩。只有对上下左右进行一番全面的探索，才不会把哲学流派的活动、哲学范畴的出现、哲学问题的论战看作一些偶发事件。近30年来由于我们对一个一个的人、一个一个的问题的研究做得不够，也妨碍到哲学通史的水平的提高。这应是一条治史的原则。因为个别的、局部的问题没有搞清楚，总体和全局也难以看得分明。这些年来我们忽略专题的研究，对哲学家的原著没有花大力气去钻研，空议论比较多，可以说是走了弯路。

像朱熹这样的关键性的人物，是中国哲学发展史上一个重要的里程碑。旧的理学家称朱熹致广大，尽精微，综罗百代，也并非全是夸张，朱熹在哲学史上确实有其重要性。不论人们是喜欢或不喜欢他，对他应当认真去研究，这是无可争辩的。

张立文同志以他多年的功力，在他的著作中，从朱熹的生平到学术活动，从哲学世界观方法论到经济思想、政治学说都进行了探讨。对朱熹哲学的重要范畴，如理、气、性、命，他都作了严密的分析。这部著作对于多年来重观点不重视史料的空疏学风有所矫正。这些都是值得欢迎和肯定的。

当然，对朱熹这样一位后期儒教集大成者，还有许多更细微曲折的地方有待于继续发掘，要求在一部书里解决很多的问题是不现实的，也不是三五年内可以办得到的。因为，朱熹一生所涉及的学术门类相当广泛，他自称心传唐虞道统、明伊洛渊源、崇洙泗、黜二氏。有识之士早已指出他于释道两家，阳挤之而阴受之。这些问题不是三言两语可以说清楚的。

现在一般看法，认为朱熹的哲学体系是客观唯心主义，本书对此也做了认真的剖析和论证。朱熹的客观唯心主义体系的特点及其内在的逻辑发展层次，每一个研究者还可以有不同的剖析方式，也应当有不同的出发点和落脚处，对朱熹的许多重要哲学范畴的理解也应当允许仁者见仁、智者见智。由此连带引出的对朱熹哲学体系不可避免的内在矛盾都大有从不同角度深入钻研的余地。对朱熹的历史地位和作用，应当有各种高下不同的评价同时并存，不宜强求一致，也不能强求一致。

还必须看到，朱熹一生心血凝聚于儒家经典注释中，他于《五经》《四书》用力最勤，与王夫之的《尚书引义》、《周易》内外传、《读四书大全说》同样是寓创造于注疏之中。朱熹的注释，有的开始于中年，有的贯穿他的全部著述生涯，有的直到晚年尚未完成。其著述的先后过程与他思想的发展脉络至为密切，如细加分疏，必将对于了解其哲学全貌有所裨益。

朱熹文章信札保留下来的数量很多，其中也有属于信手酬答，仓促急就的，如仔细分别，尚有自相抵牾之处，就中如何取舍，均须全面斟酌。《朱子语类》分门部勒，明白易晓，为学者们喜欢援引。却也应当看到他对弟子们问答，有时为了强调某一方面，其间详略轻重时有歧异，或出于应机答对，不尽周详，故《语类》所记未可尽从，朱子的及门弟子已有过疑问，此中取舍标准，尚须进一步研究。这也是研究朱熹思想的人们容易忽略的。

朱熹多才多艺，遗留文学作品不少，其中有吟风弄月的，有感事咏怀的，也有通过形象思维发挥他的哲学观点的。这也是宋诗不同于唐诗的一个特点。如能适当注意，取精用宏，那么我们对朱熹的哲学的理解又增加了一个侧面。哲学、文学都是朱熹的思想的表现，若能合并考察，就更可以加深了解朱熹思想的全貌。

朱熹学术活动时间较长，约有半个世纪，与当时思想界、文化界、政界上层人物交游至广，其门生弟子遍布朝野。当时重大论战朱熹曾亲身参与，随着双方以致多方辩论的逐渐深入，问题的矛盾也一步一步展示出来。倘能把这些论战进行整理、排比，不但可以说明朱熹的思想，还可勾勒南宋中期一代思潮概貌。《宋元学案》著者虽有见于此，惜囿于时代，蔽于儒教，浅尝辄止，掘井不及泉。深入探究，尚有待于后来研究者的共同努力。

这里只是随手略举研究朱熹哲学思想尚有待于发掘的几个方面，实际上当不止这些。我只在于说明研究朱熹这样的哲学家，不是仅仅从一个角度就能一眼看透的，即使看到了，也未必一眼就看得准。对朱熹的历史评价，是非功过，更不是一部书就能得出确定不移的结论的。现在有了第一部专著，就不愁第二部、第三部以至更多的有关这一方面的著作问世。百家争鸣、群星灿烂的局面终将到来。学问无止境，有如登高山，攀登愈高，所见愈远；有如探幽谷，行程愈深，所见愈奇。研究无止境，研究就是学习，活到老，学到老，愿与中、青年同志们共勉。

中国古代哲学与自然科学

最近几年，中国哲学史这一学科呈现出一派兴旺的兆头。

前些年，同行们忙于编写中国哲学通史，出版了分量不同、深浅不同、大大小小的各种通史教科书，仅就我所见到的已不下十来种。为了教学的需要，这是必要的，现在编写通史似接近尾声。

通过编写通史，人们发现许多通史大同小异，没有较大的突破。学术要求不断前进，中国哲学史的研究范围也不断扩大，涌现了专著研究、专人研究、断代史研究、专题研究、范畴史研究等。著作质量也有显著提高。这是我认为中国哲学史呈现兴旺的根据。

在兴旺发达的总形势下，李申同志完成了他的《中国古代哲学和自然科学》的专著。李申同志要我为此书写一篇序。我很乐意，并负责向读者推荐这部书，因为学术界需要这样一部专著。

自然科学对唯物主义的作用，学术界人士已引起注意，而哲学对自然科学是什么关系，学术界研究得很不够。国内外有不少自然科学史的专著，如天文、数学、医学、化学等，都做出了可观的成绩。但各种自然科学之间又是什么关系，各科学与哲学有无共同的关系，则缺少研究。自然科学中使用的一些具体的方法，如测试、观察、运算、推导等，各学科根据自己学科的特点有所论述，而各学科的“学科观”（各学科的方法论）则很少涉及。哲学史和自然科学史各自为战，不相为谋。像这种梗阻现象已经妨碍了哲学史的前进。

我们认为哲学史是人类的认识史，中国哲学史是中华民族的认识史。人类认识世界、认识社会、认识思维发展的规律，必然要求把各个时代的哲学与自然科学的关系弄清楚。比如汉代的天人感应思潮，哲学史研究者已经给予注意和论述，而天人感应对当时自然科学起过什么作用，往往被忽略。天人感应既然是时代思潮，它必然弥漫于各个领域，在各个领域又是如何表现的，这种思潮又是如何以科学姿态出现，指导科学的，一向也缺乏研究。这些问题探索得不够，必然影响对汉代哲学史的认识。那么，中华民族的认识史关于汉代这一段，就讲不深、讲不透。这只是用汉人天人感应思潮作为一个例子，指出哲学与科学都离不开各自的时代思潮。

随着科学研究的深入，要求学科之间加强横向联系。交叉学科、边缘学科越来越引起重视。哲学与自然科学关系的研究已提上日程。这种横向联系的研究既是一个新方面，又是一种新方法，难度较大。难是难，总得有人去干。

李申同志在大学学工科，后来参军，因救火负重伤，身体受到严重损害，离开部队。从 1978 年起，他专攻中国哲学史，先读硕士学位，又读博士学位。他是中国社会科学院研究生院第一批毕业的博士生，这本书是他的博士论文。这篇论文在论文答辩时得到好评，认为它填补了我国学术界的一项空白。

实事求是，有一分材料说一分话，这是对每一个科学家的要求，也是一个历史唯物主义者应有的态度。李申同志认真地钻研了古代的自然科学史、天文、历法、化学……对他来说，都是生荒地，学科门类又多，要钻进去、弄懂，所付出的劳动可以想见。

自然科学史中有些学科还在发展中，尚未得出一致的结论，只能在现有的成果中择善而从，等到有了更新的成果时，再来补正。

考察各种学科之间的关系，自然科学与哲学世界观又是如何交互影响的，这比前一种困难更大，也是本书耗费心力最大的所在。书中有不少创见，正因为是创见，值得进一步商量的地方还不少。我认为这部书的可贵，正是在这些不甚完备的创见上，开辟一个新领域，不能要求面面俱到，四平八稳。如果本书的出版能引起不同学术观点的争辩，这将是一件好事，我希望如此。

佛性论与人性论

一个时代有一个时代共同关心的问题。哲学史最能集中反映时代思潮。哲学史上重要作家和流派，其贡献就在于他们善于提出该时代的重要哲学问题，对有些问题做出了答案。他们的答案对不对，不是主要的（因为他们的答案多半不对，在历史唯物主义出现以前，关于社会历史现象的认识都很肤浅），关键看提出的问题的重要性。其重要性则看它反映该时代共同关心的问题的大小、深浅。

佛性论，作为人性论来看，它是中国哲学史上继玄学本体论之后必然出现的一个高潮。它是接着玄学本体论讲的，具有时代特征，它反映了南北朝到隋唐的时代思潮。当时佛教各宗各派，都从自己的立场阐明自己的理论体系。各家的佛性论也成了辨识不同学说流派的一个重要标志。如果把佛性论看作人性论，那就不止是佛教界的事，它实际上具有中国哲学史的普遍意义。也应指出，思想发展的断限，不像刀切斧砍那样齐整。佛性论的提出，不是从南北朝开始的，唐以后，问题的讨论还未结束。只是说，南北朝（东晋也在内）到隋唐这一时期，佛性论在中国确实引起广泛的关注。

中国封建社会几千年，号称盛世的应数汉唐。汉唐不只是中国的盛世，在当时国际行列中，与世界各大国相比，也都是先进的。盛大的汉王朝有着与它的政治地位相称的宏大思想体系，如董仲舒的哲学可以代表。唐朝的国势及当时的国际形象超过汉朝，而思想家似乎不及汉朝，与强大的政治、经济地位不大相称，不免使人困惑。之所以造成这种困惑，在于没有把佛教经学看成中国哲学史的组成部分，没有把佛教经学与儒家经学同等看待，都看成中国传统文化的嫡派真传。隋唐时期的中国哲学史是十分丰富的，不仅有柳宗元、刘禹锡等几个唯物主义者支撑局面，在更大的范围内所探讨的心性论，反映着隋唐的时代思潮。那个时代的理论水平相当高，超过了魏晋玄学的造诣。

赖永海同志的《中国佛性论》，从中国哲学发展史的全局着眼，把佛性论这个题目放在广阔的历史范围内去考察。他阅读了大量原始资料，也尽量参考国外学者成果（虽然可资借鉴的不多），系统地、全面地给以阐述。在中国佛史的范围内做出了第一步有意义的探索。当然，中国佛教的重要范畴不止一个“佛性论”，如“缘起论”“解脱论”“因果观”等等，佛性论无疑是其中重要的一个。

当然这部书也不能说已经十全十美。有些看法属于百家争鸣范围，有人未必赞同，还值得进一步讨论。也有些更复杂的问题，要与相邻学科配合，才可以得到满意的结论，不是这一部书可以解决得了的。深信随着学术界佛教思想研究的深入，作者的学力与见解逐步提高，这部书也会得到补充、修订，使之更加完善。活到老，学到老，就是这个道理。

从目前学术界关于中国佛教研究情况看，这部书有首创的功绩。赖永海同志深思而好学，他有中国哲学史的基础，短短三四年间又在佛教思想研究中取得这样的成果，很不容易。眼看着新中国培养的学者纷纷成才，心里十分高兴。赖永海同志要我为这本书写个序，义不容辞，我愿向读者推荐这部书。

禅宗思想的中国化

佛教在西汉之际经西域传入内地，为了适应中国社会环境，逐渐与中国传统封建宗法文化融合，从而得到发展。南北朝以后的佛教文化已成为中国传统文化的一部分，释迦氏也被中土群众接受并奉为圣人，与中土孔子、老子并称“三圣”，佛教与儒、道两教并称“三教”。因而佛教史也就是中国文化思想史的组成部分。

南北朝时，中国有了大量汉译佛经，随着对佛经的不同理解和解释，形成了许多学派。到了隋唐时期，不少学派发展成为宗派，禅宗属诸多宗派之一。各宗派都有自己的特色。唐中期以后，宗派争鸣，禅宗以其独特的传教方式及其僧团组织方式得以发挥其特殊优势，成为势力最大、影响最深远的宗派，影响不但遍及全国，还远播海外。

宋代理学（我称之为儒教）兴起，佛道两教的宗教哲学部分已被儒教消化、吸收，隋唐三教鼎立的形势不复存在。表面上佛教好像衰落了，事实上佛教的心性论及其宗教修养方法都被儒教移植过去，成为儒教的核心。儒教学者自称远绍洙泗，并得尧舜禹的心传。我们不能说儒教不受孔孟影响，但是更应指出儒教是经过佛教，特别是禅宗洗礼的孔孟之学，不是汉唐以前的孔孟之学。儒教是接着隋唐佛教、道教的心性之学发展起来的，儒教与佛、道两教不是唱的对台戏，而是连台戏。

禅宗的开创者，早期的如菩提达摩，后来的如弘忍、惠能，在当时都不算声名显赫的大人物，他们与政府上层集团来往甚少，没有得到政府的特别照顾[①]，都是白手起家。只有北派禅宗神秀、普寂、义福曾受到皇帝的礼遇。奇怪的是受到礼遇的北派后来发展不大，倒是那些远离政治中心，活动在社会下层的一些支派，却风靡全国，成为显学。宋以后的学术界常用禅学指佛学，称某人思想近禅，即指其人学术有佛教思想倾向。

禅宗在中国宗教界、思想界影响深远，并具有强大的生命力，有两方面值得注意。

第一，理论上讲明心见性。禅宗的宗教哲学，抓住了当时时代思潮的中心问题。中华民族的认识史，从魏晋开始即开展本体论的探讨。此时的佛教般若学的六家七宗与玄学本体论相呼应，由本体论进入心性论，是逻辑发展的必然趋势。佛教涅槃学继般若学而兴起，佛性问题引起中国学术界的重视。佛教界关心的热门话题，从般若学到涅槃学，恰恰与中国哲学史的逻辑发展同步进行，都是由本体论向心性论转移。禅宗大发展时期各宗各派无不涉及心性问题，把心性论的研究提到新的高度，不但充实了禅宗的理论，也加深了中国哲学史思维的深度。

第二，经济上的自给自足。秦汉开始，中国建立了大一统的中央集权的政权，直接统治着千千万万小生产者——一家一户的个体农民，这些个体农民构成了社会基层细胞。除禅宗外，佛教各宗派都靠收租过活，不断引起与政府争劳力、争租税的矛盾。只有禅宗保持中国封建社会自给自足的小农经济的生产方式，他们的原则是自己劳动，自己消费，“一日不作，一日不食”，从而在经济上立于不败之地。

第一、第二两点又是互相融通、互相支持的。禅宗继承了中国的佛性论，把问题推向深入。比如顿悟与渐悟的关系，唐朝禅宗讲的顿渐关系比道生时期的顿渐关系有所发展，把佛性顿悟说由本体论的“与道冥符”发展为心性

---

① 陈、隋间创建的天台宗智𫖮得到国家调拨租税及劳力补助，玄奘、法藏译经，费用由国库开支，译出佛经得到皇帝作序，借以扩大影响。

论的顿悟理论，把顿悟说看作心性解脱的妙道，由本体转向内心，从本体论的顿悟转向心性论的顿悟。

照唐人记载，禅宗流派不下十几家，细分起来当不止这么多。不论他们之间教义有多少分歧，但禅宗的共同信念是“自我解脱”。这种自我解脱虽有时借助外缘启发，所谓机锋、话头，但关键的一步全凭自修自悟：“如人饮水，冷暖自知。”别人的教导千万遍，不论经典上怎样说得分明，都代替不了自己的切身体验。这种“自我解脱”、切身体验的宗教观，恰恰是中国小农经济自给自足的自然经济的反映。经济上的自给自足，不假外求，正是小农经济现实生活的自我满足精神境界的折光反射。佛教宗派众多，只有禅宗的自我解脱观保存的农民宗教意识最多。它把中国古代小农经济的生产方式和生活方式紧密地结合到禅宗僧团的生产方式和生活方式中来。这一变革，使得中国佛教与中国古代封建社会经济结构进一步取得协调，从而获得更强的生命力。禅宗思想中国化，首先在于使生产、生活中国化，把小农经济的机制运用于寺院经济生活。其传法世系，也力图与中国的封建宗法制相呼应，寺主是“家长”，徒众是子弟，僧众之间维持着家族、父子、叔侄、祖孙类似世俗的世系关系。禅宗多次公布它自佛祖以来的传法世系。为了论证他们的世系有据，不惜靠杜撰去填充千余年连印度也搞不清楚的世代法嗣继承关系。旁观者看来，未免可笑，而且是徒劳的，当年禅宗的信奉者却以十分严肃的态度来对待这个根本不存在的传法世系表。这也是受南北朝到隋唐以来中国封建门阀世袭谱牒之学的影响的反映。没有谱牒作为根据，在朝廷就做不了官，伪造谱牒的还要治重罪。唐代一再颁发氏族志、姓氏谱，都是为了门阀士族的需要。这种现实也反映到佛门中来。我们明确了一条原则：我们不能用宗教说明历史，而应当用历史说明宗教。

近来喜读青年学者洪修平同志的《禅宗思想的形成与发展》一书初稿，这是新中国成立后国内禅宗研究的新成果，值得欢迎。作者广泛搜集国内外有关禅宗史资料，充分利用前人成果，又超出前人的局限，经过独立分析，断以己意，摒弃前人惯用的罗列史实、客观描述的方法。

禅宗早期各派流传下来的资料不多，不同于禅宗后期的资料连篇累牍，不可胜收。作者善于利用有限资料，做出合理的论断。前人研究成果，不出于一人一时，各有独特的见解，其间难免有互相补充的地方，也有相互抵牾的地方。作者用客观的态度，分析其分歧的原因，然后做出合理的结论，立论稳妥而有一定的说服力。洪修平同志这方面做得很成功。

禅宗的产生发展不是孤立的社会现象，对它的研究刚刚开始，涉及的问题不少。比如说，与禅宗并时的，有过交涉的其他学术流派和宗教流派，还有与它同时的道教的活动等，尚有未发之覆，有待大家深入探索。当然，要求在一篇文章或一部书中解决很多问题是不可能的，也没有必要。洪修平同志的这部著作，已完成它应有的任务。同时，给后来研究者留下充分发展的余地。要把一门学科的研究推向深入，扩大它的研究范围，不是少数人、少数课题能解决得了的，要群策群力，从多角度进行研究。有了好的开始，就不愁没有新的成果。我高兴地应洪修平同志的嘱托，为此书写这一篇短序。

“中国佛教”是如何形成的

佛教自印度传入中国，经历了一段漫长过程，终于在这块土地上生了根并产生广泛而深远的影响，形成了“中国佛教”。“中国佛教”有佛教外来文化因素，又有中国文化特色。我们称之为“中国佛教”，并不是“佛教在中国”，因为它是“中国化的佛教”，已不同于古印度佛教的精神面貌。

佛教在中国广大地区出现了三个分支：在云南省与缅甸、老挝接壤地区的“中国佛教”带有中国云南边疆地区民族文化的特色，流行范围不大，信徒不多。这一分支，我们称之为“云南佛教上座部”。在藏语地区传播的“中国佛教”主要流行范围在中国西南藏族地区，后来扩展到西藏以外，如我国的云南、四川、甘肃、青海、内蒙古，蒙古国以及俄罗斯的远东地区。这一支系，我们称之为“藏传佛教”，外国称之为“喇嘛教”。流行地域最广，信徒人数最多，并由中国内地传播至韩国、朝鲜、日本、越南等地的这一支派，我们称之为“汉传佛教”。

这里只说汉传佛教。

汉传佛教与中国传统文化相结合，凭借中印双方古老文化的深厚根基，得到充分的发展，繁茂壮大，蔚为大宗，它对后世的影响及持续绵延的寿命，大大超过了印度佛教。今天在印度只能看到当年佛教遗址，已难以看到佛教的活动，它的重心已转到了中国。

“中国佛教”接受了中国封建传统文化中的三纲思想，成为中国古代上层建筑的一部分。释迦牟尼早被中国人民所接纳，与中国圣人孔子、老子受到同等尊奉，并称“三圣”。

佛教传入中国，逐渐成为“中国佛教”，曾经历过四个发展阶段，或称为四个时期：

第一个时期是介绍阶段——汉至东晋。

第二个时期是融合阶段——南北朝。

第三个时期是创造阶段——隋唐。

第四个时期是儒化阶段——宋至清。

为了适应佛教在中国的发展，佛教界在各个不同阶段涌现过一些杰出的历史人物，他们完成了不同的历史任务。

在第一个阶段（汉至东晋）的中国著名僧人，《高僧传》上的重要人物，都是译经大师。佛典的翻译者，同时也是所译佛典的宣传者，并由译出经典引发出不同学派。当时主译者多为外国佛教学者。早期译者来自天竺者少，来自西域（中亚）者多。早期佛经多出自“胡语”，即中亚语言。直接从梵语译出的佛教典籍，南北朝后期才逐渐增多，隋唐以后汉译佛教典籍底本才完全出自梵文。之所以出现这种现象，有人才的原因，有中外交通的原因，也有当时中国政治形势的原因，这里不详说。

在第一阶段（介绍时期）有早期和晚期的差异。最早的介绍没有系统，有什么佛教经典就译什么。译者水平受语言的局限，未必完全准确地表达原意。出于宗教徒的虔诚心理，他们对佛经的话绝对相信，从不怀疑。翻译早期佛教经典的一些外国僧人到中国后才开始学习汉语，汉语水平不高，不得不借助于中国助手，在译文中难免，甚至必然地，掺入当时当地的流行思想，用语、词汇往往借助于当时流行用语。对中国译经助手们来说，他们起着融会的作用。早期佛教专门术语用的“格义”，就是常见的表达方式。

中华民族是个伟大的民族，它善于继承和创新。经常以继承的方式来创新，即古人所说的“以述为作”。正是由于中国古人以述为作的表达方式的特殊性，在介绍阶段已孕育着融会的成分，融合阶段也孕育着创造的成分。

近代从事佛教研究的有些外国学者看到中国佛教未严格遵循古天竺佛教的原意，认为中国佛教失去印度佛教原旨，这是由于他们不了解中国古代学者著述的特点。真正理解中国学术发展规律的研究者，恰恰在这些地方探骊得珠，从中寻出学术文化发展的脉络所在。

天台宗的开创人智𫖮生活在陈隋之际。他凭借《法华经》的基本理论框架，大胆发挥其理论的创造性，构建了比较完整的宗派体系，为中国佛教发展开了新生面。外国学者论述中国佛教时，讲什么中国有“十宗”“八宗”之说，均不可取，因为他们误把学派当成了宗派，与历史实况不符。

智𫖮以阐释《法华经》的方式写出不少著作。研究者如果根据智𫖮的阐释去理解《法华经》，有时会失望。但智𫖮的哲学体系，确实是他通过对《法华经》的阐释完成的，是极有价值的思想资料。智𫖮是中国佛教从融合阶段走向创造阶段的先行者，他创建的天台宗不失为中国佛教发展史上的里程碑。从此以后，中国佛教撰述摆脱依傍，开始走自己的路，与中国的传统文化打成一片，与中国的现实社会密切结合，体现了中国哲学史在心性论和本体论方面不断深化、不断前进的轨迹。前进要探索，探索过程中有收获，也会有失误。中华民族创造的文化就是这样走过来的，全世界所有高度文化成就的民族都是这样走过来的。从这个角度来考察智𫖮这个人和他的思想，不但对中国佛教史有意义，也有哲学史的普遍意义。

我国研究佛教史的专人和专著不算少，但对智𫖮下过功夫的不算多。少数专家中，潘桂明同志是功力比较深厚的一个。学术界若干年来，深受社会浮夸风传染病的毒害，不读书，却好求甚解。以此自娱，聊胜于博弈；如果印成书册，向人发售，必会误人。社会科学、人文科学都有它科学的严肃性。潘桂明同志的治学态度是认真而严肃的。潘桂明同志治学一向勤奋刻苦，好学深思，不求闻达。孔子对他的及门弟子曾参有过评论，说“参也鲁”。“鲁”有质朴、平实、不虚浮的品质。在当今学术界，质朴学风越来越淡，有识之士很为学术界的前途担忧。潘桂明同志治学务实，不随波逐流，为知识分子多保持几分质朴、平实，十分可喜，也十分可贵。这本书的内容得失由读者去评论，这里只在《评传》以外谈了一些可采可不采的意见，以应潘桂明同志的嘱托。

道教与科学：不依国主则法事难立

儒、佛、道三教是中华民族传统文化的三大思想体系，也是中华民族千余年来赖以维持统一、安定的主要思想支柱，号称“三教”。

儒教是维护封建宗法制度的主力军，成为历代统治者重视的思想体系，自不待言。佛教传入中土后，立刻与中国的封建宗法制度相结合，形成中国式的佛教，影响也很广泛。道教产生在中国本土，宣传救世福音，大可以治国，小可以治身，道教早期经典《太平经》即宣传治身治国相一致的理论。它反映了中国封建制度下小农经济的宗教观，有广泛的社会基础。

佛教比道教先得到政府上层贵族的支持，先占领信仰阵地。因道教开始时曾与农民起义有牵连，农民起义被打败，道教一度遭到政府的限制，东方有黄巾，西方有巴蜀，汉中有张陵、张鲁。它的发展不如佛教顺利。道教为争生存、求发展，不断吸取佛教传教的成功经验，注意拉拢上层，取得统治阶层的支持，南北朝以后，也逐渐成为官方宗教。南方东晋葛洪以后，刘宋时有陆修静，萧梁时期有陶弘景，北方有北魏时期的寇谦之。他们建立道教组织，整理道教典籍，道教典籍有的编写，有的从佛教移植。取得帝王贵族的信任，争取群众信奉，造成与儒、佛分庭抗礼的鼎足形势。南北朝后期，朝野上下都承认，中国有“三教”的存在。

晋道安是佛教的重要领袖，他总结出一条传教经验：“不依国主则法事难立。”（《高僧传》卷五）这条经验同样适用其他宗教。没有政府的支持，宗教难得立足，更说不上发展。道教在南北朝时期十分重视争取上层贵族的支持。道教的基本说教为治国、养生。治国只能间接发挥辅助作用（直接发挥作用的有儒教），而养生正是道教的专长，这一点比佛教更有吸引力。

道教养生在于祛病延年。上层贵族不但要养生，还要长生，因为他们生活优裕、豪侈，企求永远延续下去。秦始皇、汉武帝都是英明的皇帝，却甘心多次上当受骗，以图侥幸于万一，一心想当神仙。南北朝以后，科学水平超过秦汉时期，祛病延年的药物也较前丰富。道士们通过他们的宗教实践，的确也给当时科学、医学提供了不少有益的经验。

应当指出，即使真理，走过了头也会陷于荒谬。长寿是用保健、防疫、祛病等科学措施换来的。长寿总有一个限度，如果企望把长寿变成永远不死，势必把科学引向荒谬。正如节约能源，使之有效利用，是科学；如果企图不用能源凭空产生能量，就是反科学的妄想。

近半个世纪以来，道教研究引起了国内外学术界的重视，这是可喜的现象。道教研究的重要性，不待多说，研究的途径和目的却不尽相同。有的希图探索中国古代的科技史，有的要考察中国古代的宗教历史，也有的重点研究道教的文化、艺术、音乐等等。

道教不只有独特的理论，还有独特的宗教实践——如炼丹、服气等。有的知识可从文献取得，有的知识须从实际操作入手。国内外有不少道教研究者做出了很有价值的贡献，特别在道教的思想、历史方面成绩较多，但对道教的实际操作方面的研究还不多。也有人对道教实际操作方面有贡献（如中国化学史方面不少有成就的专家），但对道教的理论注意不够。也有人对道教有某种偏执的爱好，也会造成一种偏见，不易做出客观的评价。这类困难，是从事其他宗教研究所不曾遇到的（当然，研究其他宗教又有另外的困难）。

金正耀同志早年曾从事中国科技史的研究，他运用同位素质谱技术研究商代青铜矿料来源，得到了国际同行的重视。取得硕士学位后，又从事道教理论、历史的研究，取得博士学位。在当前通晓道教炼丹操作又通晓道教理论的中青年学者中，像金正耀同志这样在自然科学和历史社会科学两方面受过严格基础训练的还不多见。

金正耀同志研究道教并不迷信，他力图用历史唯物主义的观点和方法来观察它、剖析它。一个人的头脑里宗教和科学两种思想体系有时并存，在特定情况下，矛盾对立的体系完全可以和平共处。一种庞大复杂的思想体系（如道教）也有类似的情况。尚未暴露矛盾的体系往往被忽略，认为它本来和谐、统一，而不去深入剖析。

金正耀同志的博士论文论述了道教的起源、发展，并能从道教的历史发展中揭示其与科学的关系，如实地区别宗教与科学的界限，在当前一些道教研究专著中，这是比较深刻的一部。说它比较深刻，并不是完美无缺，有的见解还不够成熟。因为它提出了新的东西，尽管不够成熟，也值得提倡、肯定。所以，我很高兴向读书界推荐它。

为“官”终究为学问

青少年时期埋下哲学的种子

我父亲是国民党军官，小时候家庭条件不错，只是比较动荡，部队总在转战，家属得跟着军队走，所以我的小学换了很多，直到九岁在济南省立第一模范小学读书，以后才稳定下来。受的教育就比较杂，总的来说是中西合璧，既读《龙文鞭影》等蒙书和四书，学写文言文，也学科学、音乐和体育。经过小学教育后，读古文基本上没有问题了。

我印象最深的是，老师在课上传授一些性知识，比如结婚以后要有所节制，要保养身体。这些我们当时似懂非懂的。现在回想起来，那时候的教育观念还是很先进的。除了上学，我额外读的书好像不多，倒是玩得比较多。我的成绩还可以，学习没有感觉到压力。在小学的时候，我开始养成思考的习惯。那时候我喜欢自己琢磨一些事情，比如这个世界到底是什么样的，各种事物背后的真相到底是什么。

我从小学到中学，成绩一直中等偏上，不是最好的。我强调不是最好有这样一层意思，现在很多成功的人，把功劳都记到自己头上，好像完全是自己刻苦努力出来的，其实自学成才也需要环境，机会也有关系，需要别人的帮助，所以把自己看得太高，这是不对的。

我读的高中是北平大学附属中学，这个学校只办了四年就关了，却是非常好的学校。教师很好，很多都是北大毕业的，其中一个教党义课的老师鲁涤平，把课堂当自己发表政见的讲坛，上课喜欢用大家听听可笑不可笑开头，专门攻击三民主义。

通过他们，我知道了引领思想界的那些大家：梁启超、胡适、鲁迅，并且开始读他们的书。那几年我读了很多课外书，有的是老师指定的课外阅读资料，有的是自己找到的。我现在深深体会到，读书初期，老师的影响是非常重要的。世界上的书太多了，完全凭兴趣读怎么读得过来？好老师能把你引向好书。我对哲学史感兴趣，就是因为国文老师提到了学术界关于老子生活年代的争论，我就搜索不同学者论述这个问题的文章，很有收获。

在他们的影响下，我决定报考北京大学的哲学系。高中毕业后就顺利考取了。北大哲学系是我的最高理想。我从小就喜欢刨根问底，很自然地就喜欢哲学，哲学就是要追问个为什么，思考根本性的大问题，比如，人活着干什么？为了找工作混口饭吃？为了成个家？这样的目的太小了，我觉得不够。

学哲学不好找工作，当时我倒没有想这么多，充满浪漫主义空想。喜欢就喜欢，不多想别的。年轻人还是需要些浪漫主义，太实际了、急功近利不好。不过作哲学真的不容易，当时一同入学的十几个人，最后坚持下来、终身做哲学的只有三个，一个留学美国，一个在人大，都去世了，就剩下我一个。胡绳跟我同一年考上了北大，他不喜欢唯心论，不喜欢西方哲学，上了一年就参加革命去了。他中学底子打得好，是苏州中学毕业的。以前的中学了不得，叶圣陶、鲁迅都教过中学的。高中生出来，就有相当功底。跟现在是两回事。

到北大以后，我读书就比较专了。我刚考进去时，北大还在沙滩。图书馆设在一个叫宋公府的四合院里，馆里藏书很多，书的质量也很高。《四部丛刊》《诸子集成》《古今图书集成》《二十六史》《册府元龟》这些工具书和丛书不用说，《四库全书》《永乐大典》也有。当时的馆长是毛子水，他留学虽然是学科学的，却精通文史，对古籍鉴定非常精通，买进了很多善本古籍。

图书馆是全天候全方面完全开放的，任何人都可以进任何一个阅览室随便看书，不一定要是北大的学生。只有进书库才需要借书证或学生证。无论中外文阅览室都是开架的，书架旁边就是桌椅，看书很方便。我有时候去看一整天的书，中午出去吃饭，书和包就摊在桌上，回来再接着看。在全开放的情况下，图书馆也从来没有听说丢过书。那时候的经历让我形成了一个观念：图书馆里的书，不是为了收藏的，是为了给人看的。收得很好，不让人看，要书做什么？

北大图书馆的环境也不错，四合院里有很多古树，幽深肃静，非常适合读书。但冬天馆里很冷，简直坐不住。两年后，新图书馆盖好了，用的是钢筋门窗，在当时是最时兴的，就没有那种冷得让人受不了的痛苦了。

那时候我看了很多哲学方面的书，既是我的专业，也是自己爱好所在。读书的时候会感觉生命非常充实。我还喜欢进书库去看书，不一定有太明确的目标，碰到什么书都翻一翻，常常会有意外的收获。发现重要或感兴趣的问题，再通过图书索引卡片去找相关的书，借出来集中地看。这样能做到在驳杂的基础上精专。

北大整个读书期间一直受日本干扰。上着课就有挂太阳旗的飞机在半空转，声音很大，老师就停一下，等噪音过去了再接着讲。抗日的情绪就是这样被培养出来的。我们从中学开始，每个人心里都有一本账，就是日本占领了中国，我们一定要报仇。

到了大三，打起来了，七七事变，北京被占领。我们当时放假在家里，报上广告说北大、清华和南开联合南迁，连名字都没取，就叫 临时大学 ，要学生开学时到长沙去报到，我就从山东直接去长沙。10月才开学，人到不齐。不过当时黄河以南的社会还不乱。

时事动荡中的第一次学术转型：从西哲到中哲

半年后南京失守，长沙也不能待了，我们转移到云南蒙自县。

当时的转移路线有三条：一是从长沙到香港，转渡轮到越南河内，再到昆明。二是由国内公路到广西桂林，再转昆明。冯友兰走的就是这一条线。坐船比坐火车便宜点，也适合身体不好的女生。三是从湖南步行到昆明，叫湘黔滇旅行团 ，一共两百多人，包括老师闻一多、生物学家李济同，还有学校几个医生，都是男的。先报名，体检，合格的打疟疾、伤寒预防针，写志愿书，这才出发。当时路上要过深山老林，山里有瘴气，其实就是疟疾。一路是很艰险的。

我们走了差不多两个月，很艰难。湘西土匪很多，不过他们对读书人还好，比较客气。贵州有的县里还发公告，说北京的学生来了，市场上不准高抬物价。我们看了都很感动。中国的传统，对读书人还是很尊重的。

这三千多里路对我影响非常大。之前我没真正接触过中国的底层农民，现在我们住在农民家，旁边就是猪圈，睡觉铺稻草，对农民的生活简直太熟悉了，中国农民怎么生活，想的是什么，我慢慢都知道了。我强烈感到中国民族的希望寄托在他们身上。鲁迅的《阿Q正传》写国民性批判，那是恨铁不成钢。其实我们的国民性还有另外一面，就是无怨无悔、牺牲了一切为了这个民族。这种精神让我很震动，我就想，为什么会这样呢？他们又不识字，应该有一个文化的传承才对，我对这个产生了兴趣，觉得中华民族的民族精神很值得深入研究，就从西方哲学转到中国哲学方面的研究了。

西南联大生活很苦，做学问有一定困难。从湖南迁云南，可以说是颠沛流离，一路上很多东西都丢了，书也一样。三个学校的图书馆都不同程度地被毁。清华还抢救了一部分书运到云南，北大完全没有，被一把火烧光了，不过当时滇黔铁路是通的，国外的书和杂志都能看到，普通的书也能买到。昆明在当时是个国际大都市。有好书大家也抄。另外，我们这一辈人小时候都要背书，脑子里记了很多东西。所以做学问还行。当时很多老师的著述都是在几乎没有任何参考书的情况下完成的，他们的功底很深。

我们那时的学习，主要不是靠读书。师生住在一起，朝夕相处，我们听老师们讨论学术问题，办学术讲座，这就是最好的学习。

我毕业后继续读研究生，然后毕业留校。北大有文理法三个学院，当时教育部规定必须有三个学院的才称大学，否则叫学院。我属北大文学院，主要做中国哲学史研究。学校规定刚研究生毕业的年轻教师只能教选修课，必修课比如哲学概论是打基础的课，必须要老教授讲，和现在大学里的情况正好相反。我开了宋明理学（朱子学）和佛教课。为了上课，我非常积极地准备，因为选修课如果没人选，老师很没面子的。

当时联大的同学分三大块，一是搞革命工作，用学生的身份做掩护，他们经常转系，多方开展工作，比如王汉斌、彭佩云。我是他们的老师，汪子嵩、张世英都听过我的课，汪子嵩好像是地下党员。另一派是国民党三青团的，党部挂着牌子公开活动，这是一左一右。绝大部分则是中间派，有正义感，不愿当亡国奴，也参加活动和游行，比如打倒孔祥熙、“一二·一”，在重庆游行不起来，在云南就可以。游行的时候我也参加，朱光亚、邓稼先都是这一派，运动来了就参加，运动完了再回去学习。

在抗日方面，老师也有共同语言，左的是吴晗、闻一多，右的是冯友兰，但抗日爱国的情怀都是一致的。冯友兰是国民党员，但是没为国民党做过什么事，这是肯定的。他入党是因为当时有规定，系主任必须是党员，才能申请到护照。当然也有例外，我们哲学系主任汤用彤就不是国民党员，不过他后来也没参加共产党。

我现在体会到了，党的政策有三大法宝，统一战线是其中之一。党的统战工作非常成功。它为什么厉害呢？它把大多数人团结在一起。任何时候，左派和右派都是少数。抗日是最吸引中间派的，只要有这一点，别的一切都好说。 抗日的口号和愿望符合多数人的要求，这一点非常得民心，爱国主义是团结广大师生的纽带。当时大家形成共识，我们一定会胜利，有演讲会、歌咏队、话剧团、学术报告、时事报告、诗朗诵，文化活动很活跃，听不过来。绝对没有亡国的悲观论。

政治形势下的第二次学术转型：从哲学到宗教

1945年西南联大准备解散，1946年我回北京，继续在北京大学哲学系教书。50年代全国只有北大一家哲学系。集中了全国二十八个哲学教授，力量很强的，一门中国哲学史课程，四个人讲，冯友兰讲第一段，先秦；我教第二段，魏晋，因为有佛教嘛；张岱年讲第三段，宋明理学；石峻是第四段，近代部分。阵容很完整的，后来再没有这样上过课了。

1952年的院系大调整并不是为了学术，主要是为了思想改造，是搞运动。当时我很真诚地参加，觉得自己对社会主义了解不够，对马克思著作研究不多，需要补补课。当时对哲学也有成见，认为以前的哲学都是唯心论，是不对的。要思想改造，大家都突击俄文，我也突击过，学《马恩斯全集》，还买了苏联版的《列宁全集》读。

1959年，毛泽东找我谈过一次话。后来1963年周恩来出访亚非十四国，为此要成立十四个研究所。毛泽东看了报告，批示加个宗教所，点名由我筹建。再后来，毛泽东说学制要缩短，教育要革命。我们就去了干校。

当时是真诚的，也听到有些老干部说是上层的斗争，可我也不懂，后来才慢慢清楚了。当时在乡下不准看书，也没别的事可做，我就学针灸，看《黄帝内经》，治打摆子，扎针两小时后，白血球会增加。针灸跟阴阳五行关系很密切，我下放在信阳的罗山，农村很苦，缺医少药，我很受欢迎，别人都不知道我是来干校改造的，都说我是北京来的老中医。

毛泽东没出国看看，出去过就会好得多。他和农民的缘分很深。可他成功在这里，局限也在这里，搞社会主义建设了还是自给自足的小农经济思想，那时说我们没有内债也没有外债，是很骄傲的，其实要有债才好。这就是思想意识的限制。

1972年，我回来了。因为毛泽东说要学点哲学史，但没有教科书，于是就把我调回来编，我说还需要几个人，就把汝信和李泽厚捞出来了，当时有杨荣国写的中国思想史，以儒法斗争为主线，江青很欣赏，我们没有这么做，还是从哲学史来讲哲学史，所以不受欢迎。不过没关系，我又不想当官，做教授怕什么。

研究生培养问题

到宗教所以后，我提出过一些观点，比如儒教是宗教。中国有皇帝的时候就有宗教、儒教，两者结合在一起，皇帝是教主，政教高度合一，皇帝就是教皇，天坛就是宗教的祭坛。

儒、释、道是中国文化的三足鼎立，都是宗教。三宗教结合点就是政治，儒教居正统，政治地位最高，但可能不如佛教那么广泛，信佛教的群众多。不过我都不信，我是无神论学会的理事长，我只是研究宗教的，以前宗教研究所招人有个要求，就是不信宗教。宗教就像广告实行三包那样，承诺能满足你什么愿望。别的学派慎重，这样不负责任的话只有宗教才敢说。不过宗教也有好处，能暂时给人安慰。

我就是觉得，中华民族并不把血统看得很重，我们重文化。文化这个东西和政治不一样，政治可以切断，从1949年开始，就是不一样的。但文化不是这样，是切不断的。就是砸了孔庙也没用。中华民族这个大一统的传统很好，可以保证我们从整体的角度考虑，过去丰能济歉，各地之间资源是可以调配的。

我很重视教育问题，认为教育是立国之本。现在到处宣传上车要排队、不随地吐痰，这些都是常识，是幼儿园就要教的。现在还要来教大人。你看“二战”后，日本那么困难，可他们就坚持中小学教师的工资不降低，他们注重发展教育，重新发展起来就比较快。日本那么小，没有什么自然资源，他们就搞智力资源开发。德国也是，决不放松教育。我们国家的发展，不能只看经济进步，那是二三十年就可以做的事情，只看这个太近视了。

我们现在的教育，有一点很不好，就是一定要找个标准答案。这不利于百家争鸣。小学老师问，月亮像什么？小学生说，像船、像香蕉，多好的回答。

可标准答案是像船，回答香蕉就不对。可见有了标准答案就会禁锢思想。另外，我觉得我们颁奖，总是奖给成功的人和事，还不够，要设立失败奖。这么说不好听，那就设立经验奖，打败仗的经验很重要啊，鼓励大家不怕失败，有意义的失败，以后就通向成功了。

现在的研究生培养方法很成问题，我们读书的时候，不要求发表文章，也不要求听课，就是读书，导师根据学生情况开单子，学生看，过一段时间有一次谈话，我的副导师是贺麟，也要开单子、定期谈话。这样的局限是量不能大，不像现在，老师一带十来个，人都认不过来。现在只说发文章，文章质量怎么样，是不是抄的都不管。现在研究生教育的办法不行，我那时候的办法也不行。

我现在不看研究生论文了，给别人不及格也不好，干脆不答应，就说我忙不过来，你找别人看吧。现在招学生的时候就想着要他毕业，有一次答辩，外校一个老师问了几个问题，学生都答不上来，结果导师急了，说：你是考他还是考我啊？就让学生过了。

我发现一个问题，我们图书馆有博士生文库，收的论文质量逐渐滑坡，这是个危险的信号，文科不行，整个人和民族的精神面貌都受影响，这些问题我很忧虑。

老骥伏枥，壮心不已

我的社会兼职很多，是很多书的主编，这一点我很无奈，很苦恼。比如剪彩，好好的绸子一剪两半，我挺心疼的，建议用绳子，好剪。我给自己规定几条：不过生日，不出全集，不参加宴会。过生日最没意思了，坐在那里不动，大家都说重复的话，说了好多年的那些话。在外面吃饭也没意思，吃多了乱七八糟的东西还不消化。现在精力也不够了，以前熬一夜能写个万把字的文章，现在早上不超过五点就起来工作，没有电话打扰，人也清醒，午饭后就差一点。还有一个眼睛看不见，所以要用拐杖，测距测不准，笔都插不进钢笔帽。用一只眼还很累，不能休息。

我现在手头有两项任务，一是主编《中华大典》，七亿多字，我每周来国家图书馆两次，就是为这个。还有《大藏经》，已经完成了一亿多字，现在编的续集，两亿多字。

这两件事上了轨道运转起来后，我还想搞点自己的事情，写个简单的中国哲学史，再做点无神论方面的工作。我是坚定的无神论者，1956年入党的。共产党员都是无神论者。现在的人考大学要算卦求签，好像有外在的力量操纵命运，这就是有神论，这种思想指导工作是无效而且有害的。

马克思主义的基础是无神论，爱国主义的基础是历史。西南联大的时候，很多留洋的学者都回国，现在的青年不同了，往外跑，谁的钱多给谁干活。我想到这些就很忧虑。我们的历史很长，优秀事迹很多，有很多可宣传的，可历史教学很短，不是主课，这对于爱国主义宣传不力。日本成立满洲国不准讲中国历史，香港的中学历史教材里没有鸦片战争。所以说欲亡其国者，先亡其史。

我总的一个原则是知识来自社会，要回报社会，我做的所有工作都是这样一个总的目的。

附录

采访手记

在秘书的办公室稍坐，便见一老人拄着拐杖缓缓走来，他摘下帽子，极有分寸地礼貌微笑，透着不怒自威的庄严，这就是任先生。

任先生是忙的，整个采访过程中，他三次起身，到里间接电话；

任先生也是庄重的，西装笔挺，每次重新坐下时，都要一整衣冠；

任先生还是严谨的，美编一架上摄像机，他马上正对了镜头端坐，采访中，他时时注意采访机的位置；

任先生更是谨慎的，他惠赠我书，我自然请他签名，他问清楚我的名字，写上了，却坚持不签自己的名字；

但任先生偶尔也能流露出，他是性情的，说到军阀韩复榘的笑话、说到研究生培养的黑色幽默、炫耀自己的医术时，他兀自嘿嘿地，边说边笑，自逗自乐。

十点半，非常准时的，下一个来访者出现在门口。任先生干练而果断地跟我们道别，临了不忘吩咐一句：写好后给我看一下。果然是对自己公众形象负责到一丝不苟的学人大家风范。

（本文是任继愈先生接受陈洁访问时的谈话记录。据三联书店 2009 年版《山河判断笔尖头》，记录整理：陈洁）

学习中国哲学史三十年

我从事中国哲学史的教学、研究工作，按时间累计，约有四十年。抗战时期，在昆明西南联大时，就开始讲授中国哲学史和从事有关这方面的专题研究。但是，真正用科学方法来研究中国哲学史，应当说是从1949年开始的。实际上，中国哲学史作为一门科学，是解放后在党的关怀下逐渐建立起来的。这个科学在发展中，一方面是取得了很大的成绩，另一方面也走过不少弯路。如何恰如其分地估计这门科学的历史和现状，促进它的进一步发展，是每个从事这门科学的同志都十分关心的问题。

新中国成立前的中国哲学史研究

现代意义的"哲学"这个概念，在封建时代并不存在，因为那时还没有现代科学的分类和社会分工，还不曾有过现代意义的"哲学"这样的学科，只有约略相当于哲学的一些部类。中世纪的欧洲只有神学一门学问，其他门类都是神学的仆从，哲学包括在神学里面。古代中国主要是"经学"一门学问，它不像欧洲中世纪神学那样挂出神学招牌，是一门经天纬地、无所不包的学科。中国古人认为一切原则、规律以及解决问题的具体办法，经学中都讲到了，有什么疑难问题，只要到《五经》或《六经》中去找，都能找到答案。中国的经学不具神学之名，而有神学之实。

封建社会的哲学史名著，如《明儒学案》《宋元学案》，其中大部分讲的是中国哲学的问题（也包括经济学、伦理学、教育学、历史学以及其他学科的内容），但不具哲学和哲学史之名。严格地说，进入现代后，才有近代含义的哲学和哲学史。

近代中国出现了资产阶级，到了“五四”时期，开始了波澜壮阔的新旧思想交锋。这时期中国哲学史也有了新的发展。

“五四”前夕，胡适出版了《中国哲学史大纲》（上）。这部书得到当时提倡新文化的进步人士蔡元培的赏识，随后又得到社会上的广泛重视，胡适也自称它是开山之作。这部书在1954—1955年全国性的批判胡适实用主义运动中受到了批判。批判了他的唯心史观，驳斥了他的实用主义观点，并指出了他的其他方面的错误，很多文章的意见是对的，这里不再重复。现在要指出，胡适这部书的确有胜过以前封建学者的地方。胡适打破了封建学者不敢触及的禁区，即“经学”。“经”是圣贤垂训的典籍，封建社会的一切成员，只能宣传它，解释它，信奉它，不能怀疑它，不准议论它，更不能批判它。尧、舜、禹、汤、文、武、周公、孔子都是圣人，只能膜拜，不能非议，这是封建社会的总规矩（西方中世纪对《圣经》也是如此）。据当时人的印象，读了胡适的《中国哲学史大纲》，使人耳目一新。作为一部哲学史，表达方式有条理，这只是形式，当时人认为“新”的地方主要在于它不同于封建时代哲学史书的代圣贤立言，为经传作注解，而敢于打破封建时代沿袭下来的不准议论古代圣贤的禁例。他把孔丘和其他哲学家摆在同样的地位，供人们评论，这是一大变革。至于胡适标榜的“明变”“求因”等，所谓寻找中国哲学史的规律的狂言，不过是空洞的议论，没有什么价值，二十多年前人们已批判过了，可以存而不论。只要把胡适的哲学史与封建时代的《宋元学案》《明儒学案》对比一下，显然可以看出两者的差异。黄宗羲被认为是封建社会第一流的学者，他的两部“学案”汇集了相当丰富的资料，今天仍然不失为研究宋明理学的有用的参考书。但它有一个致命的弱点，就是不敢大胆非议圣人。而资产阶级的学者胡适的《中国哲学史大纲》则敢于非议圣人，这是时代赋予研究者的胆识，不单是胡适的功绩。只有当时社会进入资本主义时代，才能用批评的态度评论封建社会的人和事。处在封建社会里面的人，大都是看不清也不允许去看清封建社会的。这就是所谓历史的和阶级的局限性吧。

继胡适之后，冯友兰先生写的《中国哲学史》，是一部完整的著作，不像胡适的著作有头无尾，资料也丰富。这是沿着胡适开辟的道路继续向前走的书。这部书出版后，也对社会影响了若干年。这部书对封建主义采取妥协的立场，不像胡适的第一部书问世时那样给人以新鲜感觉了。继胡适的《中国哲学史大纲》以后，出现的性质相近或相似的其他著作，有梁启超、萧公权、钱穆等人的政治思想史、学术史等。这些著作，比封建时代的哲学史都不同程度地有所前进。但是，总的说来，这些都不能算作阐明中国哲学史发展规律的科学著作。中国哲学史虽在大学及学术界有此一门科目，但是没有能够成为一门科学。

新中国成立前，在历史学领域内，有几位前辈开拓荒地的功劳是不可磨灭的。郭沫若、范文澜、翦伯赞、侯外庐、杜国庠等同志都在不同的方面运用历史唯物主义的观点和方法，对中国的古代社会、古代历史以及古代思想进行了卓有成效的探索。材料虽也是人们常见的《五经》《二十四史》，但经过一定的科学分析，使人们透过各种现象的迷雾，看到了一些真相，或者说更接近于真相。我不是说这几位前辈们的著作毫无可以讨论的地方，已成定论，而是说，即使他们的著作有些缺点和错误，但他们走的方向道路是一条阳关大道，他们的作品是运用历史唯物主义进行探索的教材，具有示范作用。如果没有这些前辈们新中国成立前的一些著作作为标本，新中国成立后的一些新手在学习并运用马克思主义进行探索的路上不知要遇到多少困难，要走多少弯路。

学习用马克思主义研究中国哲学史

新中国成立后，党十分关怀知识分子的成长，积极帮助他们学习马克思主义的基本理论。新中国成立初期北京大学、清华大学哲学系的教师和一些马克思主义哲学工作者，定期（每两周一次）举行讨论会。当时北京大学哲学系教师们过去基本上都未曾接触过马克思主义。这样的讨论会是一个很好的学习方式。经常参加的，北京大学有汤用彤、贺麟、郑昕、洪谦、朱光潜、胡世华、齐良骥、任继愈等人，清华大学有金岳霖、冯友兰、张岱年、任华、邓以蛰、王宪钧等人。当时研究马克思主义多年的艾思奇、胡绳、侯外庐、何思敬等同志常来参加，徐特立同志有时也来参加。讨论会人数不多，自由参加，不拘形式，每次都有一人作中心发言，其他人围绕这个中心问题自由发言。金岳霖同志讲过形式逻辑，胡世华同志讲过数理逻辑，郑昕同志讲过康德，贺麟同志讲过黑格尔。发言多的是艾思奇、胡绳、何思敬几位同志。他们除了介绍马克思主义、毛泽东思想外，还给大家解答一些问题。当时我们没有接触过马克思主义，什么是历史唯物主义还很不清楚。通过这样的学习、交流，获益很多。后来，艾思奇、胡绳同志还兼任北京大学哲学系的教授，系统地讲授马克思列宁主义、毛泽东思想。当时，还成立了一个新哲学会，会长是李达同志。在这个学会里分中国哲学史、外国哲学史、逻辑、中国近代思想史、辩证唯物主义与历史唯物主义等几个组。这个组织除了举行大型的报告会外，也为北大、清华两校的哲学系编写教学大纲，编选资料，后来出版的《中国近代思想史资料汇编》，就是这时开始编选的。龚自珍和魏源开始被写进中国哲学史，在这以前对刘逢禄、廖平还有人讲，龚、魏则被忽视。

当时我们的学习，基本上是用从延安带来的办法。马克思主义者从来不采取教训人的态度，一些旧社会过来的唯心主义者，也没有顾忌地提出问题讨论。那时还没有提出过“不戴帽子、不抓辫子、不打棍子”的口号，但大家实际上做到了“三不”。记得艾思奇同志曾主张形式逻辑就是形而上学，但与会的逻辑学教师都提出不同的意见，争执了很久，讨论了若干次。最后艾思奇同志放弃了他的意见，也认为形式逻辑不等于形而上学。

学习马克思主义，光讨论不行，更重要的是必须系统地阅读、钻研马克思主义的经典著作。新中国成立前，在国民党统治区里，这些书是被禁止的，不得公开发行。新中国成立后，学习条件变了，我们有充分的时间，也能够读到马、恩、列、斯的重要著作。那时全集还没有译出来，但也可以读到一些外文本（如英、德、俄文本）。

除了书本的学习，还参加了社会活动，群众工作。经常在京郊参加一些农村的社会活动，还到全国各地参加土地改革运动，上述北大、清华的教师们除年老体弱者外，差不多都参加过这类社会实践活动。作为一个中国哲学史研究者，不了解中国的农民，不懂得他们的思想感情，就不能理解中国的社会；不懂得中国的农民、中国的农村，就不可能懂得中国的历史。我自己深切感到，由于参加了土地改革运动，与农民共同生活在一起，思想感情有了很大的变化，从此真正感到过去儒学家讲的“修身、齐家、治国、平天下”以及“天地万物一体之仁”“亲亲而仁民、仁民而爱物”都是空话。即使古人真正是这样想的，也救不了天下，救不了人民，只能把旧中国拖向苦难的深渊。新中国成立后不久，我对多年来最敬重的一位教授，也是我的老师说：你讲的儒家、佛教的那套哲学，我不信了，我要重新学习。

经过了三年恢复时期，国民经济有了发展，国家开始大规模、有计划地建设。文化教育事业有了大的调整。1952年院系调整，全国各大学的哲学系都取消，合并到北京大学，组成一个哲学系。这时的哲学系教授、副教授共有四十多人，人才济济，得未曾有。教材建设也在这时开始。

苏联派了不少哲学专家来我国，学制也进行了改革。他们的教材，教学方法，教学组织机构介绍过来，我们一齐接受了。北京大学哲学系先后来过几位苏联专家。我们今天哲学系四十岁以上的教师大都听过苏联专家讲课。苏联那时还没有系统的中国哲学史教材，而西方哲学史的教材却系统地介绍到我国来了，并产生了广泛的影响。

我们可以读到马、恩、列、斯的全部著作，也有了辅导、解释这些著作的一些书籍。使人们对马列主义有了更多的了解。但是也不能不指出，苏联的学风也给中国的学术界、哲学界带来一些消极影响。

第一，苏联对欧美的传统哲学有偏见，特别是苏联在卫国战争后，对德国的古典哲学有偏见，因而不能客观地对待，不那么实事求是。

第二，苏联教学中只讲正面的，不讲反面的，参考书也只限于正面的，导致学生思想简单化，只讲唯物主义，少讲唯心主义，甚至不讲唯心主义。用这样的方法，讲马列主义已经不行，讲哲学史就更加不行。

第三，苏联学术界的习惯，只允许有一种讲法。遇到学术界有争论的问题，由政治局派人来做出结论，学术界按照结论来执行。最明显的例子如日丹诺夫在西方哲学史讨论会上的发言，成了研究哲学史的唯一指导方针，不允许讨论商榷。这是用行政手段来解决学术问题，把学术问题当成政治问题来对待，对科学发展有害无益。而这些消极影响，也波及中国的学术界。

总起来说，通过新中国成立初期这段系统认真的学习，历史唯物主义被广大学者接受，并把它运用于一切社会历史领域内。中国哲学史这个阵地也被历史唯物主义所占领，逐渐地成为一门崭新的社会科学。

中国哲学史研究的成就

三十年来，就作品来说，出版了通史、断代史、专题研究、论文集等，但纯属中国哲学史范围的不到十种。就人力来说，专业队伍不到二百人，与我们的任务相比，研究中国哲学史的专业力量还是十分薄弱的。尽管这样，我们的成绩还是很大的。

首先，我们毕竟有了一支研究中国哲学史的专业队伍，也拥有一大批业余爱好者。新中国成立以来有几次关于中国哲学史的讨论，如对孔丘的评价问题，除了专业人员以外，社会上也有很多人参加了讨论。这样一支队伍，在新中国成立前是不可想象的。这支队伍也正是今后进一步发展中国哲学史的主力军。

同时，中国哲学史作为一门科学，在马列主义、毛泽东思想指导下建立起来，已得到全国的公认。从孔丘到孙中山，进行了初步的描绘。不同的研究者分别做出了不同的甚至相反的结论，应当承认这是科研工作的正常现象。人们对从古到今各个时代的重要哲学家和流派进行了初步的分析，虽然这种分析是粗略的，有时是片面的。对几个重要的哲学家还进行过比较广泛的讨论，比如对孔丘、老聃、庄周、王夫之等人都开展过全国性的讨论，对哲学史方法论也进行过多次讨论。这些讨论虽然不可能得到一致的结论，却进一步确立了马克思主义的立场、观点、方法的领导地位，开阔了人们的眼界，使参加者从不同的意见中吸取营养，无疑能够推动学术研究的深入。

对各个重要的哲学家或学派摸了摸他们的特点、性质以及他们的基本主张，是唯心主义还是唯物主义，在当时是进步还是保守、反动，他们的自然观、认识论、方法论、社会历史观有些什么内容，等等。如果把这种工作看作研究哲学史的最终目的，当然不对，但为了进一步开展研究，摸清上述情况，则是不可缺少的。可能分类分得不妥当，可能把性质看错了，这不但是可能的，而且是不可避免的。常常看到对同一个哲学家或学派持有相反的意见，在研究中出现分歧，这不是混乱，恰恰是这一门学问兴旺发达的标志。

新中国成立后的中国哲学史打破了旧哲学史的框框，把军事辩证法和自然科学中的哲学思想，如医学、农学中的哲学思想吸收进了哲学史，不但丰富了中国哲学史，也为自然辩证法的历史提供了可备参考的材料。

三十年来，中国哲学史不能不受中国的政治经济发展的总形势的影响。中国政治上的安定团结或动荡不安，马列主义的原则是否得到正确的贯彻，直接关系到中国哲学史的发展、停滞，甚至倒退。

国民经济正常发展的时期，也正是我国政治生活正常进行、党的政策较能得到正确贯彻的时候。这时，学术上可以开展正常的争论，学术活动可以比较健康地进行。相反，人为地制造紧张，打棍子、扣帽子的时候，也就是学术停顿的时候。

新中国成立以来，在全国范围内发动了几次大论战，直接与中国哲学史有关的，有对电影《武训传》的批判，有对胡适实用主义的批判。通过这些批判使人们把学到的理论武器用到战场上，历史唯物主义与历史唯心主义开展正面的交锋，不论是参战的还是观战的，都受到马克思主义的教育，锻炼了理论队伍，也提高了识别历史唯心主义的能力。

1957年以后，国内国际形势起了变化，把反对修正主义当作头等大事来抓。马克思主义与修正主义水火不相容，真正的马克思主义当然要反对修正主义。问题是不能把不是修正主义的东西当作修正主义来批判、斗争。今天回顾一下，至少可以说有把政治问题与学术问题弄混的情况。有时候往往把人民内部的不同意见当作敌我问题来处理，由此造成的损失是惨重的，甚至是无法弥补的。有些全国性的大批判，如关于思维与存在的同一性的问题；关于合二而一的问题；关于人口论的问题等，都是以政治运动代替学术讨论，以讨论开始，以批判告终的。

这种风气造成了学术界的不安定、不团结。学术界（中国哲学史也在内）出现了极不正常的现象，有一派人“一贯正确”，是专门批判别人的；另一派人则是只能受批判，无权答辩，成了学术上被专政的对象。关锋的《反对哲学史方法论上的修正主义》一书，集中表现了这一时期的恶劣学风。

全国范围内从1957年以后直到“四人帮”的垮台，近二十年来，一贯反右倾机会主义，不反对“左”倾机会主义。于是“左”倾思潮泛滥成灾。三年困难时期，学术界又有点复苏。这时中国哲学史和社会科学的其他学科一样，也有些前进。由中共中央宣传部领导的教材编写工作开始了，这时大学文科教材有二百多种上马，有教科书和教学用的资料，中国哲学史也在内。这一时期举行过山东的孔子讨论会，湖南的王船山讨论会，都是主办单位邀请全国哲学史界的人士参加的。这一时期，学术空气比前些年大批“右倾”时期活跃，批判孔丘和赞成孔丘的言论都得到发言的机会。

“四人帮”在“文化大革命”中大搞影射史学，为其篡党夺权的阴谋服务。这十多年，中国哲学史的研究处于混乱、倒退的局面。这是有目共睹的，这里不再多说。这是前进中的逆流，历史终归要前进的。

除了上面所说的一些情况以外，关于哲学史方法论方面的论文，三十年来，发表了不少。比如关于哲学史的对象与范围的问题，关于唯物主义与唯心主义在人类认识史上的作用问题，关于推动哲学思想发展的动力的问题，关于自然科学在哲学中的重要作用问题，等等。像这些重大问题，新中国成立前不可能提到研究的日程上来，而今天则受到哲学史工作者的普遍关心和重视。能够提出这类问题，本身就意味着研究工作的深入，理论水平有了普遍的提高，表明面临着新的起点。

存在的问题

三十年来，中国哲学史的研究虽然取得了很大成绩，但也有不少问题，其中有些问题的性质甚至是严重的。这些问题如果得不到应有的重视，将会给这一科学带来严重的后果。

首先，我们对中国哲学史的研究应该批判封建主义的任务重视得不够。中国哲学史的研究范围绝大部分是封建时代的意识形态，这些意识形态当然是有着进步与落后、唯物与唯心之分。过去我们在研究中坚持哲学史的党性原则，一般地注意了赞扬进步的、唯物的，批判落后的、唯心的，但却忽视了具体地分析和批判这些意识形态中的封建主义的糟粕。“四人帮”炮制的“法家进步、儒家反动”的公式就是钻了我们工作中的这个空子，他们以赞扬法家为名，贩卖封建专制主义的私货，大搞封建法西斯专政。现在看得很清楚，阻碍我国社会主义发展的，除了资本主义以外，还有大量的封建主义的东西。封建主义的根子更深，危害更大，甚至用马克思主义伪装起来，构成中国修正主义的特殊形式。过去由于没有认清中国的这个历史特点，往往在批判资本主义的口号下给封建主义留下了后路，甚至错误地把封建主义的东西当作社会主义的东西。我们搞中国哲学史的人好些是专门或者主要研究封建时代意识形态的，应该自觉地把批判封建主义的任务担负起来。当然，这种批判不是简单从事，而是在详细占有资料的基础上做出科学分析。只有这种以科学分析为特征的批判才有助于人们认清封建主义的实质，也才能使中国哲学史这门科学在促进“四化”中发挥应有的作用。

其次，在我们的研究中形式主义、教条主义相当严重。教条主义几十年来十分顽强，很难根除，应当看到有它的历史根源和社会根源。中国封建主义流毒深广，它弥漫于各个角落，也影响到学术界。在学术界，人们往往不自觉地用对待封建帝王那样诚敬的态度来对待无产阶级革命领袖，马、恩、列、斯代替了尧、舜、禹、汤的地位，写在本本上的绝不敢有疑问，本本上没有写的更不敢多想。思想停止活动，就是僵化的开始。我们这些年来，习惯于在马列主义经典著作中找现成的答案，不少文章和著作，缺少有说服力的具体分析。天长日久，也逐渐安于这种多引用少分析，甚至不会分析。习惯于用马列主义著作中的结论代替作者的分析，实际上是背离了马列主义的根本原则——对具体问题作具体分析。这样的学风不改变，将使我们的中国哲学史研究思想僵化，不能有力地开展学术讨论和国际学术交流。历史唯物主义是马克思主义的划时代的贡献，但是，如果脱离了具体分析，不顾时间、地点、条件，把几条原则或个别词句生搬硬套，把马克思主义的词句当成医百病的灵丹，或当作驱疫防邪的符咒。那不是尊重马克思主义，而是糟蹋了马克思主义。这种思想上的懒汉作风不仅使这门科学的发展受到影响，也使研究者本人在一定程度上丧失思考和辨别的能力，容易受骗上当，被别有用心的人牵着鼻子走。“四人帮”搞的那一套儒法斗争史居然欺骗了不少人，教训是深刻的。

前些年，“四人帮”横行时期，制造了一种“恐古病”，一提到“古”，就好像犯了大罪。实际上在“四人帮”横行以前，早已有了这种苗头。当时错误地解释和滥用了“厚今薄古”的口号。在研究问题时不要当古人的奴隶，不要颂古非今，这当然是正确的。但是如果把这一原则不看对象、不加分析地在研究历史、哲学史的广阔领域中当作法律来采用，则有害无益。因为历史总是古的多，今的少。对古的东西一概不予重视，那只能导致文化虚无主义，否定了我们的文化优良传统。应当实事求是，如实地总结历史经验。历史经验多就多写，少就少写，有多少算多少。不能因为它是“今”的，就硬把它拉长，也不能因为它是“古”的，就硬把它压缩。有些哲学史著作在写作之前就规定，近代部分不得少于一半篇幅，这种不从实际出发的做法显然是错误的。

还有“古为今用”这个口号也被歪曲和滥用了。全面地、正确地理解这个口号，可以避免一些脱离实际的空谈。如果把它作为一条法律，也会把狭隘的实用主义当作马列主义来“用”。“四人帮”横行时期的很多文章，都是打着这个旗号来贩卖实用主义货色的。他们把历史看成百依百顺任人打扮的女孩子，好像历史不是客观存在，而是主观的东西，又走上了六十年前胡适走过的那条邪路。影射史学也经常是躲在“古为今用”的大旗下，进行鬼蜮活动的。

中国哲学史的研究工作，三十年来在马克思主义指导下取得了巨大成绩。但也应看到，三十年的光阴，人们的真正工作时间还不到十五年，有一半的时间浪费了，大家干了一些无效劳动，甚至比无效劳动更坏，出现倒退。已经取得的成绩距离科学的哲学史的要求还差得远。我们仅仅对重要的哲学家和流派做了初步的普查工作，简单地分类，并没有深入研究。不仅是重大的专题，详尽的断代史，有待于进一步努力，就是对某一问题、某一人物、某一学派、某一部书等，也都缺乏深入的研究。经验表明：没有广泛的、深入的普查，就不可能准确地总结出规律来。断代史是通史的基础，对各个断代摸不透，看得不准，要想写出一部有科学性的哲学通史，是不可能的。衡量一部哲学史有无价值及价值大小，不在于篇幅的长短，而在于它揭示的哲学史发展的规律性的深度和广度。

中国各个历史时期的哲学的发生、发展，不是孤立的，不是与它同时代的其他学科没有关系。一个时代的思潮，反映了时代的脉搏，比如研究魏晋时代的哲学，与当时的文学、艺术，以至宗教，都相互关联，相互渗透，相互影响。如果哲学史与它同时代的其他上层建筑、意识形态对不上号或格格不入，这样的哲学史即使它自身言之成理、持之有故，也不能算作科学的哲学史。

今后努力的方向

用这样的标准来衡量我们过去所做的工作，深深感到摆在我们面前的任务还很艰巨。例如资料工作还得加强。今天我们研究中国哲学史手头必备的资料本来就很少，基本上依靠新中国成立前商务印书馆、中华书局出版的书籍，解放后出版的原始资料很少，就是这些出版物，在“文化大革命”中由于受到破坏，也已经为数不多，靠这极其有限的原始资料开展科学的研究那是太困难了。由于没有进行原始资料的积累和整理工作，连整理资料的人才也没有得到充分锻炼的机会。今天我国四十岁以下的研究人员和大学教师，对原始资料的鉴别、校勘、训诂的基本功，比起老一辈的专家要差得多，即使是阅读和理解能力也低得多。这一差距要花相当长的时间才能弥补起来，短期是不行的。此外，三十年来新发现的考古发掘的对哲学史有用的资料，还未来得及整理，有的则未消化。旧的资料，有些过去认为是伪书的，今天已可证明其不伪。即使是伪书，只要断定其确切年代，仍然是可靠的资料，要给它重新估价。近三十年来，国外学者对中国哲学史也有不少的研究成果，有的有重要参考价值，我们还未能及时吸取其有用部分。

理论的准备也要加强。三十年来我们的理论界有很大的进步，马克思主义已深入人心，但也应当看到我们的理论水平还不大高，对真假马克思主义，对唯物主义和唯心主义还缺乏科学的鉴别能力。我自己深感没有学好，不善于运用马克思主义作为指导来解决中国哲学史的具体问题。哲学史研究者不能不受全国理论风气的影响。1957 年以后，理论界的极左思潮和各种混乱，不能不影响到哲学史界。例如，把阶级斗争当作历史发展的唯一动力，在哲学史界也有反映。学术界长期以来不大习惯于心平气和地讨论问题，一有争论就说是两条路线的斗争。“恐古”“恐修”达到神经衰弱的程度。这些多年来积累下来的顽症，不是一年两年可以治好的。这些缺点都不利于马克思主义理论的正常发展，理论水平决定了哲学史的水平。理论水平不高，哲学史水平也高不了。

有了理论，有了资料，还要锻炼以理论驾驭资料的本领。三十年来，我们也吃尽了理论与资料脱节的苦头。20 世纪 50 年代有一个时期学术界曾流行过“以论代史”的口号，它的用意大概是提倡用理论统帅历史资料。记得在北大文科各系曾出现过“以论代史”的倾向，空论太多，史料不足。往往用马列的词句代替科学的论证和分析。这种做法，有时可以取得一时的胜利，但不能说服对方。50 年代我们批判胡适的实用主义的烦琐考据时，强调理论的重要。任何时候强调理论的重要都是对的，但从此出现了轻视资料的偏向，任何时候史学工作者轻视资料的偏向都是错的。因此，把材料与理论有机地统一起来，是我们长期努力的方向。

（原载《哲学研究》1979 年第 9 期）

从《青春之歌》回忆当年

《青春之歌》是一部好小说。每读一遍，旧日的情景就在脑里浮现一次，等于温习一次革命史中的一节，使人按不住心头的激动。今天我们完全胜利了，六亿人民过着幸福的日子，这幸福是历次革命中千千万万各个战线上的“卢嘉川”“林红”……这些烈士们的鲜血换来的。且不必说当年全国范围内“围剿”与反“围剿”的残酷斗争以及全国各地的地下斗争，就以北京大学一校来说，我们的党，我们的革命战士为了争取革命的胜利，付出了多少代价！

《青春之歌》写了好几个在旧大学里有代表性的人物。林道静由小资产阶级的革命狂热、憧憬革命，经过党的培养、锻炼，终于成为一个坚强的共产党员。这个人物发展成熟的过程是合乎规律的，人物刻画也是成功的。这里我不想多说。现在想谈的是另外几个代表人物和当年北大学生的情况。

小说不是历史，但《青春之歌》所描绘的革命斗争的环境和当年实际情况基本上是符合的，是真实的。像江华、卢嘉川这样的学生，都是党长期教育培养，并参加了许多实际斗争逐渐成长起来的革命骨干，这种学生绝不是仅仅从学校里面所能培养得出来的。像余永泽这种向上爬、钻古书，走胡适的门路，对外面大事认为是“胡闹”的“冷血”学生，在当时北大每系都有一两个，但为数不多。像许宁，有革命要求，有良心，但胆小怕事，动摇不定，这种人相当多。王晓燕这种学生，有正义感、旁观的超然派，在当时北大占绝大多数。北大当时还有一批国民党御用学生，他们每月领津贴，专门当狗腿子，替国民党通风报信，这种学生也是少数。当年北京大学进行着的革命和反革命的斗争，就是在群众这样的思想基础上展开的。

有些读者曾疑惑，像王晓燕这样的人，党何必花这样大的力量去争取？他们认为小说在这方面的描写有些浪费笔墨。小说作者的安排意图我不知道，这样处理是否完全妥当，我想这是另一个问题，但是就北大当时的群众思想情况来说，王晓燕这样落后而站在中间、可以同情革命的青年，的确占全校学生的大多数。《青春之歌》里，曾写到监狱里俞淑秀对林道静说：“他们（反动派）送我进了马列大学，叫我有机会认识真理……”这一段对话是深刻的。今天回想起来，国民党反动派岂止在监狱里开设“马列大学”，就是监狱以外，整个国民党统治区，他们也随处开设“马列大学”，当反面的教师，使群众一天一天倾向革命。王晓燕虽没有进监狱，但最后她也转变了。这种类型的大学生的转变，在当时是有代表性的。

记得在1931年11月30日，北大学生会开会，讨论团结对抗日本帝国主义侵略的问题。“九一八”以后，北大全体同学早已对蒋介石的不抵抗主义感到无比愤怒。大会前夕，少数国民党学生在各斋舍贴了许多“严防共产党捣乱”的标语。这些特务学生企图用“共产党”这顶帽子钳制同学们要求共同抗日的呼声。事实上等于火上加油，更增加了同学对国民党特务学生的不满，认为他们在干涉别人爱国的自由。开会时，在地下党的正确领导下，通过了抗日救国的十四条决议，其中有一条是：如果南京政府不能保障中华民族的成立，就要打倒它。这时，特务学生看到他们的阴谋完全失败了，就突然用石子和煤块把开会的会场——三院礼堂的玻璃打破，有的同学被打伤。反动派这种卑劣的行为，教育了本来还在中立观望的群众。广大群众义愤填膺，大会当场决议改组北大学生会抗日委员会，清除隐藏在抗日会内的特务分子，并决议于第二天罢课，组织南下示威团，到南京蒋介石政府所在地去示威。这次示威就是《青春之歌》第一部第七章所描写的南下示威的前奏。

在“一二·九”以前，北京罢课的学校不过四五所。经过国民党在“一二·九”用大刀、水龙头冲击，一夜工夫（12月10日），据当时北平学联的统计，罢课学校就增加到了三十所以上。在“一二·九”“一二·一六”以前，斗争性坚强的，对国民党反动政府不满、仇恨的人，虽然逐年增加，但为数还不算很多。经过“一二·九”“一二·一六”的毒打、逮捕，同学们变得更加坚强，同情革命的人数激增。

“一二·一六”那一天，北大同学在学联的统一领导下，担任第三大队（全市大中学校分四个大队）的领导者，走在队伍的最前面，活动的情况和《青春之歌》所描写的大致相同。因为北大的队伍走在最前面，作战最勇敢，曾赤手空拳和大刀、水龙搏斗，受伤的也最多。北大这一天重伤的六人，被捕的五人，轻伤的五六十人以上。同学们的鲜血混合着冰水凝结在大街上。当天晚上，同学们把伤者送到医院，市立医院奉命拒绝收容医治。反动派的这些措施，换来的是全体同学更坚决的罢课，得到的是全国范围的学生罢课的支援。反动派又给同学们上了一课。

当时同学中也有些人十分尊重胡适的“道德文章”。对胡适信奉备至，当然，这些人和余永泽还有些区别。“一二·一六”以后，同学们坚决罢课，胡适这时出面劝告学生，说什么爱国可以，但不要连蒋介石也反对，要赶快上课。因而，同学中有些中间派就更加认清了胡适《独立评论》派的“独立”并不独立，他和蒋介石是一个鼻孔出气的。罢课坚持了多日，胡适和校长蒋梦麟对他们的上司交不了账。最后他们出布告，限期上课，并以“开除”“记过”相威胁；同时胡适和蒋梦麟亲自出马，劝学生上课。蒋梦麟站在第二院的大门口，胡适站在沙滩红楼第一院的大门口，看见同学走过，就动手拉他们进去上课。在胡适的对面则站着同学的纠察队，劝阻同学们不要受胡适的骗。胡适恼羞成怒了，指手画脚地叫嚣说：“看你们胜利，还是我们胜利！”胡适的反动政治面貌早已被同学们看穿，同学们看见胡适站在门口拉人，都远远躲开了，结果没有一个人去上课。胡适待了好几小时，终于灰溜溜地走了。平常道貌岸然的“胡博士”，在阶级斗争面前，却扮演了新中国成立前上海滩上跑码头拉生意的小瘪三！事后，有些敬佩胡适的学生对人说：“胡适真流氓，再也不听他的课了。”

《青春之歌》在《后记》中曾说："书中许多人和事，基本上都是真实的。"书中正面人物是党的优秀的儿女，他们本身的行为就是最好的诗，最好的文章。真人真事，并没有妨害了它的艺术概括成就。

书里还有许多歌，现在已不大听见唱了，如"枪口对外，齐步前进……"在当时是多么动人心弦，鼓舞人心！也有些歌，像今天人人都熟悉的国歌："起来不愿做奴隶的人们，把我们的血肉，筑成我们新的长城……"听了使人深感庄严肃穆；可是当年在抗战的烽火面前，唱的人、听的人却都是热血沸腾，感情激昂。因为当时的北平，已经是国防最前线，人们实际的感受和今天和平幸福的环境大不相同。读了这部小说，使我们回忆起过去革命斗争中的艰苦日子，对今天是有好处的。

（原载《文学知识》1958 年第 1 期）

我的书斋："躲进小楼成一统"

顾名思义，书斋应当是读书的地方。古人为了表明自己的爱好、追求，以斋名表明自己的志趣。如"潜揅堂""知不足斋"等。在读高中一年级时，发生了九一八事变。后来在北京大学读了三年书。当时北大学生们习惯于个人单独活动，宿舍里只有几平方米左右的地盘，也往往用布幔隔开，互不来往。我在北大西斋住了几年，也有一个单独活动的小天地。"九一八"以后，日本军阀连年生事，北平成了边城，华北之大，竟放不下一张平静的书桌。西斋那一间宿舍已被日本兵占去，书籍也全部损失。

抗日战争期间，随学校迁到昆明，开始是当研究生，住集体宿舍，没有自己的书斋。后来留在学校教书，我有了一间书斋，在昆明翠湖边一条小巷子里，住在第三层楼上，面对着西山。在一间斗室里过了七八年——研究所刚成立时，这里住的都是北大文科研究所的师生。这一间房间原是陈寅恪先生的住室。陈先生身体素弱，冬天用纸条把窗户封死。砖木结构的楼房不隔音，难免互相干扰，但大家对陈先生都很尊重，晚上九时以后，他要休息（左右邻居，楼上楼下，研究生的导师如罗常培、郑天挺、姚从吾、汤用彤诸先生都住在这里），大家都不敢高声说笑。有一天，楼下傅斯年、罗常培、郑天挺几位正高谈阔论，陈先生正好在楼上房间，用手杖把楼板捣得咚咚响。傅、罗、郑几位连忙停止了议论，一时变得"四壁悄然"。1941 年后，陈先生赴英国讲学，我也毕业，搬进了陈先生住过的那一间斗室。西山的朝晖夕阴，岫云出没，读书倦了，抬头看看远山，顿觉心情开阔许多。那时生活穷，物价涨，"躲进小楼成一统"，倒也读了不少书。埋头读书，自号书室为"潜斋”。有“潜斋笔记”多卷，“文化大革命”中，毁于火。

侵华日军战败投降，1946年北大迁回北平原址。这时内战已开始，国民党统治区物价飞涨，民不聊生，北平学生运动风起云涌。我在沙滩红楼有一间住房兼书房，有书也读不下去。这几年间教授中国哲学史及中国佛教哲学，所研究的内容与现实脱节，这个矛盾无力解决，心情比较苦闷，直到1949年才好转。1952年，北京大学由城内迁往城外，我住在中关园，自己又有了一间书斋。有机会系统学习马列主义，眼界比过去开阔了，对社会历史与思想的关系看得比过去清楚多了。新中国成立后，社会上对中国古典经籍不大感兴趣，古籍容易收集。我的书斋藏书比过去充实了。又适逢政治清明，物价稳定，又有马列主义为指导，这十年间对我来说，是个读书及研究的好时机。50年代末开始，阶级斗争的弦越绷越紧，后来又上山下乡，劳动加运动，知识分子不遑宁处。从干校回来，“文化大革命”十年，全国遭难，书房取消了，我已没有书斋，只好睡在书箱叠成的“床”上，右眼失明，在极困难的情况下，勉强从事写作。

1977年，国家拨乱反正，离开住了二十多年的中关园，搬进了城内，我又有了一个书斋。在这里，给研究生讲课，与学术界的朋友们讨论问题。和“文化大革命”的十年相比，恍如隔世。《中国哲学发展史》《中国佛教史》《宗教词典》《中华大藏经》这几部集体编写的书，都是在这个书斋里开始的。

要做的事还很多，深感力不从心，只好一步一步地前进。在昆明时，书斋为“潜斋”，回到北京，50年代北大的书斋没有名称，通讯地址写作北大中关园宿舍，取其谐音似可称为“中关虚舍”，因为一半虚度了。现在又遇到政清人和的好时光，本可以多做些事，以弥补十年动乱失去的时间，偏偏眼疾缠身，遵医嘱，为保持目力，夜间不看书、不写字，这个书斋姑命之为“眼科病房”，因近年来不再像从前那样夜以继日地工作，有似病房也。

（据《任继愈学术论著自选集》。原载《光明日报》1986年12月13日）

我与《中华大藏经》

佛教起源于印度次大陆，传播地区包括今天的尼泊尔、印度、巴基斯坦、斯里兰卡、缅甸、泰国等地，传入中国时间约有两千年。因为宗教传播不同于某一政治事件，可以有确切时间。文化传播是渐进的，有它的群体性、社会性。传入须有一段被接受的过程。开始传播，虽然只有少数人，由少数人的传播到拥有一定数量的信徒，绝非一朝一夕的事。因此不能说出佛教传入中国确切年代为某某年。

佛教传入中国，有三条途径。一条在云南西部边境，经缅甸接壤地区传入；一条经尼泊尔传入西藏地区；一条经中亚细亚，传入新疆以至长安、洛阳。

这三条途径传入中国的佛教都有相应的影响，并形成了中国佛教的三个支派。传入云南的一支形成“云南上座部”，传入西藏地区的一支形成藏传佛教，传入黄河流域的一支形成汉传佛教。由于各地区的文化、人口、社会生活的差异，这三大支派发展的形势也有差别。信徒最多，影响最大的是汉传佛教这一支派。“云南上座部”人数最少，传播地区局限于云南省西部边沿地带。藏传佛教，传播较广，从西藏开始，沿中国西北到内蒙古、蒙古国以及俄罗斯远东地区，都有影响。这两大支派自成体系，本文暂不论，只谈汉传佛教这一支派。

汉传佛教以汉文化为主体，以佛教汉文译本及汉文阐述，系统地介绍了佛教历史、经典、教义。传播地区首先从黄河流域开始，随后扩展到长江、珠江流域。此后又以汉文佛教译著向东部邻国扩散，经过朝鲜半岛东到日本，南到越南。

中华民族自古以来就是一个有高度文明的大国。它有深厚悠久的文化传统，对外来文化有鉴别、择取的能力。佛教传入时，并不是很顺利地被接受，而是经历了一段长期的交流、冲撞，才逐渐吸收其中的一部分，与中国传统文化相结合，从而形成了中国佛教。这一特点汉传佛教表现得最充分。中国藏传佛教及“云南上座部”也有类似的情况，这里不具论。

佛教传入开始是介绍性的翻译著作，这是第一阶段。第二阶段是相互沟通、理解。这一时期的佛教典籍多为注疏类著作。第一阶段的著作人为翻译家，是佛教典籍传译的主持人。第二阶段为该经典的传播者的著述，内容为中国佛教信徒关于该佛教典籍的理解、阐释。这一时期的作者已由外国佛教学者转移为中国佛教学者。著作的内容也从介绍、转述到阐发、发挥，继承了中国古代著作传统以述为作，以述代作。名为佛经的注疏，其内容主要是著注疏者自己的体系。

中国佛教不同于印度的佛教，可以分四点来谈：

（一）中国佛教随着中国社会历史前进而前进

佛教初传入时，与中国的黄老神仙方术结合，成为汉代道术的一种，首先流行于上层社会，在皇室、贵族中传播。汉桓帝在宫中立“黄老浮屠”之祠，与当时祠祀信仰同等看待。到了魏晋南北朝时，佛教与玄学配合，得到当时学术界的接受，形成了玄学化的佛教。以后，佛教随着中国社会思潮的变迁，由本体论进入心性论，佛教也以心性论为阐发重点。北宋以后，儒教取得统治地位，佛教开始儒教化。中国社会历史随时间变化，出现新的学说、新学派，佛教遂有与之相适应的学说、学派。不停顿，不断前进，这是第一个特点。

（二）中国佛教的协调性

秦汉以来，中国是个多民族的统一大国，这是两千多年的基本国情。多民族，需要互相协调，取长补短，共同进步。多民族共同生活在一个共同体中，必然要求发扬协调精神。中华民族是从众多的部族融合而来，历史上至少有四次民族大融合[①]。这些融合，并不限于血统上，而在于文化上，血统融合反倒是次要的。

融合广大地区人民文化生活、风俗习惯，以至生活方式、生产方法，都有各地区的特点。在中央政府统一领导下，可以开展物资交流、人才交流。在同一中央政府领导下，集中南北各地人才，进行全国范围的经济建设、文化建设，必然经过协调才能发展。

佛教原来有早期、晚期，地区语言的差异形成的许多流派，古代印度曾引发过不少矛盾。中国佛教，即以判教的方法，来调和、消解佛教内部教义分歧，认为各种不同的学说都有道理，都是佛教主张，只是由于听众不同，说教的时间、地点不同，听众的理解水平不齐，才有不同的佛教典籍为听众解答疑难。经过判教的处理，看来水火不相容的教派，统一了步伐，协同前进。中国佛教除了消除佛教内部的分歧争论，还进而协调了与道教、儒教理论纷争。如汉传佛教认真吸取了儒家的忠孝思想，把它纳入佛教的基本教义理论体系。显然不同于印度原产地的佛教，成了崭新的中国佛教，佛教与儒、道两教都讲忠孝等纲常名教。后来汇为三教合一思想。

藏传佛教也有类似情况，印度佛教与当地宗教（苯教）相协调，形成了藏传佛教，这里不详论。

（三）中国佛教的创造性

中国佛教有两千年历史，大致分为三个阶段。第一阶段为译述阶段，从

---

① 西晋末期、南北朝、辽金元、清朝。

初传入到南北朝，历时约五百年。这时期的重要代表人物是外国译经僧人。他们的任务是介绍佛教的基本内容。由于中华民族有相当高深的文化素养，即使在介绍中也有所创造。如佛教般若学，是佛教理论中的重要流派。中国学者也十分看重般若学，但他们有独特的看法，如“六家七宗”，即中国玄学的不同学派对佛教般若学的理解。“六家七宗”的出现，是中国佛教学者力图摆脱依傍，提出自己解释的成功尝试。

中国佛教第二阶段是创造发展阶段，历时约三百年。前一阶段的主要人物是外国僧人，这一阶段的创造发展者几乎都是中国僧人。隋唐以前介绍佛教典籍原著要借重外国僧人，隋唐以后，介绍翻译外国典籍比重减少，因为印度佛教的重要经典已基本有了汉译本，[①]中国人的汉文著作比重急剧增加。佛教传播中心已转移到中国。印度所有大小乘各种流派都可以在中国找到传承者。中国佛教离开佛教词句，注重发挥佛教的微言大义。有些发挥可以在印度佛教的某些经典中找到凭借而赋予新义；也有中国人著作脱离依傍完全阐发自己的理论体系。隋唐以来的几个大的宗派如天台宗、华严宗多有新创的理论体系。禅宗的理论在印度几乎找不到什么根据，他们自称“教外别传”，得自佛祖的“心印”。南北朝中期以后，不断出现“伪经”，这些“伪经”，是当时时代思潮的反映，有很重要的思想史料价值，丰富了中国佛教内容，开创了佛教理论研究的新局面。从人类认识史、文化史的角度看，佛教史也等于中国文化史、中国思想史。

（四）中国佛教的会通性

中国佛教发展的第三阶段是儒、佛、道“三教合一”阶段，也可称为“佛教儒化”阶段。

佛教与中国传统宗教儒、道两教进一步结合，潜移默化，深入到中国文

---

① 有的佛教典籍有两种及多种译本以及编译本。

化的中枢部分。这一糅合过程，充实改造了儒教的世界观，把佛教长期发展的心性之学渗透到理学内部，在佛教心性之学的参与下，逐渐形成了中国的儒教。从此，佛教与儒教同命运，共兴衰，佛教得儒教而广，儒教得佛教而深。

三教合一，儒教居中，佛道两教为辅。从此中国的佛教与儒教同命运。学术界一致认为朱子（熹）近道、陆子（九渊）近禅，王守仁（阳明）近狂禅。事实上，没有佛教就没有儒教，以反佛教自命的宋明儒，没有不受佛教洗礼的，骨子里是佛教的嫡系传人。

以上四点都是中国佛教的特点。这些特点与多民族的统一大国有关，与中国传统的忠、孝、三纲学说有关，与中华民族善于熔铸外来文化的传统有关。

佛教传入中国经历了几千年的发展，积累了丰富的思想资料，这些资料，既是中华民族的精神财富，也是人类共同的财富。这些可贵的原始资料用“大藏经”的形式很完整地保存下来。

佛教经典初传入时，多凭传译者的记忆，口述原文，由译者笔录。这本来是印度传统教学方式。5世纪时，法显到天竺寻求律藏写本，他见北天竺诸国皆师徒口传，无本可写。据《付法藏因缘传》：

阿难游行，至一竹林，闻有比丘诵法句偈：“若人生百岁，不见水老鹤，不如生一日，而得睹见之。”阿难语比丘：“此非佛语，汝今听我演：若人生百岁，不解生灭法，不如生一日，而得了解之。”尔时比丘即向其师说阿难语。师告之曰：“阿难老朽，言多错谬，不可信矣。汝今但当如前而诵。”

这种口耳相传的教授法，一直延续到20世纪。抗日战争时期，我在昆明西南联大时，辅导一位印度留学生（中文名许鲁迦），他说：“印度农村，学生围绕教师环坐。教师念一句，接一句。学生一个接一个地接着念。都是向左边传着念，逐个念一遍，环绕一周，又传到老师耳边，老师可以知道学生是否念错了。”

中国发明造纸，传写方便得多，不像印度把典籍写在贝叶上那样艰难。中国印刷术未普及以前，造纸业已相当普及。现存手写佛教经卷，在敦煌千佛洞保存的唐以前的手写本，经编纂过二十余种经录，可以用《开元释教录》为代表。共入藏一千零七十六种，五千零四十八卷。千字文编次，由天字至英字四百八十帙。

北宋开宝年间开始有木版雕印的“佛教全集”——“大藏经”。在“大藏经”正式定名以前，没有统一的名称，最早晋道安时称“众经”，后来唐朝称“一切经”。宋代开始称“大藏经”。宋以后，历代雕版“大藏经”共有十九种不同的版本，其中《开宝藏》《辽藏》散失殆尽，元代的《弘法藏》有目录，可能未刻印。现存的尚有十六种，其中国内版本十二种，国外版本四种。

国内有：

1.《崇宁藏》，1080—1104 年刻印。全五百八十函，千字文编号为天字至虢字号。共一千一百四十部，六千一百零八卷，国内已无全藏。

2.《毗卢藏》，1112—1151 年刻印。全五百九十百函，千字文编号为天字至颇字号。共一千四百五十一部，六千一百三十二卷，国内已无全藏。

3.《圆觉藏》，1132 年刻印。全五百四十八函，千字文编号为天字至合字号。共一千四百三十五部，五千四百八十卷，国内已无全藏。

4.《资福藏》，？—1175 年刻印。全五百九十九函，千字文编号为天字至最字号。共一千四百五十九部，五千九百四十卷，北京图书馆藏有五千三百余卷。

5.《赵城金藏》，1139—1173 年刻印。全六百八十二帙，千字文编号天字至几字号。共一千六百部，现存五千六百余卷，现藏北京图书馆及民族文化宫。其中杂有明、清版本及抄补本（共二百卷）。

6.《碛砂藏》，约1225—1322年刻印。全五百九十一函，千字文编号为天字至烦字号。共一千五百三十二部，六千三百六十二卷，陕西及山西均存，略有残缺。1931—1933年，据陕西所藏本影印，五百部，缺佚者以《资福藏》《普宁藏》《永乐南藏》、陆道源本、亦里迷失本补，影印六十函，五百九十三册，仍缺失不全。

7.《普宁藏》，1277—1279年刻印。全五百五十八函，千字文编号为天字至感字号。共一千四百三十部，六千零四卷，后又有增补，共五百八十七函，近一千五百部，六千余卷，云南、山西、陕西均存。

8.《洪武南藏》，1372—1398年刻印。全六百七十八函，千字文编号为天字至鱼字号。共一千六百部，七千余卷，版片于1408年焚毁，印本仅存一部，略有残缺，杂有部分坊间刻本及抄补本，现藏四川图书馆。

9.《永乐南藏》，约1408—1419年刻。全六百三十六函，共一千六百一十部，六千三百三十一卷，此书国内现存颇多，北京地区估计五部以上。

10.《永乐北藏》，1421—1440年刻印。全六百九十三函，千字文编号为天字至史字号。共一千六百六十二部，六千九百三十卷，此书保存全国各地多有，北京地区不下十部。

11.《径山藏》，又称《嘉兴藏》，1589—1678年刻印。正藏二百一十函，为《永乐北藏》的复刻本。《续藏》九十函，约三千八百卷，《又续藏》四十三函，约一千八百卷，总计三百四十八函，二千零九十部，一万二千六百余卷，北京、云南、浙江共约有八部。

12.《清藏》，1335—1738年刻印。共七百二十四函，千字文编号为天字至机字号。共一千六百六十九部，七千一百六十八卷，经版现存，并印刷发行。

国外雕版本有四种：

1.《高丽藏》，共刻印过三次，前两次版焚毁，第三次刻于1256年，底本为北宋《开宝藏》本。全六百三十九函，千字文编号天字至洞字号，共一千六百二十四部，六百五十五卷。

2.《弘安藏》，日本最早雕印本。1287年造，现仅存少数印本。

3.《天海藏》，1637—1648年活字版。据元代《普宁藏》有所增减。六百六十五函，千字文编号天字至税字号，共一千四百五十三部，六千三百二十三卷。

4.《黄檗藏》，1669—1678年刻印，以《径山藏》为底本有所增补，七百三十四函，共一千六百一十八部，七千三百三十四卷。

以上为木刻本及活字本。铅字排印本汉文大藏经共六种（国内两种，国外四种）。

国内排印本：

1.《频伽藏》，1909—1913年，上海排印。四十函，千字文编号天字至霜字号。一千九百一十六部，八千四百一十六卷。

2.《普慧藏》，1943年编印，未完成，共印出一百册。

国外排印本：

1.《弘教藏》，1880—1885年印，四十函，千字文编号天字至霜字号，四百一十八册，入经一千九百一十六部，八千五百三十八卷。

2.《卍字藏》，1902—1905年印，共三十七函，三百五十七册，共一千六百二十二部，六千九百九十卷。被焚毁，流传甚少。

3.《卍字续藏》，1905—1912年印。收入前未收录的入藏的佛教典籍。全一千六百五十九部，七千一百四十三卷，一百五十一函，七百五十一册，民初商务印书馆，影印五百部发行。

这是日本军国主义为在我国旅顺口纪念日俄战争阵亡将士、超度侵略军死者亡灵印行的佛经。这部书的出版缘起记载着日本侵略者的罪行，记录着中华民族被列强宰割的耻辱。日本侵略者如果真正相信佛教轮回转世之说，这些侵略者承受三毒业报，不得超生。

4.《大正藏》，1924—1934年编印。共一百卷，现在流行最广的一种汉文大藏经。因卷数浩大，编者人数杂，匆忙出书，错误很多。是学术界广泛采用而又普遍不满意的一种版本。

1982 年，国务院恢复古籍整理出版规划小组，在成立大会上，邀集国内专家、海外学者共同商讨整理古籍大计。这是由政府按计划、有组织地整理中国古籍，应当说是自消乾隆纂修《四库全书》二百年来的最重要的一次。《四库全书》贯彻以儒家为正统，推行种族歧视政策，在纂修过程中，把大量典籍存目而不入选，还有开列了一大批有违统治集团利益的“禁毁书”，不使流传。号称“全书”，其实并不全。当然，自从发明印刷术，又有今天的电子信息时代，出书条件十分便捷，书是永远编不全的。乾隆时期的《四库全书》则有意使它不全，这是不能原谅的。

古籍整理规划会议期间，我提出有必要编辑一套“佛教全书”《中华大藏经》。不同于过去的编者，主持者都是佛教文化的爱好者、研究者，而不是佛教信奉者，把“大藏经”看作古代典籍的宝贵遗产来整理。

现在国际通行的《大藏经》是日本出版的《大正藏》。《大正藏》的错误很多，断句错误几乎每一页都不止一处。至于版本选取也不完善。我国 20 世纪 30 年代山西的赵城金藏相当于世上仅有的古宋本。《房山石经》也是 50 年代出土的世上唯一的石刻珍本。以上两种珍本，日本编辑《大正藏》时还没有见到。我们有条件也有能力编辑一套比过去都完整的《大藏经》，为建设社会主义新文化提供可信资料。

这一倡议，得到国务院古籍整理出版规划小组的批准，于 1982 年正式启动。

在开始编辑以前，我们先作了一次现存各种汉文佛经版本普查，走遍了国内外各大图书馆。《赵城金藏》刻于金熙宗天眷二年（1139 年）至金大定十三年（1173 年）。我们原来估计自“天”至“几”共六百八十二帙，每帙十卷，实数六千九百八十卷。

据题记：

> 昔潞州长子县崔进之女法珍，年一十三岁，断臂出家。发大誓愿，雕藏经版，垂三十年，方刻有成。大定十八年（1178年）始印，藏进于朝。敕旨迎经于大圣安寺，建坛受具为比丘尼。仍赐钱千万，洎内阁施钱五百万起运经版。至二十一年至京师。其所进经版凡一十六万八千一百一十三面，为卷六千九百八十。敕命有司选通经沙门道遵等五人教正。二十三年赐法珍紫衣，敕号弘教大师。时永乐九年岁次辛卯仲秋吉杭州仙林讲寺祀殿谨题。

《赵城金藏》本来刻印于山西解州（今山西解县）的静林山天宁寺。正确定名应作“解州天宁寺金藏”。由于赵城县广圣寺首先发现印本，元世祖忽必烈中统年间（1260—1264年）在燕京印刷后，散页运到赵城，由庞家经坊黏合装裱成卷，每卷首页加印释迦说法图一幅。因此名“赵城金藏”。

从印本保存的题跋看，应为山西省解州静林山天宁寺。雕版年月从经卷多处题跋看，应在金皇统九年（1149年）到金世宗大定十三年（1173年）。

据《永乐大典》辑出《析津志》赵沨撰碑记，刻经发起人为崔法珍。

每卷约七千至一万字，全部《赵城藏》约计六千万字。经卷为轴式装帧，每轴由若干版黏合成卷。行十四字，有上栏单线。版头刻经名、卷次、版次和千字文编号小字一行，为了黏卷时不致错乱。首次使用此种装轴式印版的大藏经为北宋初年的《开宝藏》。《赵城金藏》是依《开宝藏》为依据的覆刻本。部分经卷尚留有“开宝”“成平”“天圣”“绍圣”等北宋年代雕造、印刷的题记。此外，还杂有少数其他版本。开宝本每版二十三行，行十四字。但咸平以后入藏的宋代新译经、律、论、疏释等也有每版十五至二十三行，每行字数十至十六字不等。

金藏雕印完成后，共计印刷过四十三部。现在保存下来的记载，有崔法珍本一部，普照寺照公本二部，兴国院本一部，天宁寺本一部，元宪宗蒙哥六年大宝积寺本一部，元世祖中统年间广胜寺本一部。元世祖后期，印送国外三十六部。

《金藏》共印行四十三部，流传下来的只有由不同版本集合而成的一部（广胜寺本八百一十三卷，大宝积寺本五百四十卷，兴国院本及天宁寺本各十余卷），共五千三百八十卷，比原来六千九百八十卷尚缺一千六百卷。这已经是世上仅存的卷帙最多的金藏佛经全集，也是稀世之珍。原存广胜下寺，1928 年移贮于广胜上寺。

1931 年冬，朱庆澜、叶恭绰等人发起影印宋元刊本《碛砂藏》，开始收集佛教古刊印本。1932 年夏，僧人性空提供山西赵城广胜寺有大批卷轴装佛经。1932 年秋，南京支那内学院专家根据《赵城金藏》零本，勘定为金元故物。为了考察清楚，派蒋唯心前往考察。经蒋唯心的逐卷核实，写成《赵城金藏简目》并写成《金藏雕印始末考》，1934 年发表于《国风》第 5 卷 12 期，次年南京支那内学院又自行刊印《赵城金藏》介绍。蒋文发表后，引起海内外学术界的普遍关注。1934—1935 年间，由北京图书馆、三时学会（佛教团体）与影印宋版藏经会，共同选印其中四十六种二百四十九卷影印成集，名曰“宋藏遗珍”，还照原书影印过《楞严经》（十卷）四百部流传。现存底本已缺佚，这个影印本已成为珍本了。

1936 年夏，我在北大哲学系，选了汤用彤先生的佛教著作选读。课余，汤先生问我照相技术如何，他想去山西广胜寺查阅《赵城金藏》，选些重要的拍照下来。因事未能成行。第二年七七事变，日军侵华，学校南迁，汤先生在昆明度过了九年，未能去山西看到《赵城金藏》。

1937 年，日本发动全面侵华战争。华北广大地区陷于敌手。1942 年春季，日军对太岳地区发起“扫荡”，4 月间，日军要抢夺广胜寺这部闻名世界的“大藏经”。太岳司令员陈庚、政务薄一波、党委书记安子文等同志上报延安党中央，得到指示，同意抢救这一批重要文物[①]。4月27日夜，安排数百名战士及地方民兵配合，全力抢救经卷。我们的战士抢运时，立下誓言“人在经卷在，与经卷共存亡”。因游击战，行踪不定，为避免战斗中经卷损失，把它藏在废弃小煤窑里，指定专人保管，每年前往察看，晾晒一次。虽然尽力维护，还是有些压在下层的经卷受潮，有霉点，有的卷轴纸张与卷轴结成纸棒，难以打开。

抗战胜利后，《赵城金藏》移交当时北方大学保管，从矿坑搬到通风的阁楼上。范文澜任北方大学校长，对此十分重视。1949年4月30日，把全部经卷由河北邯郸运到北京，移交北京图书馆收藏。北图为此召开一次座谈会。范文澜同志谈了此项珍贵文物抢救、保护的经过。北图版本专家赵万里、史学家向达、晁哲甫等专家要求北京图书馆提出修复预算，政府拨专款抢救。修复经卷不同于一般书画装裱，要求有高等技术，保持原物原貌，有的经卷凝成一团，要用蒸气熏蒸，然后一点一点揭开。集中北京琉璃厂手艺最高的老技师，花去整整十七年的工夫，终于使几百卷的《赵城金藏》重新与读者见面。现在参加修整的韩占魁等四位老师傅早已逝世。他们修整的《赵城金藏》成为他们劳绩的纪念碑。

《赵城金藏》重见天日，列为国家最珍贵的善本，不对一般学者开放，借阅者须经特别批准。图书本来是为读者阅读的，有书不能发挥其社会效益，未免美中不足。学术界特别是有志研究佛教文化思想的学术工作者，希望能

---

① 1986年初，《中华大藏经》（汉文部分）出版一至十五册后，李一氓同志给当年主持抢救《赵城金藏》仅存的负责人之一薄一波同志写了一封信：“一波同志：金朝所刻佛经，原藏赵城广胜寺，是极为珍贵的佛教典籍和历史文物。抗日战争时期，日寇企图掠夺。当时您和陈赓同志命令所属从敌伪碉堡丛立间奋勇抢运至安全地带。新中国成立后，由中央人民政府拨交北京图书馆保存。嗣经北京图书馆用十七年时间精心整理，灿然恢复旧观。1982年，国务院古籍整理出版规划小组委托任继愈同志主持，即以《赵城金藏》为基础，编成《中华大藏经》，共约七千卷，将分装二百二十册，由中华书局影印出版，现已出十五册，特检送第一册，借留纪念。一九八六年一月二十日。”

把这份国宝变成更有活力的精神财富，世界级的宝库应为全人类有所贡献。

1982年，国务院古籍整理出版规划小组决定成立“中华大藏经编辑局”，由我负责主持这一工作，重新编辑《中华大藏经》（汉文部分），旨在编辑出版一部迄今为止版本最精、搜罗最全、代表新中国科研水平的《中华大藏经》。

我们没有把佛经整理看作是宗教界的少数佛教徒的事，而是看作中华民族共同的文化遗产之一。这正如中国文化界、学术界把敦煌莫高窟佛教艺术当作全民族的文化宝库而不把它仅仅看作佛教徒的宗教遗迹的道理一样。凡是有价值的文化遗产，理应为全人类所共同享有、共同关心、共同爱护、共同研究，而不能视为少数信奉者的私事。中国的佛教典籍，内容浩繁，它不只是佛教的经典，既是佛书，也涉及哲学、历史、语言、文学、艺术、天文、历算、医药、建筑以及保健气功等领域的包罗万象的古籍，对中国和世界文化都曾产生过深远的影响。

中国历代刊印佛教大藏经，都不外为国家祈福、为国君增寿、为刊印者祈求带来好运气。唯独《中华大藏经》（汉文部分）的编辑宗旨与过去不一样，它是作为中国古籍整理工作的一部分而上马的。编辑者是为了建设中华民族的新文化，才下决心彻底整理中国佛教的传统文化遗产。

为避免过去刊印的许多种大藏经的缺失，《中华大藏经》（汉文部分）力求做到版本要“精”、内容要“全”。编辑《中华大藏经》（汉文部分）共用了八种版本与《赵城金藏》对校。[①]《赵城金藏》20世纪30年代初被发现后，引起国内外学术界的重视。它是《开宝藏》的覆刻本，装帧、版式保留着《开宝藏》的基本特点。在《开宝藏》几乎散失殆尽的情况下，它不论在版本方面，或在校勘方面都有无可比拟的价值。在我国现存藏经中，未经传世的孤本还有《房山云居寺石经》《辽藏》《元官版藏经》《洪武南藏》《武林藏》和《万历藏》六种。这几种大藏经，除残缺严重者外，多为《碛砂藏》

---

① 高丽藏、碛砂藏、资福藏、径山藏、永乐南藏、普宁藏、房山石经、清藏。

和《永乐南藏》的覆刻本，所收经籍少于《赵城金藏》，不宜作为底本使用。《赵城金藏》所收经籍近七千卷，现存五千三百八十余卷，虽有缺佚，可用《高丽藏》补入。《高丽藏》和《赵城金藏》同属《开宝藏》系统的覆刻本，版式完全一致，用《高丽藏》补《赵城金藏》可谓“天衣无缝”。

《中华大藏经》（汉文部分）以《赵城金藏》为底本，与上述八种版本的大藏经对勘，逐句校对，只刊出几种版本的文字异同，不加案断。我们采用这种办法，有以下几方面的原因：

校勘版本学界习惯于崇信古本，我们经过实际勘察，发现任何版本都不是十全十美，都有不足之处。善本中（包括《赵城金藏》在内）各有优缺点，因此，我们要求集诸版本之长，不主张“定于一尊”。

《赵城金藏》以外的八种版本都有其特点，有的属于海内珍本，有的是世界孤本，都可称为善本。众多善本不但专家学者个人无力备留，即是国家大图书馆也不能八种善本具备。我们借这次编辑整理《中华大藏经》（汉文部分）的机会，集诸善本于一编，有了这一部《中华大藏经》等于同时拥有九种版本的大藏，为庋藏者和使用者、研究者提供了方便。

我们校勘的目的，不在于勘误而在于会同。经过检查，这些不同版本出现的文句异同，多半不涉及义理，往往各有道理（当然也有明显错误的），如果一定由编辑者决定取舍，难免失之武断，徒耗人力，并不科学。还应指出，每一种善本的特殊价值并不是由于它的至美至善，而在于它体现了各自时代的某些特征，这些特征是别的版本不能取代的。如《房山云居寺石经》可谓善本，其中有些石刻佛经体现了《辽藏》的面貌，但其中也有刻工贪图省工，出现许多上下文不相连属的“一”字，从一般校勘原理看与字形、字音、字义或上下的错简毫无关系，只是由于刻工按版计酬，为了省力，又能占满版面，才出现了许多不应出现的“一”字，汉字中只有“一”字笔画最少，刻起来又省力，用来充字数最方便。像这类缺点，并不能动摇《房山云居寺石经》的历史地位，瑕不掩瑜。这里只是说明中国过去雕印的众多版本的大藏经，没有一种是尽善尽美的，《中华大藏经》（汉文部分）的出版，博取众本之长，避免众本之短，会同诸本合校，标出异同，不下案断，正是极端负责的客观精神。

《中华大藏经》（汉文部分）编定《赵城金藏》为底本的上编以后，还将编辑过去未入藏的许多佛教典籍为下编。为此，我们一开始就从最大数量的手写卷子本中进行了普查。敦煌卷子写本中佛经所占比重极大，比世俗的经史文书多得多。半个世纪以来，敦煌学者集中注意于搜求写本中关于社会、经济、民族文化等方面的资料，研究者利用的多为世俗文书，而对其中占绝大多数的佛教典籍注意得不够。手写卷子一则数量大，二则内容专业性比较强，其中断裂的、残缺的，要找到它的归属；有的卷子分裂成几段，有的上段在某国，下段在另一国，也有头尾不全，不易判断归类，这都是很艰巨而又必须做的工作。我们几年来已经一篇一篇地逐件审查，现已初步有了眉目，确实可以从中找出应当收入大藏经的佛教典籍。我们还可以从佛教手写卷子中推断出佛教在河西走廊传播的基本状况和唐代佛教经典大体流行的状况。我们在编辑中务期不发生遗漏，使《中华大藏经》上下编完成后，成为名副其实的“佛教全书”，成为超过前人的最完备的版本。

为了使我们的编辑工作做到心中有数，我们花了两年的时间，在国内外开展了一次版本普查。国内走遍九州，并远及海外。

《中华大藏经》体现了中华民族对外来文化的高度融化吸收能力。华人著述在《中华大藏经》中所占比例越到后期越大。汉传佛教如此，藏传佛教也有同样现象，① 如宗喀巴的著作在原有的佛教理论基础上有所建树，有所

① 佛教文化不限于汉族。佛教大藏经除了汉文部分已开始工作了六年，藏文部分也由藏学研究中心负责着手编辑。这也是《中华大藏经》，由于中华民族包括多种民族成分，不同文种的大藏经将会给中华民族的文化建设带来新的繁荣昌盛新局面。比如佛教汉译本中，有关因明的部分比较薄弱，而藏文大藏经则保留较多，因明在藏传佛教中有所发展。将来随着研究工作的开展。汉藏两种大藏经得以互相补充，必将使中国的因明研究有所突破。

创造，不但丰富了佛教文献，也丰富了中华民族的文化宝库。以上只是举几个例子说明《中华大藏经》汉传藏传可以互补，相得益彰。

人们习惯地认为，佛教来自古印度，从地下挖掘资料和文献记载来看，中国的佛教最初来源不在印度，而在中亚（古称西域）。新疆地下发掘文物中，有不少残存佛经，文字也多为当地语文。晋朝名僧、翻译家道安指出“译胡为秦”的种种困难。胡语不等于梵语，当时译经僧人都明白这一点。他们多自西域来华，用口诵记忆来提供译文，后来中印交通条件有所改善，才有较多的梵夹携来，供中国僧人笔译。

当我们今天看到以《赵城金藏》为底本，编辑成《中华大藏经》(汉文部分）上编一百零六册全部出版之际，我们自然想到当初支持这部重要文献编辑工作的李一氓同志。他前半生从事革命军旅生涯，新中国成立后，从事外交工作。他晚年承担了古籍出版规划工作，这是一项为子孙后代建立基业的大事。如果不是李一氓同志的远见卓识，大力支持，这部《中华大藏经》也许要拖延到21世纪才能启动。到那时，物质条件会比现在好，但人力条件将更困难。这部佛教资料总集早一天问世，就能早一天对社会产生效益。《中华大藏经》在历代大藏经中增加了一个新版本，丰富了佛教文献资料宝库。

我考入北大哲学系时，北大哲学系的教授们专重讲佛教哲学的比较多。高年级同学向我介绍，熊十力先生讲《新唯识论》，马叙伦先生用佛教唯识宗的观点讲《庄子》。汤用彤先生讲佛教课，也讲佛教以外原著选读如《金七十论》《胜论》《入阿毗达磨论》，从最基本处打开了阅读佛教典籍的大门。后来又选修熊十力先生《佛家名词浅释》（此书正式出版时改称《佛家名相通释》）。他以古代《百法明门论》《五蕴论》为基础，用他自己的语言加以发挥。他的发挥虽不尽符合佛教原旨，但这个基本训练对我后来自学佛教典籍打下了基础。选修课有周叔迦先生讲“天台宗”，林宰平先生讲“中国哲学问题”，也经常涉及佛教问题。外系周作人讲散文，选的有《杂譬喻经》。周讲课口才欠佳，但佛经文学颇能引发学生兴趣。特别是古代汉译佛经的一些习惯用语，既非印度的，又不同于中国传统的古汉语，而是一种独特的佛经汉译文体。

大学毕业时正当抗战开始，我的毕业论文是关于朱熹的哲学。朱熹的哲学用大力批判二氏（佛、老）。他反对二氏，却处处透露出他身上二氏的影子。我开始注意到，要研究中国的理学，必须上溯其源头。在读研究生时，即有意关注宋以前的社会思潮。宋以前，五代上溯到南北朝，首先碰到的是佛教。佛教思想成了打通中国哲学发展的一道隘口。隘口不打通，中国哲学史就通不下去。我的研究生论文为《理学探源》，重点放在魏晋、隋唐这一段。这也许是我与佛教文化若干年前的一段因缘吧。

国家委托整理、编辑《中华大藏经》，我虽知困难大，人手不足，但还是勇敢地承担下来了。

照我国当时的惯例，要报告上级、要编制、要分配大学生、成立机构等一系列的程序。我们没有走这一条路，而是采用现在正在推行的人才聘任制，人才公开招聘，试用上岗，一年一聘。这样，我们根据工作需要，任务的难易缓急，在北京招聘离退休的中学教师和机关干部。这些应聘者都是愿意干这一行的，有责任心。人员少的时候有五六个人。开始打基础，定规模，我和几位研究生、世界宗教研究所佛教研究室的少数骨干参加。后来，工作开展起来，聘用人员多达五六十、六七十。其中老年人有七八十岁的，青年人有二十来岁的。文化程度较高的，从事校勘；青年人眼明手快，从事照片修整。制订了作业流程，流水作业。上下工序交接时要签字，责任分明。每年按成绩评奖。春秋季节，组织旅游。十年来，这个工作集体总人数有二三百人，人员不断更新。编辑工作结束时，大家依依不舍，十分留恋这个松散的集体。

面临21世纪，是摆脱贫困、走向富强的时期，是进一步推动祖国现代化的时期。每一个爱国的知识分子，都要给自己的专业定位，看看自己应当做什么，能做什么。从文化建设、精神文明建设这个任务来看，我们这一代人正处在为文化、精神文明建设，积累资料、整理资料的时期。社会主义文化高潮必将到来，那是21世纪后半段的事。因为文化工作、精神文明建设只能走在经济建设的后面，而不可能超前。这是古今中外的通例。

真正反映社会主义新文化的辉煌成果，传世的伟大思想体系的出现，要有三个条件，缺一不可：

第一，有经济繁荣、社会安定的环境；

第二，有充足的资料（中、外、古、今）积累；

第三，有卓越的思想家群体。

以上三个条件，第一、二两条正在发展前进中。当一、二两条形成规模后，才有可能产生卓越的思想家群体。我们这一代知识分子，自己给自己定的任务是做文化资料积累工作，培养青年人，为后来人做些必要的准备工作。

自知无经天纬地之才，尽个人有限能力，做成一两件事，免得让后人再行返工，问心无愧就算不错了。

（据《学林春秋》初编，朝华出版社，1999年12月版）

道教的发展与道书的编集

1978年中国社会科学院正式成立，世界宗教研究所根据国家建设需要，制定社会科学发展规划，《道藏提要》是其中的一项。《道藏》卷帙浩繁[①]，内容芜杂，有珠玉，也有泥沙[②]，况且《道藏》有许多典籍撰者不明，时代不详，书上标明的撰者有真有假，难以分辨。在人力不足的情况下，仿《四库提要》体例编制《道藏提要》，困难很大。我们深知《道藏》这部“道教典籍丛书”是研究道教的主要资料库，如能早日把它整理出来，将有利于道教研究工作的开展。

自从新中国成立后，举国上下都在进行基本建设，文化学术的基本建设离不开资料的汇集与整理，而且资料工作必须先行。我国历代在开国之初，偃武修文，必先从事资料汇集整理工作。明初有《永乐大典》，清初编《古今图书集成》《四库全书》。法国资产阶级上升时期有百科全书派。只有资料充实、齐备，才有可能蕴育新建国家的文化高潮。没有充足的资料为依据，谈论学术文化，势必流于空谈。

中国三大宗教（儒、佛、道）是中国传统文化的三大支柱。学术界对儒教典籍研究得较多，对佛教典籍研究得较少，对道教典籍研究得就更少。造成这种状况的原因甚多，由来已久。按照封建正统观点，认为只有儒家的经史子集才有资格代表中国传统文化，佛教、道教典籍属于旁支，文化价值不大。

---

① 共千余种，4000余卷。

② 《道藏》中涉及医学、化学、生物、体育、保健、天文、地理等内容，引起近代一些研究者的重视。

这是长期流行的一种偏见。清朝编纂《四库全书》是中国封建社会最后的一次文化丛书结集，共收书3461种，79309卷，存目的有6793种，93551卷，两项共计1万余种。其中所收佛教典籍，属于《子部·释家类》，共13部312卷，所收道教典籍归于《子部·道家类》，共收44部430卷。何以收得这样少？《四库全书·道家类·总叙》说：

> 后世神怪之迹多附于道家，道家自矜其异，如《神仙传》《道教灵验记》是也。要其本始，主于清静自持，而济以坚忍之力，以柔制刚，以退为进。故申子、韩子流为刑名之学，而《阴符经》可通于兵。其后长生之说与神仙家合为一，而服饵、导引入之，房中一家近于神仙者亦入之。鸿宝有书，烧炼入乏。张鲁之教，符箓入之。北魏寇谦之等又以斋醮章咒入之。世所传述大抵多后附之文，非其本旨，彼教自不能别，今亦无事于区分。然观其遗书，源流变迁之故尚一一可稽也。

《四库全书》的编者把佛道两教的典籍归类于“子部”，取消了佛教和道教与儒教平列的地位。孔孟之书归为“经部”，佛道之书归于“子部”，被选入《四库全书》的佛教典籍仅24种，不收经典，道教典籍收录较多于佛教，所收的都是与老子、庄子、《周易》注疏有关的典籍。对道教内外丹法、图箓、斋醮等具有道教特点的均未收，这是按照当时皇帝的指示办的。

> 释道外教，词曲末技，咸登简牍，不废搜罗。然二氏之书，必择其可资考证者，其经忏章咒，并凛遵谕旨，一字不收。（《四库全书总目凡例》）

《四库全书》的编辑原则并不是清朝首创的。《隋书》载王俭《七志》以道佛附见，合为七门。阮孝绪《七录》以佛录第六、道录第七。《隋志》

则于四部之末附载道经佛经总数。《唐志》以下，有经目而不详。

儒家学者总是怀有偏见，认为佛道两教的典籍价值不大。我们从中华民族传统文化的整体来看，佛道两教的文化与儒家传统文化同样重要，同样影响着中华民族的文化生活、家庭生活、社会生活以及政治生活。佛教、道教的影响，其深远程度当不在儒家经史子集之下。三教交互融摄，构成唐宋以来中国千余年的文化总体。不研究中国佛教就无从了解中国文化和中国历史，这一点已逐渐被学术界人士所承认，但对道教研究的重要性似乎还没有像对佛教那样重视。事实上道教典籍中可供发掘的东西非常丰富，人们已看到它在医药、保健、化学、音乐、艺术等方面的有价值的内容，深入发掘，当不止这些，像关于道教的哲学内容，研究得就很不够。道教典籍在中国文化宝库的地位决不下于佛教，甚至更为重要。

“三教”（儒、佛、道）各有自己的典籍。佛教、道教经历了南北朝的大发展，典籍数量由少到多，急剧增加。这两教对于他们拥有的众多书籍还没有一个统一的名称，当时称为“众经”“一切经”。如僧人玄应、慧琳分别编纂了两部佛教名词检索的工具书，两书都命名为《一切经音义》。这里讲的“一切经”不包括中国汉唐时儒家的《六经》、《五经》，它专指佛教经典。如果该书成于宋代，就可能叫做《大藏经音义》，现在编纂这样的书就叫作《佛教大辞典》了。

道教生长在中国本土，约与佛教同时活跃在舞台上。但道教的命运不济，错过大发展的时机，让佛教占先了一步。一步落后，步步落后，2000 年间一直没有能超过佛教。唐朝道教得到皇室的支持，受到特殊的恩宠，可谓极盛。而道教信徒人数及天下道观的数量也只有佛教的二十分之一。

汉末魏晋天下大乱，老百姓在走投无路的情况下往往投靠宗教。由于黄巾起义打出道教旗帜，黄巾失败后，道教也受牵连，统治者对道教存有戒心，有很长时期对道教不敢信任。这时佛教接受了中国封建宗法思想，乘机宣传三世因果报应轮回之说，扩大了地盘，在帝王贵族支持下，招纳了大量信徒。

南北朝时期，北朝道教经过寇谦之的改造，南朝道教经过陶弘景的改造，都取得上层统治者的支持，才有了较大的发展。这中间已比佛教的发展落后了若干年，错过了大发展的时机。关于道教典籍的搜集整理方面，道教也落后于佛教一步。道教整理典籍的做法是从佛教那里学来的。佛教最先称自己的全集为《一切经》，道教编辑道教全集也称《一切经》。由于《一切经》这个名称被佛教占用在先，后来道教的《一切经》则称为《一切道经》，以区别佛教的《一切经》。唐玄宗时曾令编纂《一切道经音义》，等于当时的"道教大辞典"。唐武后时出现过"道藏"一词，但未能通行。"道藏"一词正式确立是在宋代佛教"大藏经"出现以后的事。

宗教的存在和发展要靠群众，为了更大地发展则须依靠政府当权者的支持。佛教名僧道安深刻懂得"不依国主则法事难立"。道教的发展也离不开这一条经验。有上层支持，可得到充分的物资供应，为寺院建设创造经济条件；有下层广大群众信徒才能壮大宗教的声势，有了声势更能引起上层统治者的重视。只有上层而下层信徒不足，则缺少存在的基础，难以发展；有下层群众而没有上层支持，也不能长久①。佛教、道教在中国都有悠久的历史，长久不衰，除了社会的客观原因外，与两教的主观努力也有极大的关系。他们推行宗教宣传，既要结交上层权贵，又要影响下层群众，针对不同信教者的需要推行宣传内容。

道教初创是从下层群众宣传开始的。东汉的黄巾是内地的道教，张鲁是巴蜀的道教，都以农村群众为对象。中国农村长期愚昧落后，缺医少药②，以符水治病，驱妖捉鬼，祈福禳罪，与民间巫术、占卜、星相图谶迷信行动相结合，成为道教传教活动的一部分内容。道教典籍中也保存了这一部分内容。

---

① 隋唐的三阶教，下层流传颇广，后被政府取缔。明清民间秘密宗教，不能取得合法地位，活动也困难。

② 农村落后，目前尚且如此，2000 年前的农村状况可以想见。

道教为了取得上层统治阶层的信赖和支持，也尽力满足他们的需要。地主阶级自南北朝始形成世袭特权阶层，即门阀士族。他们生活优裕，希望长远享受富贵，即使不能永生，也想长寿。道教为了迎合他们的身心各方面的需求，向他们推销养生、服食、炼丹、房中等宗教内容。道教外丹教法在南北朝隋唐盛行不衰，即得力于上层贵族特权阶层的信奉和支持。炼丹要耗资财，费人力，不仅穷人不敢问津，中产人家也无力试验，只有特权大贵族对此道有兴趣。这些内容在道教典籍中也有记载。

道教和其他宗教一样，着重宣传神的启示，自称他们的经典为神仙颁赐。他们善于制造文书以宣达神意。道教信徒中多有书法家，最有名的王羲之手写《黄庭经》向道士换鹅的故事流传甚广，王羲之是世代信奉天师道的道教徒。

道教宣传的重要内容在《道藏》中都能找到，从中可以窥见道教发展变迁的各个侧面。汉末到明清，社会思潮不断变化，与社会思潮相适应的佛教、道教、儒教也在变化。“三教”之间又有相互影响、相互渗透的关系。这种相互融通、渗透的关系在《道藏》中有表现。

综观道教的发展史，大致可分为四个段落，或称为四个发展时期。

南北朝时，道教得到帝王贵族的支持，跻身于社会上层，这是它发展的第一个时期。唐朝皇族与老子攀亲，自称李耳后裔，大力推行道教，这是第二个发展时期。北宋真宗、徽宗先后崇奉道教，用道教麻痹人民，陶醉自己，借以遮盖北方强邻压境造成的耻辱，这是道教发展的第三个时期。明中叶帝王迷信道教，妄图长生，道士受到宠遇，出入宫禁，干预朝政，以至参加政府上层的权力斗争，这是道教发展的第四个时期。

元朝初年个别道士曾受到皇帝的重视，如丘处机①，但元朝统治者不专重某一种宗教，如佛教、藏传佛教也都受重视，中间还发生过一次焚毁道经

---

① 道教为了给自己的教派壮声势，有意把元朝皇帝说成道教信奉者的样子。正如印度佛教徒把阿育王说成佛教的信奉者一样。阿育王除了保护佛教外，也保护其他宗教。

的劫难。

与道教发展的这四个阶段相适应，道教典籍也经历了四次大规模的结集活动。

南朝道士陆修静撰《三洞经书目录》，这是当时编纂的道教全书目录。

道教目录起于南北朝，经历隋唐宋元不断编集、补充，但基本未出陆修静最初创立的规模。按“三洞”“四辅”的分类原则一直沿袭到今天。“三洞”是洞真部、洞玄部、洞神部。“四辅”是太玄部、太平部、太清部、正一部。

佛教经录有按大小乘流派分的，也有按经典内容分的。道教的典籍也有同样的情况，如道经的十二类，即按内容分为：本文类、神符类、玉诀类、灵图类、谱录类、戒律类、威仪类、方法类、众术类、记传类、赞颂类、章表类。十二类的分类法，跟佛教一样，是为了便于庋存，便于检索，便于图书管理的一种办法。道经数量日渐众多，遇到举行宗教活动，如斋醮仪式，同类的典籍放置一起，便于取用，也便于归类。

“四辅”这一名称最早见于南朝刘宋时期，应在道教风行、流派出现以后。《正一法文经图科戒品》认为：

> 太清经辅洞神部，金丹以下仙业；
> 太平经辅洞玄部，甲乙十部以下真业；
> 太玄经辅洞真部，五千文以下圣业；
> 正一法文宗道德，崇三洞，遍陈三乘。

这种分类方法显然是根据道教流派自己的观点，模仿佛教判教方法的产物。佛教判教，往往给其他流派以应有的地位，把自己信奉的流派放在最高、最重要的地位上。正一派自认为本派教理可以“宗道德、崇三洞、遍陈三乘”①，

① “三乘”，这里指“仙业（洞神部）、真业（太平部）、圣业（太玄部）”，与佛教的“三乘”完全不同。

境界最高。

统观道书编集的过程，可以看出随着历史的发展，道教典籍逐渐增多的趋势。第一阶段的道教典籍约1000余卷。第二阶段的道教典籍，唐玄宗令道士史崇玄等搜集道书约2000卷，并编纂了《一切道经音义》。玄宗后来又继续搜求道书，编辑总目曰《三洞琼纲》，数量增至3700余卷①。道教发展的第三阶段在北宋，真宗时搜集道书总集名曰《宝文统录》，增至4300余卷。这时已采用佛教《开元释教录》的分类编目法，按千字文分帙编号。宋徽宗时，崇宁、大观年间，刊行雕版《道藏》②，道书增至5400余卷。金元时期，北方也有道藏雕版，旋成旋毁，没有保存下来。元世祖至元十八年（1281年），道藏经版全毁，经典也丧失殆尽。道教发展的第四阶段在明朝。英宗正统九年（1444年），雕版刊印，次年完成，名曰《正统道藏》，共5300余卷，较宋雕版《道藏》略少。万历三十五年（1607年）又续补180卷，合计起来，比宋《道藏》略增。明以后，道教与佛教均被儒教排挤到不重要的地位。因佛教势力本来大于道教，在佛道两教一齐衰败的情势下，道教的势力显得更弱一些。

明中叶以后，国力衰竭，内忧外患相仍，朝廷自顾不暇，对道教不能从财力上支持。清朝当权者及上层贵族起自关外，承袭萨满教传统，对道教不感兴趣，道教历代享有的特殊宠遇有所裁抑。道教的发展在上层社会受阻，势力转入民间，转变成秘密宗教团体。这些民间宗教也有自己的经典，但不被政府承认，不能公开传播。日后重新编辑“道教全书”（或称“新道藏”）时，流传于民间的这部分道教典籍应当收入。

《道藏》中所保存的若干思想资料在中国思想史上占有重要的地位。它

---

① 后又有5000卷、7000卷、9000卷之说，于史无证，均不可信。

② 《佛藏》雕版刊印，始于北宋开宝年间，世称《开宝藏》。《道藏》踵《佛藏》之后，也是从北宋开始雕版刊印的，只是比《开宝藏》迟了百余年。

与佛教一样，各个时代的重要哲学思潮，在这里都有所反映。这些资料丰富了中国哲学史的内容。如魏晋以后，哲学界关心和讨论的中心问题是本体论，以本体论取代两汉的宇宙构成论。这一变化，说明中华民族理论思维的深入和提高。从本体论转入心性论的讨论，是中华民族理论思维的又一次提高。隋唐时期，佛教各大宗派如天台、华严、禅宗等都各在自己学术领域里有所建树，佛教的心性论处在时代思潮的领先地位。道教的理论也适应这一时代思潮。世人论道教内丹之学，多认为它由外丹发展而来，这种说法不为无据，但还不能算全面地说明了问题。内丹说，实际上是心性之学在道教理论上的表现，它适应时代思潮而生，不能简单地认为内丹说的兴起是由于外丹毒性强烈，服用者多暴死，才转向内丹的。“内丹说”在道教、“佛性说”在佛教、“心性说”在儒教，这“三教”的说法有差异，三教探讨的问题的实质没有两样，都属于心性论。道教《抱朴子》的道的理论已偏重于本体论，但不纯熟。唐代司马承祯的“坐忘”学说则是典型的心性论。当时道教与佛教相呼应，各自从自己的立场阐发心性之学。佛教、道教倡导于前，儒教反而显得落后，后来韩愈、李翱等人也跟着探索这一领域。这种理论兴趣和思维到唐末、五代更加成熟，成为学术界的中心议题。宋代理学兴起，心性论与治国平天下的封建政治学说相结合，形成理论完备的儒教体系，成为心性论的主力。佛、道二教没有继续发展，仍停留在原来的水平上，反而落后了。

金、元时期出现的全真道及其相关的教派，与以前的及后来的许多道教流派不同。这些特异的道教的政治背景前辈学者已有很好的论述①。应当指出，金、元时期的全真教把出家修仙与世俗的忠孝仁义相为表里，把道教社会化，实际上是儒教的一个支派。儒教在宋代形成后，成为中国封建社会后期的思想支柱。南宋灭亡，儒教并未受到损伤。朱熹建立起来的儒教体系几乎全部在元代得到继承。政统虽然转移而道统赓续。皇帝换了姓氏，中华民族的传

---

① 见陈垣先生《河北新道教考》等有关著作。

统文化反而凭借元朝强大武力推广到更边远的地区[①]。儒教势力强大，体系完整，超过佛、道二教。其实，它已包含了佛、道两教有关心性修养的内容。

研究道教不能离开佛教，也不能离开儒教。佛教与道教看起来长期有争论，事实上这两教基本上同兴衰、同荣辱、同命运。佛、道两教都受过政治压迫和迫害，佛教所遭受的政治打击的次数比道教还要多些[②]，原因在于佛教势力强大到与国争利的地步，政府就出来干预。佛、道两教互相吸收，道教吸收佛教的东西更多于佛教吸收道教的东西。唐代“三教”鼎立，唐中叶以后的总趋势为三教合一。宋以后，儒教形成自己的庞大体系，以釜底抽薪的方式，吸取佛、道两教的修炼方法，如静坐、养神、明心、见性等。这些都是孔、孟不曾讲过的。

中国的佛教早已中国化，佛、道两教相比较，道教似不及佛教机巧。试举聚讼千载的《老子化胡经》为例，老子化胡本属无稽之谈，佛教徒中不乏有识之士，并非看不出此说的荒谬，但他们任凭《化胡经》广为流布，并不进行反驳。佛教显然是利用道家为自己开路[③]，虽可以认为双方互相利用，毕竟佛教利用道教的成分更多。等到佛教势力强大到足以自张一军时，则发动教徒利用一切手段攻击《化胡经》。有关这个问题最后一次大辩论发生在元朝。假借元朝统治者的干预，连《道藏》的经版都销毁了。当然，流传了千百年的《化胡经》，山陬海隅，所在多有，光靠一次行政禁令是毁不尽的。

我们编写的《道藏提要》，仿《四库全书》提要体例，介绍《道藏》每一部书的时代、作者、内容，并附有目录索引、道书撰人编者的简介，力求

---

① 云南省各县的孔庙是元朝建立的。

② 佛教所谓“三武之祸”。

③ 汤用彤先生说：“汉世佛法东来，道教亦方萌芽，纷歧则势弱，相得则益彰。故佛道均借老子化胡之说，会通两方教理，遂至帝王列二氏而并祭，臣下亦合黄老浮屠为一，固亳不可怪也。”（《汉魏两晋南北朝佛教史》中华书局版，第 43 页）

成为一部较完整适用的工具书。我们尽量利用前人研究成果。中国学者如刘师培、陈垣、陈寅恪、汤用彤、陈国符、王明、陈撄宁、翁独健诸先生的有关著作，日本学者吉冈义丰、大渊忍尔、福永光司教授的有关著作，都用来作为参考、借鉴。

道教典籍多自称降自天宫，具体作者难以确定。我们除了采用传统考订、训诂方法，如从文字、音韵、版本目录等方面寻求证据外，还充分利用佛、道二教相互影响、相互渗透的关系，与佛教发展的情况对比，利用中国哲学发展思潮的总趋势来判断某一作品的时代，划出大范围作为标志。我们根据时代思潮的特征，人类认识史的一般规律，结合中国佛教、儒教不同时代所讨论的中心问题多方衡量，力求把一些难以确定年代的典籍给它找出比较接近实际的时代断限。

我们力求对祖国文化建设有所贡献。我们的时代要求这一代人从资料整理开始，为下一时期文化高潮的到来准备条件，做些铺路奠基的工作。如果能起一点铺路奠基的作用，乃是我们编写者共同的心愿。

中华五千年的历史经验

今天我讲的题目是中华五千年的历史经验。说是五千年，实际上越往后，咱们知道的事情越多。这五千年中间，越往后，对我们的关系就越深。从古代联系到现在，这个问题可以看得更清楚。我们常说“事后诸葛亮”，这是个贬义词，过去的事情发生了，事后你才提。如果从全面的角度理解这句话，也有很深的道理。因为总结经验，就是事后才能总结，当事情进行中间，你反倒看不清楚，事后冷静下来，看得才更清楚。古代有一个诗人说，“睫在眼前常不见”，就是说睫毛离眼睛最近，你反倒看不见它，越近的，越不一定看得清楚，就是这个道理。我们回头看一看五千年是怎么走过来的，因为正在走的时候，你看不清楚。我们上山最有经验，正在爬山的时候，只顾眼前那一点，看不清楚，可是到了一定的高度，在高处，回头望望你刚才走过的路，哪个地方有点弯路，哪个地方走错了，或是走不合适了，越到高处，看得越清楚。学习历史就有这么个作用，事后让你总结，回头看看，让你增加些知识，总结经验，吸取教训。这五千年我们走过来的路，有成功的，也有失败的，总起来说，成功的多，失败的少，所以才取得今天的成就。如果失败的多，成功的少，那么五千年越来越萎缩，就没有今天的局面了。

最近我看媒体和一些书刊，对历史有些埋怨情绪，说当初要是辛亥革命以后，袁世凯不叛变多好，再往上推，戊戌变法要是成功多好，甚至抱怨五四运动，说五四运动否定得太多，现在看还得重新估价，诸如此类。这个看法我觉得是非历史的看法，也是不科学的。历史本身不会有什么错误，世界上发生的事情，就是客观事实，事实是不可改变的，也不可能按照你的意志来改变。但人在历史中间，处理问题的时候，对待历史所采取的措施会发生错误。这个错误不是历史本身造成的，这点应该说明。

我们现在从民族的、经济的、政治的、文化的四个方面来谈谈这五千年。

中华民族，这是个统称，细分下面有56个民族，汉族是其中之一，汉族以外还有55个民族，汉族的人数最多，占90%以上。这五千年是怎么走过来的，我们全部的历史也不能说详细，也不可能说得清楚，我们就拿几个大的变化时代来看。汉族，中华民族，它的形成，我想可以分成五个时期：第一个时期是春秋战国时期。春秋战国时期，是个民族大融合时期，融合交流，通过战争，经济交流，政治交往。第二个时期是魏晋南北朝时期，前后将近三四百年，也是个大的融合时期，在第二个时期里，很多民族共同向封建化进步。五胡十六国变化，是北方少数民族接受封建文化，特别是汉文化的一个过程。魏晋时期佛教来了，道教也有了，意味着宗教影响了民族文化的融合。第三次民族大融合就是隋唐时期。这个时期民族的融合又深入了一步，从南北对立的两个政权合成一个，隋唐统一了，合成一个统一的大国。这个时候的民族关系更深了，融合得更多了。比如，唐朝的皇帝，他的身份是汉族，其实他是个混血儿，他的母系是少数民族。窦氏、独孤氏、长孙氏都是北方的少数民族，皇族本身就是混血的一个家族。隋唐时代政府的重要官员，像将军、官吏，好多都是少数民族。我们看农村里过春节贴门神，门神挂的两个像，一个是尉迟恭，一个是秦琼，门神尉迟恭就是新疆少数民族人，尉迟，从这个姓就知道是少数民族，唐太宗重用他，做禁卫军的领袖。隋唐时候，文官、武官不分种族，一律对待，升官一样地升，处分也一样地处分，融合得比较好。第四次是元朝，元朝是蒙古族统治，蒙古族人当皇帝了，可下面也用大量的非蒙古族的各级官员和士兵，蒙古族军是少数，大量的还是汉族及其他民族。元朝是皇帝改朝换代，皇帝换了，可是指导治国的方针及治国的思想，完全继承了宋朝的，甚至是宋朝以前的一些制度。元朝在全国地方州县普遍建立孔庙，云南有孔庙是从元朝开始的，继承了宋朝，奉孔子思想为治国最高准则。根据孔府的档案，从元朝开始，孔府的档案保存得较完好，没有遗失，中国的档案保存最完整的其中一个就是孔府。第五次是清朝，清朝满族入关，是一次大的融合。

汉族是一个很优秀的民族。汉族有一个特点，那就是各族中间的通婚关系不是像别的民族限制得那么严、那么死，远缘通婚的比较普遍。我们从遗传的角度来看，近亲繁殖违反优生原理。古代早已发现近亲结婚子孙繁衍得不好。云南滇西地方的一个寨子，世世代代在小范围里内部通婚，据统计它那个地方痴呆症占 10%，男人身高最高的是 1.6 米，历次招兵，体格检验都不合格。所以，一个族群封闭起来不和外边来往，近亲繁殖，就越来越退化，越来越退步。汉族不是这个情况。因为汉族有这么一个特点，从隋唐以后，种族歧视在中国不像世界上别的国家那么严重。

大家学过历史，知道犹太族是最顽强的一个民族，谁都消化不了它，它是独立的，经历也很艰难，失去了祖国，经过很多波折，不过最终还是存在下来了。以色列是第二次世界大战以后，通过联合国新建的国家。犹太族也有一部分流浪到了中国，宋朝的时候在开封就有一支，以后就消失了。最难与别的民族融合的犹太族，只有到了中国就消失了。这么一个顽强的民族，怎么到了中国就不见了呢？可见中国民族政策的传统没有什么歧视。因为中国有科举制度，许他科举，许他读书、考秀才、考举人，做了官，世界观慢慢地就一致起来，接受教育，改变了宗教信仰，接受中国的汉文化，流浪到中国的犹太族就不见了。

那年我到尼泊尔去，尼泊尔人说，北京白塔寺是尼泊尔的工程师建筑的，他们很关心这位工程师，问他的后裔还有没有，我说早已无从查询了。明朝到现在五六百年，与当地华人通婚，慢慢地就成了中华民族成员了。中华民族，从春秋战国、南北朝、隋唐，到宋、元、明、清，经过几次大的民族的交融，犹如河流汇合，慢慢地融成一个多民族的海洋，总称为中华民族。全世界许多地区，民族纠纷非常严重，可只有中国，不能说没有，可比有些国家的问题和矛盾少多了。所以，我们说中华民族是各个民族共同创造的，长期的几千年的交流融合、取长补短、互相交往这么过来的，形成了中华民族。

下面从经济方面来看这个问题。地缘关系，越在古代占的比重就越大，因为人控制自然的能力有限，所以在古代，受地区的影响就大一点。中华民族的活动范围，一个是长江流域，一个是黄河流域。根据史志文献记载，黄河是我们的母亲河，中国的黄河流域是中华民族的摇篮，这当然不成问题。近年来，我们将考古发现与历史文献、古代传说相结合，可知长江流域也是中华民族的摇篮。传说，禹会诸侯于涂山，涂山就是现在的绍兴一带；舜南巡到苍梧，苍梧就是湖南一带；周穆王南巡，死在汉水，也是到南方；舜死后，娥皇、女英也死在湖南。可见，从传说尧、舜、禹开始到现在的长江流域，是我们中华民族共同活动的区域。因为历史朝代不同，有的朝代辖区向外扩展一点，有的朝代向里收缩一些。我们中华民族活动的舞台，生活栖息的地方，范围就是以长江流域、黄河流域为中心，向东北可延伸一点，向西也可延伸一点，再远就有沙漠限制了，再往西有大山挡着了，几千年来，就在这个范围里头，经济上有它的互补性。三千年前从春秋战国开始，荀子的《富国篇》就提到铁出在北方，皮毛也出在北方，盐是出在东方，木材出在南方。经济上的互补，各个国家都不能自己独立，都要求加强交流，大家互相受益。所以，经济上互相交流、互相补充，迫使我们中华民族的交流越来越密切，国家与国家的交流、人群与人群之间的交流越来越密切。比如春秋战国时期，人才流动非常频繁，学有专长的人，从这个国家跑到那个国家，从那个国家跑到这个国家。古时候的国有点像城邦的意思，不像现在的国家这么严格。孔子、孟子都曾周游列国，这个国家不用，那个国家可以用。希望能做官，实施政治上的抱负。互相补充、互相需要、互相满足，也是促成我们这个中华民族发展的动力。这是从经济上来说。虽然古代的经济不像现在的经济交流这么频繁，可是也需要互相交流。

再从政治上来看五千年我们是怎么走过来的。最早国家很多，像禹有

3000个诸侯，武王伐纣有8个，然后几百个诸侯参加战争，一个国家就一个部落，一个群体，头儿很多。经过发展，国家的数目越来越少了。到了战国时期，就剩了7个大的、强的国家，称战国七雄，最后就统一到秦了。这个统一是秦始皇个人的野心呢，还是什么原因呢？我看不能这么看，因为从民族交流来看，从经济的交流来看，已经有这个需要。所以，我们看春秋战国，百家争鸣，诸子百家都在提出治国平天下的方案，那方案中间各个学派都不一样。孔子也提出统一，以周天子为主。孟子也讲天下要定为一，要统一天下。荀子也要统一天下，韩非也要统一天下。老子、庄子好像没有讲到统一天下，可是讲到小国寡民。这个小国寡民，你仔细看，不是讲的国家要那么大，讲的是地方单位，基层组织要小，不是国家要小。因为老子、庄子都讲圣人治天下，这个圣人，不是一个村子的圣人，而是对天下来说的。在百家争鸣的不同中间，我们看到一个共同的地方。哪个共同地方呢？就是要求我们把天下怎么合在一起，有这么一个愿望。方法不同，手段也不一样，可是统一这个要求是一致的。思想家能看到历史的潮流，历史前进的方向，就是要统一。统一后，才可以避免好多没有统一前的毛病。

原先讲秦始皇“焚书坑儒”，说秦始皇比较粗暴。后来秦朝实行的措施，以及地下发掘的资料来看，我看秦始皇没有真正地“焚书坑儒”。他坑的那些儒生是什么人呢，就是帮助秦始皇求长生的那些人——方术上的儒生，不是孔孟之道的那些儒生。儒家的书，秦朝还保留了，不但保留了，而且还学习它，用来教育秦始皇的子弟。历史记载，秦始皇死的时候，赵高给胡亥出主意，唆使幼子胡亥假借秦始皇的口气，让太子扶苏自尽。扶苏接到赵高他们这个假诏书，当时与扶苏同时镇守在北方的一个大将蒙恬，说这个诏书可能是假的，你是不是再去核实核实，问问是真是假。扶苏说这个不能问，这事不需要问。按忠孝的原则父亲交下的任务只能完成，不能怀疑，一定要遵守，用不着问。可见秦始皇教育子弟，是用孔孟的思想来教育他们，不是用法治。赵高又劝胡亥，说你可以当皇帝，你可以继位。胡亥说我有兄长，我替他，不合理，我不能越过他去继位，违反孝道，废兄而立弟，这是不义。可见胡亥也是接受孔孟之道的教育，《史记》上，司马迁有明确记载，有他们的原话。

这么一个大国怎么实行有效统治？从政治上看，要有理论指导才行，就是秦始皇开始已经采纳了“孝”“忠”，忠君，孝父母，用这个观念统治全国，统一思想。因为这么大块地方，要直接管理很难，必须统一思想才行。总的格局是中央权力要集中，分散的农民要安居乐业。秦汉以后就是这么一个总的局面，一直维持了两千多年，就是政治上要求集中，这是个总的趋势。秦朝亡国很快，秦始皇统一了十几年国家就亡了。后来对秦始皇的评价不是太公正，说秦始皇是暴君。因为秦朝的历史是汉朝人写的，汉朝人代替了秦朝，它打倒了秦朝，它就把秦朝说得坏些。怎么看出秦始皇没那么坏呢？就是秦朝那些法律，汉朝很批评、很抱怨的法律，到了汉朝得了天下二十多年以后，还实行秦朝的法律。比如，秦始皇不准带着书，书不能传播，这是秦始皇定的。可是汉朝到了汉惠帝的时候，还用这条法律，还没有废，可见秦朝的法律汉朝还在执行。如果说是暴虐，汉朝和秦朝是一样的，继承了它。从政治上看秦朝大变革，就是由中央直接管理全国这么大的地方，就是长江流域、黄河流域这么一大块地方。

这个新体制的变化很复杂，在今天就是一个系统工程，很难的一个事情，管理经验也不足，所以十多年就失败了。刘邦继承后，认为秦朝失败可能与没有分封他的子弟有关系，所以刘邦就纠正秦始皇这个问题，他的子弟都封王，分兵把守各省，还公布“非刘氏而王，天下共击之”。后来又传了两代，他的子弟自己起来造反，反对汉朝的中央政府。汉朝一看这个不行，又放弃了分封的办法，这是汉朝变更秦朝制度的一次反弹。秦朝亡得快，主要是经验不足，统治这么个大国经验不足。统一六国以前，秦朝在国内行之有效的一些办法，要推广到从长江到黄河流域，一大片的地域，就很难行得通。比如出工，秦国原来以陕西咸阳为中心，国土面积小，老百姓给国家干活，他自带干粮，干完 1 个月就回家了。统治全国以后，国土面积扩大了，从广东、福建调民工到咸阳来做工，要自带干粮，就算服劳役1个月，那路上的耗费就不得了，那怎么受得了呢？秦朝灭亡就是劳工带头造反搞起来的，是刘邦利用征调的民工起义。民间有孟姜女哭长城的传说，流传很广。虽不能断定实有其人，但确可断言，必有其理。当时是天怒人怨受不了。秦汉这一代是建立多民族的统一的大国，有成功，也有失败处。

怎么样把这个多民族的统一大国巩固下来，进行有效管理，是很困难、很麻烦、很不容易的。经历了差不多一千年之久的探索，才找到一个路子把它稳定下来，有效地统治起来。关键在哪里？最大的困难在于中央政府要绝对地统一，没有绝对的权力，它不能支配这个全局。这么大个面积等于整个欧洲，欧洲现在还统一不起来，还在争论，何况中国这么大面积？要有效地控制实在不容易。另一方面，还要老百姓维持生活，要保证生产，才能维持小农经济的正常发展。小农经济非常脆弱，一家一户，是生产单位，又是消费单位，经不起风吹雨打。一有天灾人祸，这个家的主要劳动力一生病，一下就垮下去了。既要维护、保证小农经济的生产，又要维持中央政府的绝对统治，这一对长期的矛盾当中，怎么取得平衡，让它有效地运转？找到这条有效的道路，差不多找了一千年。直到唐朝中期才开始找到这条道路，而从理论上提出则是《大学》这个书。《大学》字数不是太多，是《礼记》的一篇，唐朝就把它单独提出来，着重地讲《大学》。这个《大学》，主要讲什么呢？它就讲一个人从个人的思想活动、家庭关系、社会关系，一直到国王治国平天下，分8个步骤、8个阶段、8个层次。修身、齐家、治国、平天下，这是一个步骤。对内，是正心、诚意、格物、致知，内心修养叫一个人从内心到行动都要纳入这个大一统的国家的要求范围之内。唐朝韩愈总结了《大学》的这个思想以后，宋朝就接受了。在唐朝以前，考试主要是考“五经”，宋以后“四书”代替了“五经”的地位，“四书”包括《论语》《孟子》《大学》《中庸》这四部书，宋明以后考试都用这“四书”，这是思想方面有这么个变化。

再从政治体制上来看，君臣之间的关系、地位也在变化。在汉唐的时候，皇帝和宰相坐而论道，坐下来互相讨论问题，几乎是平等地讨论问题，君臣之间的关系，不像后来离那么远。汉光武帝写信问他的大臣：你的夫人对你很好，是不是给你挠挠背，抓抓痒。再一个就是汉朝皇帝的姐姐新寡，皇帝看上一个大臣宋弘，忠厚正直，想把宋弘介绍给他姐姐，让他姐姐与宋弘结婚。皇帝有一天找宋弘谈话，说，听说富易交、贵易妻，有这个话吗？意思是说，富了以后可以换一换朋友，做了大官，地位变了，可以换换老婆，有这话没有？宋弘说：我只听说“贫贱之交不可忘，糟糠之妻不下堂”。皇帝一听宋弘的态度很明朗，他姐姐就在屏风后面很近，他回头对他姐姐说：“事不谐矣”，事情办不成了。可见君臣之间很自由，不像后来地位那么悬殊。到了宋朝以后，宰相与皇帝之间讨论问题时，皇帝坐着，宰相大臣站着。朱熹是南宋的著名学者，给皇帝讲书，皇帝不喜欢朱熹这个老师，于是就赶他走，给他下了个条子，说天气冷了，我看你岁数大了，站着讲书也很累，就不要讲了，你回去吧，就给辞退了。可是再往后，明朝、清朝君臣关系又进一步拉开距离，君臣之间对话站着也不行，得跪着。试想一个人坐着，一个人跪着，根本没法讨论问题，只能一个发指示，一个接受命令。

所以从历史上看，这几千年来中央政府的权力越来越重，皇帝的权威越来越大，人民的地位越来越受限制。这个变化说明，君权越来越重。所以，有人说中国向来有民主的传统，这话不符合事实。孟子说过：“民为贵，社稷次之，君为轻。”那个“贵”的意思，不是民比君主还贵重，而是说农民问题很重要，民心的向背很重要，孟子没有民比君还尊贵的意思。从政治上看，五千年来中央权力越重，人民和臣的地位越低。

从文化上来看，这五千年来也很有变化。文化，就是中国的长期统一，中央政令不受隔阂，一直通行无阻。靠的是什么呢？一个是靠工具好，中国有统一的汉字，这是很了不起的，在全世界是绝无仅有的。你看古希腊文，也是古文字。有一次在雅典图书馆，见有一个人在借柏拉图的书，当然是用古希腊文写的。我就问那个借书的人，我说你看这个？他说我看不懂，我是来查字典的。我说你是教什么的？他说我是教希腊语文的老师。就这个语文老师，看不懂柏拉图用古文写的书。可中国这个汉字怎么样呢？你们看从甲骨文到现在，文字没有中断，你写吃的那个鱼、马，没有死亡，现在还认得出、看得见，它不是考古的对象，它还活着。这汉字起作用太大了。我们到福建、广东出差，语言不通，说话很困难，可是你拿着《人民日报》就通行无阻。完全可以看得出，中国的长期的凝聚力与这个古汉字大有关系，而且秦始皇统一做了很有功劳的一件事。前几年发现在湖北楚墓的竹简，那些字我们有些不认识，怎么才能找到认识的途径呢？里头有些书是北方的书，有的是《老子》的，有的是《论语》的，对照着看，对着上下文猜，这是什么字，那是什么字，而且还认不全。我们现在的楚文字还认不全，这是发现楚国有文字，别的国家也有各国文字，北方也有各国文字，不过没有发现，那没法推论了。

语言的统一，也有记载。北京话，咱们在北京住这么多年，从北京往西走，走到门头沟，这个语言就跟北京话不一样。再往东走到天津，北京话和天津话显然就不一样。河北省也有不一样的地方。北京话这个区域里从什么时候开始出现北京官话呢？明朝的笔记记载，明朝是太监专政，说着官话，穿着华贵的衣服，骑着大马，到这里来的就是朝廷来的，是北京派来的。明朝开始已经出现了以北京语言为中心的变化，清朝就更普遍了。这个北京话，科举考试，除了考他的文章以外，还有一个口试，这个口试不一定考别的，就让他讲一段书，拿一段书让他讲一讲，念一念。广东人也不能用广东话来念，福建人也不能用福建话来念，只能用国语普通话来念，语言的统一已经在做这个工作。总的来讲，对民族的统一起到了巨大的作用。这一点欧洲还远远没做到。这是从语言、从工具、从文字来看。

我们再从信仰来看，也看出我们中国文化的统一也很早。3 世纪时候，北方正在乱，有一个大臣就劝国王，说信佛没什么好处吧？佛是外国人。那个国王就说，正因为他是外国人我才信，我也是外国人嘛。那个时候皇帝自己不是汉族。又过了若干年，到了 10 世纪的时候，或者 9 世纪末，辽国与宋对立，南边是宋，北边是辽。辽国国王对大臣说，咱们要提出一个信仰，让大家供奉，才有一个中心，你想想信什么好？大臣说，当然信佛了，大家都崇拜佛。辽国王说：不，我想，信孔子好，这孔子治国平天下，对我们辽国有好处。从辽开始就信孔子，儒家的思想。这种思想，这种意识，就在少数民族里都有接受，也不是强迫它，是自己选择的。后来战争这么多，孔庙没有焚毁过，一直保存较好，各个民族都尊重它、供奉它。就是说文化上也有这种条件，有一个倾向，就是有一个共同喜欢的中心的东西。

清朝乾隆皇帝，自觉地保持满族的传统，说我们这个骑射、尚武精神不要丢掉，他从心里很欣赏、佩服汉族的文化和礼教。乾隆曾经让人画过《行乐图》，也就是现在的生活照，画有山、水、竹林、七弦琴，乾隆穿着晋人的衣冠，不带辫子，未穿箭袖袍服，这说明乾隆心里觉得中华文化很可爱，很愿意学习，而且接受了中华汉文化的伦理标准。咱们都知道，清朝顺治的母亲改嫁过，改嫁给多尔衮，在清朝入关前风俗就这样，哥哥死了，嫂子跟小叔结婚，社会认可，没什么奇怪的，不存在问题。接受汉文化以后，采用了汉文化的伦理标准，清朝历史就有意回避这一段。北大孟森教授，是研究清史的专家，他为这个事情辩护，说没这回事，是汉人造谣中伤。胡适有信和他辩论，说你举的理由都没有说明没有这回事情，你只是推断说不可能、不应该，还没有证明来否定这个事情。可见从辽到清都认为这个汉文化很深厚，值得学习，值得信奉，因此接近它，认同它。所以从文化上讲，中华文化的认同感大家也是很明确，也是自觉自愿接受的。

这是从四个方面来讲，说起来是为了方便。实际上，这四个方面是混融的，交替的发生关系，绝不是单独的发生关系。中华民族这五千年，整个是共同走过来的。在这个过程中，有文化的、民族的、经济的、政治的，各方面的综合，造成了越融合越近，越融合越密切，形成这么一个共同的一个机构、一个组织、一个意识。这个意识，变成牢不可破的一种意识，就是认为中华民族的统一是正常的，不统一是不正常的，统一是应该的，不统一是不应该的。这个意识也不是后来才有的，就是从分裂开始，就有这个倾向。三国时候，诸葛亮要恢复汉室，他要统一；曹操的赤壁之战，他要打孙权，他也为的是统一；到了淝水之战，五胡时代的苻坚打晋朝，在安徽合肥附近打了一仗，苻坚打败了，他打仗也是为了统一，当然也有他的政治野心，从理论上说他要统一天下；南朝也有几次北伐，像刘裕也打到过洛阳，打到过北方，也要统一。这说明什么呢，就说统一是中华民族的正常状态，应该是统一，不应该是分裂。我们看中国历史实际情况，也是这么一种情况。我初步把这个分裂与统一的年代算了一算，分裂的时间从秦汉以后占中华七分之一的时间，七分之六是统一时代。

统一给我们国家和民族带来什么好处呢？我初步地想一想，有这么几个好处：

第一，消灭了内战。我们看历史，战国时代没有一天不打仗的。这个战争，打败了就不用说了，当了奴隶，当了俘虏，打胜的也是灾难重重，吃亏的也是老百姓。比如：战后的瘟疫、灾荒，一定会有这些事情。但战争也锻炼了人，提高了战争的理论。比如说，《孙子兵法》那个书就是战争的总结，是战争理论的总结。有一个朋友说《孙子兵法》是春秋时期完成的，后来没有发展，是不是后来不行了。我看他问得有道理，事出有因，实际上也很自然，因为秦汉以后没有大战争了，没有大战你总结什么呢？所以说中国的兵书自《孙子兵法》以后就没有新的大的发展，就是因为战争规模也小了，时间也短了，经验自然也不足嘛。有些地方有过水战、火器，那只是补充，但战略思想没什么变化。损失就是这个兵法没有继续发展，可好处就太多了，不死人了，百年繁荣发展生产，老百姓安居乐业，这是天大的好事。消灭了战争，是内部战争，如果有战争，那是外边来的。农民起义是另外一回事，农民起义是政府力量控制不了，农民起来了。那时也有战争，不过地方之间的混战没有了。

第二，兴修水利，防止水害，没有统一的国家不可能实现。像前几年长江大水，要不是全国力量，光是局部力量，湖北治湖北，江西治江西，那就治不好，永远不可能治好。有了统一，可以除水害，兴水利，有统一的规划，这个是显著的好处。特别是像黄河这种河，这种害河，要不在统一的国家，不治，老百姓要遭大殃。

第三，全国统一还有一个显而易见的好处，就是中国这么大，总是有荒年，不是这里旱灾，就是那里涝灾，就是那里虫灾。有了统一的国家，它可以统一调拨、调剂，以丰补歉，可以免灾区的赋税，施行救济。唐朝还有一个规定，可以易地避荒灾，政府允许逃荒。唐玄奘就是混在逃荒的队伍里跑出国境的。要是没有统一的国家，就没有这个措施，就不可能，有个界限管着，你怎么能随便流动呢，不可能。

第四，统一还有一个好处，就是防止外在方面的侵略。因外来的侵略是从一个方面来的，从局部来的，过去中国历史上从北方来的多，从山西大同、河套、绥远来的多，要不是统一的话，谁挨着边界最近，首当其冲，它就受损害，别人也不管。统一就不一样，统一后，你打山西，可广东、河南都来支援你。所以，后来抵抗外来的侵略，统一的政府有这个条件，有这个能力，要不是统一，没有这个条件，也没有这个能力。抗日战争咱们记忆犹新，日本并不是首先占领南京，它是先占的东北。我们不承认，不认可，非跟它打不可，后来占了华北，还不行，还要打，一直打到最后，我们把日本的人力、财力给耗光，结果它失败了，我们胜利了。欧洲就不一样，欧洲不统一，欧洲希特勒打捷克，别国不管。所以这个多民族的统一大国，给中国人民带来了实际的好处，这是亲身感受得到的。

第五，统一带来的好处，一直到最近。比如咱们增加内需，要不是统一大国的话，别国没有资格提这个条件。新加坡的经济学家很多，日本的经济学家也不少，它就不能用增加内需来解决国内的经济困难。我们有这个条件，这就是沾统一大国这个光，没有统一就不可能有这个条件。

第六，多民族统一大国还有一个好处，就是我们大规模的物质文明、精神文明的建设，要靠全国的人力、财力来完成，靠局部完成不了。比如说我们的运河，牵扯到好多省。我们修长城，也是牵扯到好多省，这是物质方面的建设。精神文明建设就更多了：我们修书，如明朝的《永乐大典》、清朝的《四库全书》。《四库全书》用钱不是很多，纸张书籍用不了很多钱。可是精神产品光有钱是做不到的，要有人才，要有专家，要有人力，人才绝不是有了钱就可以解决的。今天我投入 2 亿，明天你就给我多少人才，没有这回事。人才要从全国选拔才行。前几年，台湾的经济比大陆平均发达得多，可是台湾编个像样的书就编不出来。人才就那么多，就两千万人，你选拔人才，能选出多少？选不出来。所以他们向大陆版盗的很多，就是这个道理，它没有。修《四库全书》有多少人才？来自安徽的戴东原，来自江苏的王念孙，河北的纪晓岚，还有各省的专家。所以人才的集中，不是全国选，选不出来。不论物质文明建设，还是精神文明建设，靠全国的人才来完成，这就是多民族的统一大国给我们带来的好处。正因为有这么些好处，所以，政府改朝换代换了多少次，皇帝有汉族，也有非汉族的，可这个多民族的统一的体制始终没有变，而且维持得很好，全国各族人民接受了这种体制。

那么，也有人会怀疑，怎能说明中国的老百姓拥护这种制度呢？这个问题，孟子就答复过，孟子说，尧传给舜，舜传给禹，这是天命。那个孟子的学生也很调皮，问天命是怎么告诉你的？是怎么知道的呀，孟子说“天不言，以行与事示之而已。”人民有了问题找谁，他找禹还是找舜的儿子呢？最后还是到禹那里去告状。他们主持祭祀，被天接受了，他们主持国家事务，被老百姓接受了、服从了，这就证明是天命，这是民意，这是一种很自然的表示同意、不同意的方式。这个方式是低级的、初步的方式，动物也有，不光人有，不顺从它就不干。比如你驯服一匹马，它不听你的话，不让你骑，也是它的意志的表现。老百姓也是这样，他不给你好好干活，证明你违反了民意，违反了天意。其实就是这么个道理。成立人民公社那时候，我正在大兴乡下，当初还认为老百姓觉悟不高，这样的通向共产主义的好事，你怎么不赞成呢？后来实践证明，这是民意不同意，不但是北京大兴农民不同意，别的地方的农民也不同意，所以他们采用不合作、不给你好好干来表示。公社干部来检查，就派人去放哨，看到有人来检查就干，没人来检查就躺地上睡觉，这就是民意。中国，这个统一的多民族的大国，不管改朝换代怎么变，始终维持多民族统一这个形式，这是民意愿意采取这个方式，所以这个方式就维持两千年之久。

所以说中国两千年的国情，就是“多民族的统一的大国”。我们从历史上看国情，这就是我们的国情。这是摸索了若干年才找到的道路。长治久安、抵抗外来侵略、防御自然灾害、从事建设都离不开这个体制。人口多，有它的好处，比如一个人拿 1 块钱，凑齐了就是 12 亿、13 亿。一个人 2 块钱 20 多亿就出来了。这是一个了不起的综合力量。这个条件举世无双，只有中国才有这么个条件。印度人口跟我们差不多，也是 10 亿以上，它的民族问题始终没解决，而且很矛盾很尖锐。俄罗斯国家也很大，民族问题也没解决。欧洲更别说，迄今仍是列国林立，统一不起来。民族之间绝对没有问题那也不可能，亲兄弟有时还吵吵闹闹，夫妻还有离婚的。总体来看，民族关系在中国处理得是相当好的。

中华民族共同生活、共同组成这么个国家，这么大一个范围的集体，长治久安，维持几千年不断发展，克服了很多困难，而且最后站起来了，前进了，靠的是什么呢？靠的是我们多民族的统一的大国，这个条件是很了不起的，是买不到的，是长期积累下来的丰厚的遗产。如果要不是这么一个大国，清朝道光以后，连割地带赔款，割到最后我们还剩 960 万平方公里（我们以前是 1300 万多平方公里）。只有这么一个统一的、多民族的大国，才能扛得住沉重的磨难，没有被摧垮。

一直到今天，我们的国力也不算很强大。可是，就连不喜欢我们的列强，也不敢轻视我们。是什么原因呢？我看主要的原因，不是我们强，是我们大。这个大是买不来的条件，它不是现在变大的，是从来就大，几千年了就这么大。我们这个国家，在世界来说是唯一五千年持续不断发展的大国。你看历史上没有啊，埃及历史比我们早一点，中亚那边也比我们早一点，两河流域巴比伦也比我们早一点，赫梯比我们早一点，他们都中断了。希腊也是古代文明古国，后来也不行了。到过雅典的人，看到很残破的一些旧殿宇，给人以破落户的印象，风景很好，就是败落。那些大殿都是破烂的样子。从古到今几千年维持不断，持续发展，唯一的国家就是我们中国。要充分地认识这个国情。这是我们考虑问题，选择方向、道路的依据，这是个出发点，也是落脚点。我们对过去的优点、长处要给以足够的认识。这就说明封建文化给我们创造了举世无比的、丰厚的遗产。我们中国这么多的科学家、文学家、艺术家，很多成就都是在两千多年来的封建社会里完成的。比一比欧洲封建社会，它也有成就，比起中国来就差得太远了。就是中国共产党产生的历史与西方的共产党也不一样。咱们学过的马克思主义三个来源，三个组成部分，那是根据欧洲情况讲的。在我们中国，马克思主义的来源在哪里呢？我看就一个来源，就是爱国主义。它是从救国救民的真理，从这里来接触了马克思主义。有识之士为了这个多民族的统一大国不受肢解，不当亡国奴，自强独立，走现代化，才找到马克思主义。中国从一开始就是要走自己的道路，所以有些西方国家不了解中国的国情，认为苏联一垮，就跟多米诺骨牌一样，都倒了。国情不一样，它不会跟着倒，这个话毛泽东也说过，先进的中国人寻找救国救民的真理，这样接受了马列主义。封建社会给我们留下了丰厚的遗产，这个一定要把它讲够，要认识够。

今天我们面临一个新问题，这个现代化的任务摆在我们面前。我们了解过去，在过去的基础上，怎么样才能不被目前激烈的竞争所淘汰，立于不败之地。这个现代化的道路还很艰难，不能躺在古人的成就上，躺在祖宗遗产上来过日子。我们应该做些什么？封建社会给我们带来好多实惠，好多好处，让我们避免了亡国，克服了灾难，创造了灿烂的文化。可是，同时也要看到，在我们走向现代化的今天，这个封建主义思想的残余对我们起到什么干扰，起到什么阻碍，也要充分地认识到、认识足，才能迈开步，要不然很容易变成复古主义，说我们祖宗样样都好，一直都是好，好到没法再前进了，这行吗？

显然是不对的。

有哪些封建残余到现在还有影响呢？比如说家长制。家长式的不民主影响到各级政府，影响到党内，党员对民主精神也不是了解得那么透。家长制在过去有它的根源，小农经济需要家长制，一家的生产计划、劳力安排都要听家长的，家长有绝对的权威，他有支配权。所以封建社会需要有家长制，要没有家长制这个生产就不能维持。家庭是个生产单位，也是个消费单位，没有家长当家怎么行呢？所以说家长制的产生是必然的，非有不可，它立过功。可是现在过民主生活，家长制要继续起作用，人民之间没有平等讨论的机会，一个人说了算，这个显然是不行的。再比如小农经济的生产，它生产的产品，不是为了交换，是为了自己消费。小农经济不存在成本核算的意识，它也不需要成本核算，一家一户过日子可以行得通。如果把这种思想带到企业里，管理一个企业，管理一个国家的财政，成本核算的观念不强，甚至不懂得成本核算，不计成本，这个企业非关门不可，它不适应现代化。再比如，小农经济很容易看重近期效益，不看长远，眼前利益看得很重。从我们多年经济建设看来，各地方的领导官员，近期效益看得非常重。5 年之内你能拿个什么成果出来，10 年之内又怎么样，再远就没有了。成绩做在本届政府当任上最好，不能太遥远。中国教育为什么不发达？因为教育，特别是中小学教育，普及教育，对象是青少年，十年八年看不见效益，有了效益也不是你在任的时候看得出来的。初中孩子毕业，在 20 年以后才起作用呢，你培养得再好又怎么样呢？我们现在历届政府抓大学抓得多，抓中学抓得不够。有的小学老师欠薪打白条，大学就好得多。大学校长容易见成绩，我有多少多少发明，开个展览会，一五一十地摆出来给人看。我在大学教了 10 多年书，我感觉大学教育现在比世界发达国家有差距。大学上不去，就是中学没上去。各地方、各政府、各级官员看重近期效益，投入到中小学看不见近期效益，没有回报，所以就不往这里使劲，欠薪，教员缺额，小农意识对我们的现代化影响有多大！

小农经济的另一个特点，就是直接经验看得多，看不起书本知识，认为书没用。其实书本知识，就是前人的直接经验的记录。如果书本知识不重要，光看直接经验，那么就狭窄得很，有限得很。直接经验只能对你当前有帮助，它具有限制性。把一个人的经验变成千万人的经验，要靠间接经验，靠传播媒体的普及、传播、推广。没有文化，知识贫乏能行吗？建设现代化国家，要提高国民文化素质，就是要扫文化盲。这个文化盲不是说不识字，而是文化素质不够，只看近的，不看远的，只看眼前，不看将来。欣赏能力也跟文化有关，古典音乐不是每个人一听就懂的，外国的朋友对于交响乐，也是学习、学习，欣赏、欣赏才听得懂的。媒体公布的犯罪的官员狂嫖乱赌，一个晚上，连一个工厂输掉的都有。文化素质不高，他认为赌博是享受，是快乐。18 世纪末、19 世纪初法国曾经流行享受主义，追求快乐，大吃大喝。人的肚子是有限的，吃饱了就不能再吃了，屋角放上只桶，用羽毛探进嘴里，引起呕吐，吐光了，回头再接着吃，这种“享受”，算享福吗？一个文化素质欠缺的人他就喜欢这个，停留在低级的消费、低级的刺激上。报上公布的赖昌星拉干部下水，无非拉这些文化素质不高的人。

中国的家族观念很强，这也是小农意识的体现。我看好多现代企业用人，特别是农村乡镇企业用人，第一代发展得很好，后来发展不下去了，因为什么呢？因为任人唯亲！美国有个王安电脑公司，是一个很不错的企业，但王安的儿子把事业给毁了。我们的企业，私人创业的有多少是传给他的亲属、家属、家族的，看董事会、董事长、理事长有多少都是亲属的！这都是封建主义的残余带到现代社会的。外国人很少靠他的父亲，外国人看重的是自己创出来的，不是靠祖先。就说中关村，这个现代企业的核心地方，有人初步统计一下，那些管事的人，跟家族血缘有关系的人很多，如果属实，这就限制了现代化的发展，现代化不能这样做。家族意识、小农意识，不放手家族以外的人。从消极方面来说，贪污腐败，也是以家族为单位。正面的、反面的都有，说明封建残余的势力是造成我们今天现代化的障碍，而且还在起作用。我们农村干部的选举，如果这个村姓张的多，这个书记如果不是姓张，是个外姓的，你就办不通。这说明封建残余思想已经阻碍现代化。这是长期以来留下这么个观念。我们有时骂一个人，说这个人不好，六亲不认，其实真正秉公办事，六亲有什么非照顾不可的呢？五四运动是革命行动，北大打个大旗，说曹汝霖卖国，是曹操的后代，不是好人。曹操变成坏人是宋朝以后变的，不是以前变的。曹操在唐朝还有一个很好的名声，杜甫《丹青引》头一句就是“将军魏武之子孙”。曹操的后代变成卖国贼了，坏人就是曹操的后代，显然是封建思想在作怪。

农村包围城市，共产党从此逐步取得全国胜利，就因为是封闭型的自然经济。我们当初革命根据地大大小小好几十块，延安这块是最大的，南到海南岛都有，当年靠小农经济积蓄了革命力量。今天我们走现代化，应当突破那个范围继续前进才对。看事物的利与弊，往往是纠缠在一起，当初你沾了它的光，如要继续前进，就要摆脱小农意识，实现大同世界，达到共产主义，那时没有国界，没有国家，消灭政党。

国家是保护一个群体最基本的单位，也是最有效的一个单位。中国、外国、大国、小国都一样。国家的作用绝对不能忽视。爱国主义在今天来说，绝不是过时的东西。因为现在，国与国没有一个有权力的机构能够仲裁它，虽然有个国际法庭，有个联合国，但那是个讲坛，没有行政力量。所以一个国家若是不强大，科技不发展，就要挨打，事实已经证明这点。爱国主义没有过时。世界要和平最好都放下武器，可也要注意一点，要同时放下武器，不能你首先放下武器，就像宋襄公那样仁义之师，那蠢事，不可学。我们中国今天所以有发言权，就是因为我们有一定的综合国力，有这么多的人力、物力，还有我们的核武器。我们收回香港就是一个很明显的例子。“二战”结束后顾维钧代表中国就提出香港何时收回的问题，丘吉尔说以后再说吧，这一句话就过去了。国力强盛以后，香港就收回来了。20 世纪 50 年代，陈毅外长到北大讲话，跟老师、学生见面，他说科学技术发达后，我这个外交部长也好当，就是这么个道理。所以说爱国主义一定要坚持、要抓紧。爱国，就是爱我们这个多民族统一的大国，要爱这个社会主义国家。

从反面来看更能说明爱国主义的重要性。外国敌对势力企图使这个多民族国家分裂，支持“台独”“藏独”的分裂活动，还有“东突”活动。我们要搞多民族的统一，敌对势力就反对这个统一。他们反对多民族的统一，说明这个存在是应该的，而且是必须的。我们说科学，自然科学落后，要挨打，这个已经为多数人所接受了。文科，社会科学落后，要挨打，还没引起足够的注意。如果忽视这个问题，不去重视，同样也要挨打，甚至还要给国家造成极大的伤害。近代一位史学家讲，“亡人之国者必先亡其史”。日本占领东北后，成立一个伪满洲国，它不让学生学中国历史，一学历史就知道这是霸占，日本侵略就站不住脚。日本占领了台湾就重写台湾的历史。李登辉受的教育就是日本教给他的历史。越南被法国占了之后，办了一些专科学校，学工程可以，学技术可以，学医可以，学文科不行，更不能研究越南的历史。这从反面来说明，亡国必定亡它的历史。日本政府官员多次参拜靖国神社，就是军国主义的爱国主义，不光是东条英机，凡是为国战死的都放在那里。所以爱国主义对于今天来说非常重要，决不可忽视。

为了我们国家的兴旺发达、繁荣昌盛，我们要加强爱国主义教育，特别是中小学生的爱国主义教育尤其重要。现在南京的中学生中知道南京大屠杀发生的地方的很少，甚至不知道，这怎么可以呢？日本广岛第二次世界大战中遭过原子弹的轰炸，他们让客人去参观，以受害者的身份，述说当时的历史。广岛死的人和南京死的人数差不多，南京死难的人是日本跑到我们国家来，用刀砍杀的，日本广岛挨炸与南京大屠杀不属于同一性质，不可以类比。所以爱国主义不能不讲，教育好下一代，是百年大计。我觉得中小学的历史教科书爱国主义讲得不够。电影讲乾隆皇帝讲得多，可是当前的爱国主义讲得很少。希望爱国主义要抓紧、抓好，中学青少年更重要，21世纪全靠他们了。

我们也有光荣的传统不能丢，有孔子、孟子、庄子、老子以及后来一系列科学家、文学家，多得很。同时也要放开眼光，外国也有一些他们的英雄人物，我们也要学习，也要知道，光看到我们也不行。我们中华民族是一个勤劳、勇敢的民族，可是外国（比如欧洲）也不都是懒惰、愚昧的，他们也有他们的长处。我们胸怀要大一点，真正放眼世界，走向世界，要吸收一切有价值的文化，为建设社会主义所用，这才是我们努力的方向。我从事教育这么多年，深感全国上下对人文科学、社会科学，没有放在足够重视的地位上，这个很危险。人文科学、社会科学，不像自然科学那么立竿见影，好像慢性病，潜伏期很长，不治它，也不至于当时要了命。正因为这样，所以大家更要及早引起注意，早点抓抓爱国主义，让国家立于不败之地。因为国际是非，最后的判断者是以综合国力来仲裁。以前尼克松回忆录上讲过，“国际条约的有效程度，就是看双方遵守的程度”。你遵守，就有效，不遵守，就无效。因为国家没它的上级机构，上面没人管它。一国之内可以守法，有最高法院、基层法院管着它。国际上没这个，国际法是个理论的东西，不能真正解决问题。“科教兴国”是我们的国策，是根本。“科教兴国”是真理。直到大家摆脱了愚昧，才能走向富强。愚昧怎么能够发展呢？过去我们工作中的许多失误，不就是无知造成的吗？不就是只顾眼前利益，不顾后果造成的吗？现代化需要各个方面努力才行。世界很复杂，个人的见识有限，谨以个人的感受跟大家交换一下意见，这些意见仅供参考。

论儒教的形成

中国哲学史是在中国这块土地上生长、发展的，中国社会历史的特性，抉择了中国哲学史的面孔和性质，正像欧洲的社会历史抉择欧洲哲学史的面孔和性质一样。

中国有文字记录的历史绝大部分是封建社会的历史，中国哲学史的发展首要是在中国封建社会历史时代进行的。钻研中国哲学史，如果把中国封建社会的哲学史钻研明确了，找到它的根本规律，中国哲学史的首要任务也接近完成了。中国封建社会历史有哪些特性，大家的见解还不一致，剔除其分歧的部分，总还有些根本上被人们公认的部分。简略地说，中国的封建社会历史约有以下几个特性：

（1）中国封建社会保持的时光悠久而稳定；

（2）封建宗法制度发展得对比完备；

（3）中央集权下的多民族的大一统国度构造形成得早，分裂不能持久；

（4）农民起义次数多，范围大；

（5）在中国的封建制度下，资本主义没有得到很好的发展。

如果把中国封建社会发展的阶段再进一步划分，可以分为以下的六个时代：

（1）疏散割据的封建诸侯统治时代（春秋战国到秦统一前）；

（2）中央集权的封建专制制度建立时代（秦汉）；

（3）门阀士族封建专制时代（魏晋南北朝）；

（4）统一的封建国度重建、兴盛与处所割据时代（隋唐五代）；

（5）封建国度中央集权制完备与社会停滞时代（宋元明）；

（6）封建社会僵化没落时代（清）。

以上六个时代，隋唐以前封建社会在发展、在前进，宋元明以后封建社会制度则起头停滞以至僵化。在上述经济、政治形势变动的同时，代表统治阶级好处的思想系统也相应地发生着变化。

封建社会的上述历史特性和历史过程，造成了以儒教为中心的封建意识形态，这种同封建宗法制度和君主专制的统一政权相适应的意识形态，对劳动人民起着极大的麻醉诈骗作用，因而它有效地稳定着封建社会秩序。为了使儒家更好地施展巩固封建经济和政治制度的作用，历代封建统治者及其思想家们不断地对它加工改造，逐渐使它完备细密，并在一个很长时间内，进行了儒学的造神活动：把孔子偶像化，把儒家经典神圣化，又吸收佛教、道教的思想，将儒家搞成了神学。这种神学化了的儒家，把政治、哲学和伦理三者融合为一体，形成了一个巨大的儒教系统，一直在意识形态范畴盘踞着正统位置，对于巩固封建制度和延长其寿命，起了十分巨大的作用。

春秋时代孔子建立的儒家学说原本就是直接继承了殷周奴隶制时代的天命神学和祖宗崇敬的宗教思想发展而来的，这种学说的核心就是强调尊尊、亲亲，维护君父的绝对统治位置，巩固专制宗法的等级制度。所以这种学说稍加改培育可以适应封建统治者的需要，本身就具有再进一步发展成为宗教的可能。但是在先秦它还不是宗教，只是作为一种政治伦理学说与其他各家进行争鸣。由儒学发展为儒教是随同着封建统一大帝国的建立和巩固逐渐进行的，曾经历了千余年的过程。孔子的学说共经历了两次大的改造。第一次改造在汉代，它是由汉武帝支撑，由董仲舒推行的，这就是中国历史上所谓“罢黜百家，独尊儒术”的方法。汉代大一统的中央集权封建宗法专制国度需要一套在意识形态上和它紧密配合的宗教、哲学系统。孔子被推到了前台，董仲舒、《白虎通》借孔子的口，宣扬适宜汉代统治者要求的宗教思想。第二次改造在宋代，宋统治者集团应用机遇从唐末五代疏散割据的紊乱局势中捞到了政权。他们鉴于前朝覆亡的教训，把政治、军事、财政、用人的权力全部集中在中央。宋朝对外宁可妥协，对内则强化中央集权的封建宗法专制制度；思想文化范畴里也要有与它相适应的意识形态相配合。汉唐与宋明都是中央集权的封建宗法专制制度的国度，但中央权力却是越来越集中，思想文化方面的统治方法也越来越严密。为了适应宋朝统治者的需要，产生了宋明理学，即儒教。儒家的第二次改造，虽说完成于宋代，追溯上去，可以上溯到唐代。韩愈推重《大学》，用儒家的道统反抗佛教的法统。李翱用《中庸》来反抗佛教的宗教神秘主义。到宋代朱熹则把《论语》《孟子》《大学》《中庸》定为“四书”，用一生精力为它作注解。朱熹的《四书集注》被宋以后的历代封建统治者，定为全国通用的教科书。“四书”从十三经中突出出来，受到特别的器重。

下面，我们就从汉代起回溯这个历史过程。

封建大一统的局势形成之后，必定要求与它相适应的哲学作为领导思想。秦王朝不加掩盖地实施严刑峻法，后果很快覆亡了。贾谊《过秦论》就总结了这一教训。汉初的黄老之术，虽有一时的作用，也不是封建国度长治久安之策。统一的封建帝国需要这样一种思想系统：它能够用统一的神权来维护至上的君权，它能够用祖先崇敬来巩固宗法等级制度，它又能够用仁义道德的说教来掩盖统治者对劳动人民的压迫和剥削。为了追求适宜的思想系统，西汉王朝探索了六七十年之久，终于选中儒家，出现了儒家的代表人物董仲舒。董仲舒为了巩固政治的统一，主见思想统一，提出“罢黜百家，独尊儒术”。从董仲舒起，孔子被抬上了宗教教主的位置。春秋时代的孔子是一位政治家、思想家、教导家和儒家学术集团的领袖，但常常被嘲弄、被冷遇；汉代的孔子就成了儒教的庄严、神圣的教主，他被塑造成神，成了永恒真理的化身。汉代封建统治者希望公民去做的许多事，都假借孔子的名义来推广，封建宗法制度进一步得到巩固、加强。“三纲”说在荀子、韩非的著作中已起头提出，但那时只是一家之言，表达一种政治伦理思想。汉代董仲舒以后，通过政府把它推广到社会生涯中去。东汉的处所察举制度曾规定了许多道德品目，如“孝廉”，既是一种道德品德，同时又是一种做官进仕的条件。儒家的封建伦理和社会政治的制度联合得更紧了。西汉和东汉统治者为了巩固中央集权，他们使王权与神权进一步合流，为王权神授制作理论根据。但在实际政治生涯中，他们把神权限制在王权之下，而不许可平起平坐，更不用说神权凌驾于王权之上了。

中国封建统治者，由于和农民起义打交道的经验多，日益觉得应用宗教化的儒学来麻痹公民的反抗意志十分必要。因此，汉代起头采取儒家的经典来为他们的政治、法律的方法作说明。汉武帝时，张汤决狱，要从《春秋》中找根据（其实是捕风捉影，与《春秋》没有关系）。东汉以皇帝名义召开的白虎观的会议，更是用政权来推行神权、用神权维护政权的范例例子。这时的儒家的面孔已经不同于先秦的儒家，孔子位置被抬高了。

汉代的儒家，先按照地上王国的模特儿塑造了天上王国，然后又假借天上王国的神意来对地上王国的一切活动发指示。这就是汉代从董仲舒到白虎观会议的神学目的论的实质。天为阳、为君、为父、为夫，地为阴、为臣、为子、为妇。天地自然界的秩序被说成像地上汉王朝那样的社会秩序。自然界也被赋予封建伦理道德的属性。虽然没有西方上帝造人类那样的创世说，但也有类似的处所。儒家定于一尊，儒家的经典成为宗教、哲学、政治、法律、道德、社会生涯、家庭生涯以及风尚习惯的理论根据。哲学虽不像欧洲中世纪那样都成为神学的婢女，但成了六经的脚注，非圣等于犯法。所谓圣人就是尧、舜、禹、汤、文、武、周公、孔子等儒家所崇敬的偶像。

东汉末年的黄巾大起义，动摇了汉王朝的政治统治基础。王权与神权紧密配合的汉王朝崩溃，代之而起的是疏散割据的处所封建权势。政治上出现了三国分立的局势。三国时，商业交换根本停滞，不再铸造货币，出现了更典型的自然经济。以王权、神权相联合的儒家正统思想——神学目的论也受到了致命的冲击。这时出现了魏晋玄学，在民间和社会上层相继发展了佛教、道教。这时，我国北方、南方少数民族也纷纷武装起义来反抗汉族的政治压迫。他们的领袖人物中有的是被卖的奴隶，后来起义成功，建立了王朝。在思想范畴，他们首先冲击的是儒家内中华而外夷狄的思想。少数民族统治者信奉佛教。汉族群众信奉佛教和道教。五斗米道、太平道在农民中间普遍风行。

由于中国宽大地域已具有高度的封建经济、政治和文化，少数民族把持政权后，由奴隶制社会很快被带进了封建社会。封建社会的统治和被统治的关系，也很快被他们接管。具有中国特性的封建宗法专制主义也还得被器重。因为这一套统治公民的经验行之有效，而这一套封建伦理道德规范在儒家有深远传统。当然，起抉择作用的是中国封建的经济构造和社会构造。中国封建社会的宗法制度是与中国封建社会相终始的，“三纲”“五常”被儒家说成是万世不变的规范。说“万世不变”，这是古人的局限性，因为古人不知道封建社会以外还有其他生产方法。仅就中国的社会情形而论，说它是封建社会“万世不变”的秩序也未尝不可。

在魏晋南北朝时代，佛教、道教普遍风行，儒家失去独尊的位置，但统治者并未抛弃它，它仍然是封建思想的正统。梁武帝崇奉佛教，但梁武帝的《敕答臣下神灭论》的主导思想仍是儒教而不是佛教。当时的统治者用佛、道作为儒教的弥补，三者并用或交替应用。三教之间有斗争，有妥协，也互相吸收。既然封建宗法制度未变，维护封建宗法制度的伦理纲常就不会被抛弃，“三纲”“五常”的秩序非维持不可。因此，佛教、道教也要适应封建宗法制度的要求，才能得到地主阶级的支持。佛教五戒十善，采取的善恶道德尺度仍然不能超出三纲五常的规定范畴，违抗了就是十恶不赦。封建地主以造反为罪大恶极，佛教也觉得无君无父是构成入地狱的罪责。难怪宋文帝发自肺腑地说，佛教虽主见降生，但有助于王化。魏晋玄学否定了神学目的论，但未对儒家的封建宗法制度、三纲五常触动一根毫毛。

当时名教与自然的辩论，反映了玄学家们如何对待三纲五常的根本态度。不论哪一派，都不敢说不要名教。玄学最大的代表人物之一如王弼，还是觉得孔子比老子高超。农民不是先进的生产关系的体现者。农民的思想随着生产材料、政治权力的被剥夺，也被迫接受统治阶级的王权神授、天命抉择论，也被封建宗法制度所约束。

虽然政治上南北处于分裂状况，中国历史这一时代在某些方面仍有所发展。北方和南方在各自的统治范畴内有相对安定的政治局势，于是北方和南方各民族在经济、文化的交流中有了进一步的融合。许多落后的氏族部落和奴隶制初期的民族，由于同汉族不断交往，相互了解、通婚、学习，很快赶上来，进入封建社会，这就给以后隋唐建立的多民族繁华昌盛的封建统一王朝准备了条件。

隋唐时代由于封建经济的进一步繁华、发展，对世界经济文化交流有过贡献。南北朝时代分裂割据的影响逐步泯除。佛教停止了南北朝各宗派长期分裂的局势，形成了统一的各宗各派；道教也混合南北，形成了统一的唐代道教。佛教、道教各自发展自己的寺院经济并建立宗派传法世系。儒家的经学也兼采南北经学流派，形成具有唐代特性的经学。儒、释、道三家鼎立，都得到封建王朝的大力支撑。三家学说有异，服务的对象却是一家。朝廷遇有大典，经常让三教中的代表人物在殿上公开宣讲。儒家讲儒家的经典，佛教、道教也各自讲各自的经典，时称儒、释、道三教。儒、释、道所讲论的内容，也逐渐由互相诋毁而变得互相弥补。政府命令禁止道教攻击佛教和佛教攻击道教的文字宣扬。唐初朝廷举行公开仪式中，有时规定佛教徒在先，有时规定道教徒在先，中唐以后规定齐行并进，不分先后。儒家对佛、道有所攻击，首要说他们不生产、不当兵、不纳税、不负担政府的任务、不符合中国传统的风尚习惯等等。但儒家在哲学观点上，则大量吸收佛、道的东西。

久为人们熟悉的宋代理学的创始者周敦颐的代表著作是他的《太极图说》和《通书》。周敦颐的学术渊源，来自道士（陈抟——种放——穆修——周敦颐），他们的传授关系是有案可查的。维护周敦颐的朱熹一派，极力否定周氏与道教的关系，给以新的说明；也有一派如陆九渊弟兄，觉得“无极”之说源出老子（道教），为了维护儒家的正统，他们提出这不是周氏的主见，不然就是他早年思想系统不成熟的作品。又据记录，周敦颐与僧寿涯也有学术上的交往。宋代的朱熹与道教的牵连更深，对道教的经典《阴符经》《参同契》曾大力钻研。儒道合流的代表人物，由北宋上溯，如唐朝司马承祯，由此再上推，到南朝的陶弘景，北朝的寇谦之，都是联合封建伦理学说来宣扬道教的。宋以后的道教更是公开宣扬三教合一，如假托吕洞宾的名义的一些宋明道教著作，都在宣扬忠孝仁义等封建宗法世俗观点。

儒佛互相渗透的情形更普遍，如唐代的柳宗元、刘禹锡、梁肃、白居易，这是人所共知的。过去人们对柳宗元、刘禹锡以唯物主义而信佛，觉得不好了解，有的哲学史工作者出于爱护唯物主义哲学家的情感，对这个现象也进行过说明，对他们的信佛表现遗憾。宋代的唯物主义者王安石，同时又是佛教的信奉者，晚年还舍宅为寺。这些唯物主义者都受儒教的熏陶，并且觉得儒佛并不抵牾，可以相通。以佛教徒和尚而公开主见儒教的，如宋代的孤山智圆，自号“中庸子”，他自称：

中庸子智圆名也，无外字也，既学西圣之教，故姓则随乎师也。尝砥砺言行以庶乎中庸，虑造次颠沛忽忘之，因以中庸自号，故人亦从而称之。或曰：“中庸之义其出于儒家者流，子浮图子也，安剽窃而称之耶？”对曰：“夫儒释者言异而理贯也，莫不化民俾迁善远恶也。儒者饰身之教，故谓之外典也；释者修心之教，故谓之内典也。唯身与心则内外别矣，蚩蚩生民岂越于身心哉？非吾二教何以化之乎？嘻！儒乎，释乎，其共为表里乎！”（《闲居编·中庸子传上》，第19页）

故吾修身以儒，治心以释，拳拳服膺，罔敢懈慢犹恐不至于道也，

况弃之乎？呜呼！好儒以恶释，贵释以贱儒，岂能庶中庸乎？（同上）

自然现象不同于社会现象，它不具有人类社会的道德属性，但智圆用儒家的仁义观点，加以自然生物以道德属性，与朱熹等以仁义礼智释元亨利贞的思想方法是一个路数。

至于佛教与道教的合流，交互影响，也是随着隋唐在政治上的大一统而形成的。道教经典很多取自佛经，这已是公认的事实。天台宗的创始人慧思，既是佛教徒，又信奉道教长生求仙的方术，要作“长寿仙人”，史传有明文，并不避讳。

从唐代的儒、释、道三教鼎立发展为宋代的三教合一，这个长期的历史过程，也就是儒教在封建政权的支撑下逐渐酝酿成熟的过程。

从汉武帝独尊儒术起，儒家已具有宗教雏形。但是，宗教的某些特性，尚有待于完善。经历了隋唐佛教和道教的不断融合、互相影响，又加上封建帝王的有意识地推进，三教合一的条件已经成熟，以儒家封建伦理为中心，汲取了佛教、道教一些宗教修行方法，宋明理学的建立，标志着中国儒教的完成。它信奉的是“天地君亲师”，把封建宗法制度与神秘的宗教世界观有机地联合起来。其中君亲是中国封建宗法制的核心。天是君权神授的神学根据，地是作为天的陪衬，师是代天地君亲立言的神职人员，拥有最高的说明权，正如佛教奉佛、法、僧为三宝，分开了僧，佛与法就无从流传。宋朝理学兴起的时候，恰恰是释道两教衰微的时候。风靡全国，远播海外的佛教，形式上衰微了，实际上并没有消亡，因为儒教成功地吸收了佛教。看起来中国没有像欧洲中世纪那样宗教独霸绝对权威，但中国中世纪独霸的部署力气是不具宗教之名而有宗教之实的儒教。

儒教这个宗教，看起来不同于其他宗教，如基督教、伊斯兰教、佛教等，甚至打出反对上述宗教的幌子。清代学者颜元早已指出，程颐的思想“非佛之近理”，乃程颐之理“近佛”（见《存学编》）。还指出：

其（朱熹）辟佛老，皆所自犯不觉。如半日静坐，观喜怒哀乐未发景象是也，好议人非，而不自反如此。（《存学编》）

进入高等阶段的宗教都有他们不同的“原罪”说。宣扬人生下来就有罪，必须靠宗教的精力训练来拯救人们的灵魂。程颐说：

大抵人有身，便有自私之理。宜其与道难一。

儒教宣扬禁欲主义：

甚矣，欲之害人也。人之为不善，欲诱之也。诱之而弗知，则至于天理灭而不知反。故目则欲色，耳则欲声，以至鼻则欲臭，口则欲味，体则欲安。此则有以使之也。然则何以窒其欲？曰：思而已矣。学莫贵于思，惟思为能窒欲。曾子之三省，窒欲之道也。（《宋元学案·伊川学案》）

这种禁欲主义，一直成为宋以后儒教修养的中心思想。他们甚至连五欲排列的次序也按佛教的眼、耳、鼻、舌、身五欲排列。

宗教都要树立一个至高无上的神（名称各有不同）。儒教亦宣扬敬天、畏天，称国君是天的儿子。君权与神权紧密联合起来，国君被赋予神性。儒教还有祭天、祀孔的仪式。

宣扬“以贫为荣”“以贫为乐”，也是儒教的一个首要内容。儒教著作中称颂有道之士“虽箪瓢屡空，宴如也”。穷了，就避免了声、色的物资诱惑。儒教觉得生涯水平越低，道德品德越高，他们把物资生涯的改良看作罪责的源泉，把生涯希望与道德修养摆在势不两立的位置。“不是天理，便是私欲”，

“无人欲即是天理”（《宋元学案·伊川学案》）。

儒教把一切学问都归结为宗教修养之学。儒教不去改造客观世界，而是纯粹心田；不向外察看，而是向内检讨；不去认识世界的规律，而是去正心诚意当圣贤。圣贤的规格就是儒教规格的人的神化，即范例的僧侣主义的“人”。他们说：

颜所好者何学也，学以至圣人之道也。……喜怒哀乐爱恶欲，情既炽而益荡，其性凿矣。是故觉者约其情，始合于中，正其心，养其性，故曰：“性其情。”愚者则不知制之，纵其情以至于邪僻，梏其性而亡之，故曰：“情其性。”（《颜子所好何学论》）

伊川见人静坐，便叹且善学。（《宋元学案·伊川学案》）

宗教都主见有一个精神世界或称为天国、西方净土，宗教都有教主、教义、教规、经典，随着宗教的发展形成教派。在宗教内部还会发生横逸旁出的邪说，谓之“异端”。儒家则不讲降生，不主见有一个来世的天国。这是人们通常指出的儒家不同于宗教的根据。

但是我们应当指出，宗教所宣扬的彼岸世界，只是人世间的理想和歪曲的反映。有些宗教把彼岸世界说成仅只是一种主观精力状况。在中国的历史上，隋唐以后的佛教、道教，都有这种倾向。以影响最大的禅宗为例。中国出现过许多宗派，禅宗受中国封建文化影响最多，他们宣称“菩提只向心觅，何劳向外求玄？听说依此修行，西方只在眼前”（《坛经》）。禅宗主见极乐世界不在彼岸而在此岸，不在现实生涯之外，就在现实生涯之中，所谓出家、摆脱，并不意味着分开这个世界到另一个西天。在日常生涯之中，只要接管了宗教的世界观，当前的尘世就是西天，每一个接管佛教宗教观的众生即是佛，佛不在尘世之外，而在尘世之中。

宋明理学吸收了禅宗的这种观点。虽然它不讲降生，不主见有一个来世的天国，但是却把圣人的主观精力状况当作彼岸世界来追求，这和禅宗主见在尘世之中成佛是完全相同的。

程颢的《定性书》被宋明理学家公觉得经典性的权威著作，这种“定性”与佛教禅宗的宗教修养方法一脉相承，所谓“动亦定，静亦定，无将迎，无内外”（《定性书》），即是禅宗的“运水搬柴，无非妙道”。把人性差别为“义理之性”与“气质之性”，“人欲”又是挟“气质”以具来的罪责，实质上是宗教的“原罪”观念。程颐的《颜子所好何学论》是一篇范例的宗教修养方法论，是一篇宗教禁欲主义的宣言书。张载的《西铭》也是一篇歌颂“天地君亲师”的儒教宣言，他觉得人生的一切遭遇天地早部署定了，享受富贵福泽是天地对你的关切，遭遇贫贱忧戚，是天地对你的考验。天地与君亲本是一家人。二程教人主敬，程颐终日“端坐如泥塑人”。“存天理，去人欲”更是一切唯心主义理学家全力以赴的修养目的。他们所谓“天理”，无非是封建宗法制度所许可的行径准则，内容不出“三纲”“五常”这些儒教教条。儒教追求的精力境界更着重于封建道德修养，巩固宗法制度。儒教的孝道除了伦理意义外，还有宗教性质。儒教没有入教的仪式，没有准确的教徒数目，但在中国社会的各阶层都有大量信徒。儒教的信奉者决不限于读书识字的文化人，不识字的渔人、樵夫、农民都逃不脱儒教的无形把持。专横的族权，高压的夫权，普遍存在的家长统治，简直像毒雾一样，弥漫于每一个家庭，每一个社会角落。它像天罗地网，使人无法摆脱。

宋明理学所普遍关切并重复辩明的几个中心问题有“定性”问题、“义理之性”与“气质之性”的问题、“孔颜乐处”问题、“主敬”与“主静”问题、“存天理，去人欲”问题、“理一分殊”问题、“致良知”问题等。这些问题虽以哲学的面孔出现，却具有中世纪经院神学的实质和修养方法。看起来问题虽多，最后都要归结到“存天理，去人欲”这个中心题目上来。

宋明理学各家各派，不论是政治上提高的、保守的、唯心的、唯物的，都在萦绕一个中心问题论述自己的观点：如何正确处理（对待）“天理”与

“人欲”的关系。它不是一个哲学问题，而是一个神学问题，即如何拯救灵魂，消灭“罪责”，进入“天国”（理想的精神境界）的问题。中国哲学史涉及社会伦理思想的特别多，而涉及自然的比较少，这也是被中世纪封建社会的特性所抉择的。欧洲中世纪的哲学是神学的奴婢，它的注意力也不在认识自然界而在拯救人类的灵魂。恩格斯指出，特别在近代才突出思维与存在、精力与物资的关系问题，古代不是这样，那时是靠天吃饭，是自然的奴隶，也就没有能力摆脱神学的约束。西方中世纪神学的中心观念是“原罪”，中国中世纪神学的中心观念是“存天理，去人欲”。这不是谁剽窃谁的，而是封建社会的共性决定了的。只要是中世纪封建社会，必讲天理人欲之辨。只是欧洲有欧洲的讲法，印度有印度的讲法，中国有中国的讲法。

在资本主义降生以前，人们都受神的统治，神学覆盖一切。因为中外中世纪的经济是封建经济、小生产的自然经济，靠天吃饭。物资生产要靠天，精力上就不能不靠天。人们不能摆脱宗教这个异己的力气，统治者则充分应用牧师这一职能来保持其统治。由于这个原因，封建社会里的唯物主义阵营在实力上无法与唯心主义阵营旗鼓相当，唯物主义者总不能摆脱宗教和唯心主义的巨大影响。欧洲中世纪宗教和教会具有垄断一切的权势，曾经发生过唯名论与唯实论的辩论，唯名论属于唯物主义阵营，但要披上宗教的外衣。后来 18 世纪法国唯物主义者则是踢开上帝，抛开神学的外衣，大讲无神论。像斯宾诺莎实质是唯物主义者，还保留着“神”这个外壳。中国哲学史上提出唯物主义观点的思想家，如宋代的陈亮、明代的王廷相、清代的王夫之、颜元、戴震等人都在不同的范畴对儒教的某一方面的问题有所抨击。与正统的儒教——程朱陆王的理学在哲学路线上相对峙，但他们都抛不开孔子，摆脱不了六经，他们都自称得到孔子的正统真传，假借孔子、孟子的衣冠来扮演改造儒教的角色。他们对孔子这位教主则不敢怀疑。明代的李贽曾提出过“不以孔子之是非为是非”，这是他敢于突破藩篱的处所，他怀疑的限度只限于孔子的个别结论，而不是怀疑孔子这个教主，更不是要打倒孔子。他竭力抨击那些口诵圣人之言、败坏封建纲常的假道学假圣人之徒，他提倡忠孝仁义，保持封建宗法制，他是爱护这个制度的孤臣孽子。李贽对佛教五体投地，他是儒教异端，而不是反封建的好汉。

宋明理学体系的建立，也就是中国的儒学造神活动的完成，它中间经过了漫长的过程。儒教的教主是孔子，其教义和崇奉的对象为“天地君亲师”，其经典为儒家六经，教派及传法世系即儒家的道统论，有所谓十六字真传。儒教虽然短缺一般宗教的外在特性，却具有宗教的一切实质属性。僧侣主义、禁欲主义、“原罪”观念、蒙昧主义、偶像崇敬，注重心内检讨的宗教修养方法，敌视科学、轻视生产，这些中世纪经院哲学所具备的落后宗教内容，儒教应有尽有。

佛教禅宗曾把僧侣变成俗人，以求得与中国的封建宗法制度配合；儒教则把俗人变成僧侣，进一步把宗教社会化，使宗教生涯、僧侣主义渗透到每一个家庭。有人觉得中国不同于欧洲，没有专横独断的宗教；我们应当看到中国有自己的独特的宗教，它的宗教权势表面上比欧洲松散，而它的宗教权势影响的深度和广度、把持群众的稳定性更甚于欧洲中世纪的教会。欧洲中世纪设有异教裁判所，中国的儒教对待叛道者应用的教条教规也是十分严酷的。凡是触犯了封建宗法规范，被认定为大逆不道、逆伦灭理的，可以在祠堂里当众处理，直到死刑。更首要的一个手段是“以理杀人”。被儒教残害的群众，连一点呻吟的权利也被剥夺干净，丝毫同情、怜悯也得不到。千百年来，千千万万男男女女无声无息地被儒教的“天理”判了死刑。儒教“视人之饥寒号呼、男女哀怨，以至垂死冀生，无非人欲”（戴震：《孟子字义疏证》），必尽除之而后快。真是“杀人如草不闻声”，精神的镣铐比物质的镣铐不知道严酷多少倍。

董仲舒对孔子的改造，已经使孔子的面目不同于春秋时代的孔丘。汉代中国封建社会正在上升时代，统一的封建王朝继秦朝以后，富有生命力，配合当时的政治要求而形成的儒教虽有其保守的一方面，但也有积极因素。宋明以后，中国的封建社会已进入后期，出现的资本主义萌芽都不幸没有得到正常发展的机遇。宋明封建王朝的统治者推进儒教的发展，朱熹对孔子的改造，与孔子本人的思想面孔相去更远。如果说汉代第一次对孔子的改造，其积极作用大于消极作用，那么宋代第二次对孔子的改造，其消极作用则是首要的。

儒教限制了新思想的萌芽，限制了中国的生产技能、科学发明。明代（16世纪）以后，中国科技成绩在世界行列中起头从先进趋于落后。造成这种落后，首要原因在于封建的生产关系日趋腐朽，使社会经济停滞不前，中国的资本主义没有得到发展的机遇，而儒教系统对人们探索精力的窒息，也使得科学的步伐迟滞。上层建筑对它的基础决不是漠不关切的，它要积极维护其基础。中国封建社会特别顽固，儒教的作梗应当是原因之一。

自从五四运动开始提出“打倒孔家店”的口号，当时提高的改造派指出孔子是中国保守权势的精力支柱，必须“打倒孔家店”，中国才能得救。当时人们还不了解历史地对待历史事件和历史人物，不善于用发展变化的眼力对待事物，因而把春秋时代从事政治活动和教导文化事业的孔子和汉以后历经宋元明清封建统治者捧为教主的孔子混为一谈。孔子只能对他自己的行径承担他的历史功过，孔子无法对后世塑造的儒教教主的偶像负责。作为一个教导家、政治思想家、先秦儒家流派的创始人，我们应当给以全面的恰当的评价，历史事实不容抹掉，而且也是抹不掉的。孔子这个人在历史上的功过，现在学术界还没有一致的见解，这是一个学术辩论的问题，不可能短期取得一致的见解。儒教的建立标志着儒家的消亡，这是两笔账，不能混在一起。说孔子必须打倒，这是不对的；如果说儒教应当废止，这是应该的，它已成为阻碍我国现代化的极大思想障碍。

有人觉得中国历史上不曾出现过像欧洲中世纪那样的政教合一的黑暗统治时代，是得力于孔子的儒家学说。儒家起了抵制宗教的作用，儒家不迷信，所以克制了神学的统治。

中国没有出现欧洲中世纪那样的基督教，这是中国社会的特性所抉择的；

说中国有了儒家从而避免了一场宗教神权统治的灾难，是不对的。因为儒教本身就是宗教，它给中国历史带来了具有中国封建宗法社会的特性的宗教神权统治的灾难。

宗教、迷信、神权是人类历史上不可避免的现象，迄今还没有发现过有哪一个民族、国度有过对宗教的免疫能力。不过在不同国度和不同地域，宗教具有不同的表现形式罢了。中国儒教倔强地把持着中国，它与中国封建社会相始终，甚至封建社会终结，它的幽灵还在游荡。

还应当看到宗教有它的形式和内容。形式上可以有信奉的偶像不同、教义教规的不同，但追求彼岸世界的宗教世界观是一切宗教的共同的特性。教权与王权的关系，西方与东方形式上有所差别，西方是教权高于王权，中国除从前西藏地域外，则是王权高于教权。但王权与教权的紧密配合，及其禁锢人们的思想的水平，东方与西方没有两样。

有人觉得中华民族耸立于世界民族之林，经历了多少次风雨，儒家提倡的气节，起了首要作用。所以历史上出现了临危不惧、见义勇为的好汉人物。当民族面临危机严重的关头，我国出现过不少好汉，他们是民族的脊梁。应看到，临危不惧、以身殉其理想，历史上屡见不鲜，如墨子的门徒们为维护墨家的好处、理想，赴汤蹈火，死不旋踵；田横有五百壮士同日自杀以殉齐国；董狐秉笔挺书，视死如归。他们都不是孔子或儒家的信徒。还有一些为宗教狂热的驱使到西方取经的佛教徒，也能不避死亡，策杖孤征。可见把曾子所说的“可以托六尺之孤，可以寄百里之命，临大节而不可夺”的刚强品德记在孔子或儒家名下，是不符合事实的。像曾子所标榜的这个要求，儒家创始人孔子就没有做到。孔子周游列国，遭到蒲人的围困，孔子对天发了假誓，作了保证，才逃脱包围。一旦脱离险区，发的誓就不算数了，还自己解嘲说“要盟不信”。孔子还看不起那些“言必信，行必果”的人们，他在气节这一点上偏偏表现得不好。一个民族，不论大小，都有它的优点。世界大门已经敞开，可不能再抱着“河东白豕”那种自我观赏、自我锢蔽的态度。欧洲人的书里也曾讲由于有了基督教的好传统使他们保持了宽忍、推让、慈祥为怀的高贵情操。事实果真如此么？我们中华民族早就有过深刻体会——当年大炮、军舰、《圣经》、鸦片同时莅临，这就是他们所宣扬的高贵情操。所谓宽容、推让的美德是有的，它出自劳动人民，而不是《圣经》教训的结果。

有人觉得儒家有爱国主义的好传统，儒家保留了中华民族的文化，形成一种团结的向心力。

爱国主义，不是抽象的名词，它有实际的内容。春秋战国时代诸侯国林立。许多学有特长的人，有政治抱负的人，到处游说，想依赖一个国度的国君支撑他们的主见，推行他们的政治理想。孔子就是其中的一个。孔子离开了他的祖国鲁国，到处游说，他到过齐国、卫国、楚国等大国。哪一个国君用他，他就在哪一个国度当官。后来孔子的弟子们、诸子百家的领袖们都是这样做的。当时没有人议论他们背离祖国，或不爱国。战国末期，李斯的《谏逐客书》不但没有想到要好好为祖国效力，而是举出种种理由，规劝秦国君主重用有才学的外国人，而不必管他们来自哪个国度。当时各民族之间经济、文化、婚姻的联系频繁，视为当然，诸侯贵族曾与邻近的少数民族通婚。春秋战国时代，民族之间，国与国之间的关系是正常的，开放的，不是封闭的。

到了秦汉以后，中国建立了多民族的统一的宗法封建专制主义的大一统的国家。这时的国内各民族的关系也是平等和蔼的。只是来自北方游牧地域，尚处在奴隶制前期的匈奴部落对农业地域经常掠取，把早已进入封建社会的内地居民掠为奴隶，这就遭到进入封建社会的全部公民的反抗。掠取与反掠取的斗争，加深了民族的限隔。长期的战斗和经济交流（战斗也是一种代价很高的文化交流），使多民族的封建大一统国度在安定的政治局势下不断得到发展。隋唐皇室就不是纯汉族。唐代任用朝廷和处所官吏，对蕃汉各族一视同仁，这对于封建的发展繁华起着增进作用。民族融合，和平相处，这是历史发展的主流。

但也应当看到，由于地理形势的局限，我国与东南海外的往来关系远不如西北陆上的亲密。我国历史上不断地一批一批把西北民族从部落社会、奴隶制社会带进了封建制社会，同时又不断接触一些新的部落民族。长期以来，形成了汉族的自大优胜感，以“天朝”自居。宋以后，历代统治者致力于把持内部、防止造反，再加上儒教的长期灌输，从而形成一种极不健康的民族思想意识。对外来的东西，又怕又恨，发生一种儒教变态心理。

有人觉得有了以儒教为中心的文化共同体，团结了中华民族。华侨中多半信赖儒家思想，他们的爱国主义精力，多得力于儒家传统。

这是用思想去说明社会历史，而不是用社会历史去说明思想，而且这个说明也是不正确的。华人海外谋生，很不容易，他们多半是冒着生命危险去的。明清以前出国谋生的华侨得不到政府的支持和维护，近代中国又处在半殖民地的位置，政府无力维护，在海外受尽了侮辱和种族歧视。华侨如不团结，不互相赞助，就难以生存，更不用说发展了。华侨希望祖国繁华、昌盛，他们的处境抉择了他们热爱祖国的思想情感。

中国是一个封建宗法制度占统治位置的国度，华侨离乡背井，往往依赖封建宗法关系、同乡邻里关系、行会关系。以这些关系为纽带，加上语言、习惯、经济的联系，自然结成了自己的相互依存的共同体。他们可能把“天地君亲师”的神位一齐带出国，但团结他们的首要力气是现实的生活而不是什么儒教的遗泽。多少世纪以来，世界上失去祖国的犹太人，倔强地生存着，他们都不信儒教。流落的吉卜赛人，也倔强地生活着，他们也不知道什么是儒教。

有人说，儒教集中体现了中华民族优良的文化传统，它培育了许多“取义”“成仁”、可歌可泣的民族英雄。不错，中华民族是有优良的传统，在它的历史上也涌现出许许多多伟大的民族英雄，但不能把功勋记在儒家或儒教的账上。中华民族的优良文化传统和自强精神是在同民族压迫和阶级压迫的斗争中，在同自然界的斗争中形成的，首要是指反抗精神、就义精神、科学精神和法制精神。这些优良传统首先体现在广大劳动人民身上，也体现在代表公民好处的一些先进的人物身上。历来反抗黑暗的专制统治、反抗暴政、反抗民族压迫，最终把封建制度颠覆的并不是正统的儒家人物，而是农民的革命力气。建立了中国绚烂的古代文明，在农业、手工业和建筑、绘画、雕塑等方面建立出高度的技艺和举世有名的伟大作品的作者们甚至连名字也没有留下，他们是农民、手工工人和各种巧匠艺师，却不是儒教信徒。否定天命鬼神，高举无神论和唯物论旗帜的并不是儒教正统学者，而是敢于冲破儒教传统的先进人物。宋元及明清优良的文学作品，其领导思想多半是发不平之鸣、离经叛道之作。近百年来，在民族危亡、社会昏暗的时刻，从伟大的太平天国运动、辛亥革命，直到五四运动，这些斗争唤醒了沉睡的中国，为在中国共产党领导下使中国重立于世界各国之林开辟了道路。这些伟大的活动，一个首要的斗争目的，就是反封建制度，反儒教思想。

宋明以后的儒教，提倡忠君孝亲、尊孔读经、复古守旧，都是文化遗产中的糟粕，是民族的精力赘疣。像岳飞这个民族好汉，由于儒教灌输给他的忠君思想，使他违抗了民族好处，放弃已经到手的成功，自己冤死，国家受难。文天祥在《正气歌》里说的“成仁”“取义”的名句，虽出自儒教圣训，但推进他行径的根本动力，还是他面临的民族压迫的现实。我们同样应当指出，外来侵略者也提倡儒教，内部的投降派也提倡儒教。抗战时代日本帝国主义者也修过孔庙，大小维持会的头目，多为儒教信徒，而抗日根据地的军民群众并没有靠“成仁”“取义”的口号来作为抗战的动力。

中国文化确凿有好传统，像奋发有为、坚毅倔强、吃苦耐劳、不畏强暴，这都是劳动人民的优良品德。这些优良品德并非来自儒教，甚至是反儒教的产物。如果我们的广大群众和海外侨胞都照儒教的规范行事，那就要脱离生产，轻视劳动，“畏天命，畏大人，畏圣人之言”，他们神龛里供奉着“天地君亲师”的神位，忠诚礼拜，终日静坐，“如泥塑人”，天天在“存天理，去人欲”，将是什么样的精力面孔，又怎能立足于世界呢？

总之，历史事实已经告知人们，儒教带给我们的是灾难、是枷锁、是毒瘤，而不是优良传统。它是封建宗法专制主义的精力支柱，它是使中国公民长期笨拙落后、思想僵化的总根源。有了儒教的位置，就没有现代化的位置。为了中华民族的生存，就要让儒教早日消亡。我们只能沿着“五四”时代早已提出的科学与法制的道路，向更高的目标——社会主义前进，更不能退回到“五四”以前老路上去。倒退是没有出路的。

（作者附言：这篇文章，是根据 1979 年访日时所作的“儒家与儒教”学术报告弥补改写的）

儒教这一套学问不是孔子发明的

讲到儒这个名称，一般人都会把它和孔子联系起来。但是，儒家或者儒教这一套学问，却不是孔子发明的。中国有五千年的文明史，孔子到现代不过两千多年。孔子的学问，继承了此前两千多年的文化成果。不是有了孔子，有了儒学、儒家或儒教的名称，这套学问才存在；而是儒学继承了以前的优秀文化成果，包括神话传说时代的文化成果，以后又不断丰富、发展。所以，儒学或儒教有个发展过程，代表了五千年的文化成果。

中国古代神话与西方不同。在西方的神话中，人类创造的文明成果都被说成是外来的，是从另一个世界来的。比如用火，西方神话说是普罗米修斯从天上偷下来的，造福人类。中国神话也讲用火的起源，但说的是燧人氏发明的，不是从天上偷来的。这是一个例子吧。这个例子说明，中国古代在没有文字以前，在神话传说时代，已经把能源的发明说成是由人类自己的双手发明的，说成是从实践中得来的。实践出真知，中国上古的人们已经开始懂得这个道理。

在没有文字以前，神话传说中的人物，也都带有人类实践活动的痕迹。伏羲氏、燧人氏、有巢氏、神农氏，都不是人名。那时候的人们没有名字，不知道姓什么叫什么，就把他们对人类的贡献作为名字。伏羲是游牧时代的英雄，教人们驯养家畜；燧人氏发明用火；有巢氏教人们建造房屋；神农氏是农业的发明者，教人们定期种植、收获。

这些例子说明，中国古代神话已经带有很多的人类社会实践的内容，说明中国文明一开始就从实际出发。从人类认识的起源来说，的确是从实践开始的。中国文化的这个传统，一直延续下来。

从实践出发的中国传统文化，一个基本的、核心的观念，就是敬天法祖。这里效法的祖先，既是人，又是神。要敬的天，既是神，也是祖。祖先，也是重大文明成果的发明者。因为有创造发明，后人纪念他们，把他们尊奉为神。也就是说，中国文化从原始宗教开始，就有了一个重实践、从实际出发的传统。这个传统一直传到今天，是中国文化的核心精神。

敬天法祖延续下来，表现于道德观念，就是“忠”“孝”。忠孝是儒家或儒教道德观念的核心。今后人民不必为皇帝个人及政权效忠，但对国家对中华民族还是要尽忠。古代农业生产的小农经济社会的“孝，晨昏定省”，“父母在不远游”，“不孝有三无后为大”，现在社会结构与古代不同，但对父母的爱护、关怀还是必需的。对“孝”要充实以新的内容。

中华民族的发展，是从多民族共存的涣散状态向多民族统一的国家迈进的过程。春秋战国时代的百家争鸣，各家说法不同，但目的都是要建立一个统一的、和谐的国家，包括各个民族在内。秦汉统一，实现了这个理想。以后虽然也有分有合，但向往统一，并且最终实现了统一，是中国古人数千年来的共识。

统一是个长期的过程，其中以孔子为代表的儒家起了积极的、核心的作用。这一点是谁也无法否认的。道家的影响也很强，但比起儒家还是要差一点。在中国文化的进程中，道家的贡献仅次于儒家。

到了辛亥革命，帝制被废除了，儒教的国教地位、唯一独尊地位也被消灭。一般意义上的宗教信仰是不可以消灭的，不可以通过人为的、政治权力的干预加以消灭的。但是某一种宗教，某一个教派，是可以消灭的；其一种宗教信仰也是可以改变的。唐僧取经时代，新疆一带都是信仰佛教的。但是从10世纪开始，也就是我国的宋代，新疆一带居民还是原来居民，就逐渐信仰了伊斯兰教，原来的佛教在当地就消灭了。印度一带原来信婆罗门教，后来出现了佛教。但是后来佛教在印度曾一度消失，伊斯兰教则发展起来，并且普及到巴基斯坦等非常广大的地区。

儒教也是这样。经过辛亥革命，儒教的教皇，也就是皇帝，被取消，儒教也就归于消灭。中国境内的其他宗教，比如佛教、道教等，也受到了革命的冲击，但不如儒教遭受的打击厉害，所以还保持着它们的存在。现在统战部管的几大宗教，就没有儒教，因为儒教的教团、教皇被废止了，被消灭了。

儒教没有了，但是它的思想影响还在，以儒教为核心的传统文化的影响还在。儒教典籍中保留了大量的宝贵文献资料，不仅属于儒教一家，也是中华文化的共同财富，如“十三经”等。

我们要建设新文化，传统文化是重要的资源。继承传统文化优秀成果的历史责任要我们担当。改革开放以来，世界影响着我们，我们也影响着世界。对传统文化，需要认真研究。为了实现这一目标，弄清儒教是不是宗教还不是最重要的，虽然这也是继承传统文化优秀成果的一个方面。最重要的是要弄清哪些是精华，应该继承发扬；哪些已经过时，需要更正修改。这个工作，五四时代就在做，但只能算是开头。

随着经济建设的发展，文化高潮可能五十年以后才能出现，现在是过渡时期。我们对传统文化研究得愈透彻，对建设新文化就愈有利。“文革”时期我们走过弯路，搞什么评儒批法，走回头路。这是倒退。现在我们走上了正轨，前途一定是光明的。

禅学与儒学：运水搬柴与洒扫应对

禅学主旨在于明心见性。因为通常人的一切行为，都不免有一个用意的意思，而不能无念无着。行善，为“善”所紧缚，坐禅，为“禅”所紧缚。恶念固然要不得，可是横亘一个善念在胸中，仍旧是一种障蔽。这种障蔽与前一种障蔽同样地陷入不能自拔，好像人的眼睛里固然揉不进泥沙，可是金屑玉屑落到人的眼睛里，也同样地会使人白翳。禅宗教人求佛作圣的唯一法门就是要一切放下。放下即是解脱。一无所着，即是菩提；一有所着，即是烦恼。菩提与烦恼，圣人与凡夫的差别只是无所着与有所着的差别。所以禅宗大师常说：“一念几回，转凡成圣。”佛法只是平常心，心无造作，如明鉴照物，物来顺应，过而不留。用工夫不外乎饮食起居，佛性即是自家的本性，若一味向外追求，乃是骑驴觅驴。见得此理时，犹如桶底打脱，“佛法元无多子”。因为本体即是自性，是不可说的全体，与物无对。本体即是全体，它不是知识的对象。对于本体的了悟，只有自证自悟。佛祖圣人的生活，无非是平常人的生活。他们所教人的，也无非是教人认识自己，教人不要用知识向外找东西的态度或方法求真理。真理的发现，只在日常生活之中，并不在日常生活之外。真理即内蕴于饮食起居，所以只要物来顺应即可。禅宗说：“运水搬柴，无非妙道。”佛祖圣人所作所为的，并不是什么惊天动地、特立独行的伟大的事业，他们过的是最平常的生活。踏佛阶梯时无情亦有佛性——青青翠竹尽是禅心，郁郁黄花无非般若。山河大地都是本体的显现。若未踏佛阶梯时，有情（即众生）也无佛性。因为有习染的尘障，及一心求成佛的“佛”障，都足以使人于生死轮回中，辗转造因，辗转受报，因此不得解脱。

程明道（颢）先生在他的定性书中曾说过：“天地之常，以其心普万物而无心，圣人之常，以其情顺万物而无情。”又说：“君子之学，莫若廓然而大公，物来而顺应。”这完全是采取了禅宗的意思。也可以说禅宗见解，被理学接受了一部分。

禅学的理论实在洒脱而高妙，所以在隋唐以迄宋明，吸收了大部分的聪明才智之士。可是在理论上禅宗有他的困难，就是他们还不够彻底。王阳明曾说：“佛家说是不著相，实是著了相，吾儒似著相是实不著相。佛家怕君臣累，逃了君臣，怕父子累，逃了父子，怕夫妇累，逃了夫妇。吾儒有君臣还他以义，有父子还他以孝，有夫妇还他以别，何曾著了君臣父子夫妇的相？”

我们即使站在佛家的立场来说，王阳明这一段话是不错的。运水搬柴即是妙道，举手运足即是菩提，何以执定君臣父子夫妇的关系一定要逃避呢？

其次，禅宗说明心见性不离乎“作用”，而不曾顾到人类的向善本性。禅宗说：“饥来吃饭困来眠。”又说：“在目为见，在耳为闻，在手执着，在足运奔。”他们认为佛祖圣人也无非是做这些事，并不多于这些事。可是禅宗忽略了佛祖圣人虽也是饭食起居、言语行动，但是他们的吃饭、睡眠、见闻、行动都要合乎道理，并不是饥了时任何条件之下的饭都可以吃，所以可以有人不食嗟来之食，伯夷叔齐也可以甘心饿死。他们并不是随便什么地方困了便可以睡眠，所以胜母之里，孔子不处。见闻行动也要处处合乎理（即是合乎礼）。我们随时要用我们戒慎的功夫，随时要用我们的辨别是非的能力。饮食行动都要求一个合理的安排。何以要如此，何以不如彼，都求其一定不易之理。如果顺着自然的生理的反应，“饥来吃饭困来眠”，随便，有色便视，有声便听，这与禽兽的生活有什么分别？有什么是非可说？

儒家之学，只是一个“仁”字。只有体会到“仁”的真义，才能以天下为一家、中国为一人，才能把人家的痛苦当作自家的痛苦，与别人的生活不是分隔的而是相通的。这样，宇宙人生才不致分成两片，因为它本来就是一个整体。存此“仁”，即是忠，把此“仁”推广，即是恕。忠是仁之体，恕是仁之用。所以说，忠因恕见，恕出忠出。从己所不欲，勿施于人，推广到己欲立而立人，己欲达而达人，再推而至于博施济众，万物各得其所，以至于位天地育万物，这都是恕的事。尽心以行，诚敬以守，无时无地不在推广此心之仁，这就是忠的事。识得仁的根本意义，那么，仁的决断刚毅的一方面，便是义。所以博爱的仁，而为天下除残去暴，拨乱正是义。义也，仁。仁的条理节文的一方面，便是礼，礼并不是伪貌饰情，礼要和顺积中，才能英华发外。所以仁的浑融处固是仁，克己复礼也是仁，礼也是仁。仁的明觉精察的一方面叫作智，大学始教，以致知为先。仁固然不应当间形骸分尔我，但是明是非，辨义利，是仁者之事，也是智者之事。智也是仁。所以，程明道先生的识仁篇说，学者须先识仁，仁便是儒家一脉相传的根本精神。

儒家的理想，是要发展自心的天地万物一体的仁。如何达到这种最高的理想，是要用一番学养陶冶的功夫以后才能从心所欲而不逾矩。圣人之道是要极高明而道中庸，但这中间要经过居敬穷理、明德亲民以至于止至善，并不是毫不费力的自然的反应。至于“物来顺应”“无所致纤毫之力”，是儒家学养的结果，却不是儒家的教育方法。

佛家的明心见性在于运水搬柴，而儒家所谓下学上达的功夫，不出乎洒扫应对。看来是一回事，但其根本精神却不一样。运水搬柴，在禅宗看来就是运水搬柴，而儒家的洒扫应对，乃是教人于洒扫应对之中进退中礼，居处功，执事敬，与事父、事君、使民之道是一贯的严格的训练。儒家的洒扫应对，其实是为治国平天下做的准备。禅宗的运水搬柴，无非是运水搬柴。禅宗教人不要费任何力量，不要用思虑，一切任其自然。

这两家的根本差别，乃是因为佛家的一切理论，其出发点是把人生看作苦的，无常的，因此世间的一切全无意义，一切事全无可为者。尽管有人为佛学辩护，说它是入世的，是积极的，可是综观佛家经典，它的三藏十二部经，毕竟是一套出世的悲观的哲学，是超现实的。纵然可以说是“极高明”，但不能“道中庸”，它到底还是方外的、出世的、反现实的。儒家是入世的，儒家以为尽性践形的意义，即在乎为天下国家。禅宗无论如何，它终是退隐的、独善其身的一种学问，它不能推之于四海，它不能施以济众，更不是开物成格之道。所以儒学与禅学之不能相容，实为“理之必至”，并不只是门户之见。

因为禅学的消极、出世、悲观、不健康，才有了新儒学的产生，以矫此流失。新儒学发展到后来，经世致用之学与义理之学两者渐趋分离。在儒家的思想中，经世致用原是为了实现其理想，而义理之学也是为了经世致用。两者原不应分开，可是后来竟分成两派：一派是政治家，一派是理学家。在北宋的初期，这两派的距离还不甚远。大程及周濂溪均有心于治道，并且治绩斐然。而政治家王安石、司马光、欧阳修也未必不注重义理的研究。及至南渡以后，宋室偏安，都以为北宋之覆乃新党所致，新党的第一人，即以王安石变法为祸首。于是经术之士，乃讳言政事，专主义理。心性之学弥精，而事功之意愈淡。于是把有体有用之学讲成有体无用之学，其生命力渐渐衰退，遂成麻木不仁状态。理学与世道脱节，乃成为无用之虚学，于是儒家求仁的根本精神完全失去了。

道家与道教要严格区别

世界有三大宗教，即佛教、基督教、伊斯兰教；中国也有三大宗教，即佛教、道教、儒教。中国的佛教与世界三大宗教有交叉。

佛教与道教主张出世，宗教职业者、专一的信奉者要出家，不过世俗人的生活。儒教主张入世。儒教、道教是中国自己的土壤里生长起来的，具有中国特色；佛教为外来宗教，其生活习惯、服装、礼仪与儒、道不同。儒、释、道三教并称，并得到社会广泛认可，那是在隋唐时期。南北朝已有三教的说法，但不普遍。国家每逢重大节日，诏三教公开辩论，北周已开始，唐代成为制度。大文学家白居易有好几次在三教辩论中代表儒教发言，《白氏长庆集》还保留有他参加辩论的发言提纲。佛教的著作和教义比较明确，唯独对道教的意义的理解比较含混，道教内部和反对道教的人士也没有讲清楚。

先说道家。学术界长期流行一种见解，认为老子、庄子为道家，这是一种误解。春秋战国时期，只有老子学派、庄子学派。老子与庄子没有直接的传授关系。老子或庄子从未自称为“道家”，只有儒家自称为儒，墨家自称为墨。儒墨两家各有自己一派的传承关系。孔子、子思、曾子、子夏、孟、荀均有传授关系，墨家有巨子相袭制度。儒墨两家，系统清楚，号称显学。汉代司马谈《论六家要旨》第一次提出“道家”名称。司马谈的道家反映了汉朝政治统一后，思想界趋向统一的思潮趋势。秦及汉初有许多学派反映统一的趋势，秦朝有《吕氏春秋》，汉初有《淮南子》，后来有董仲舒的哲学思想。汉初道家是吸收儒、墨、阴阳、名、法各家思想的长处而创立的新体系。老子、庄子都是阴阳、名、法出现以前的人，前人怎能吸收他们死后的人的思想？这个“道家”乃是黄老思想的一个分支，与先秦老子、庄子关系不大。

老子是哲学家，不是宗教家，也未创立宗教，与古印度的释迦牟尼一开始就是宗教家，创立佛教的情况不同。老子的著作是学术性的，不是宗教性的，也与佛教经典不同。老子被拉进道教，并奉为教主，那是很晚的事了。东汉末年，汉中张鲁信奉五斗米道，令信徒们念《老子》五千文。念《老子》的也只是巴蜀的五斗米道，影响地区仅限于汉中地区。中原广大地区的道教徒信奉《太平经》，这是一百多卷的大书，内容庞杂，没有多少老子的思想。

道教是中国本土的宗教，它形成于东汉末年，方术、巫术是它的前身。神仙方术信仰由来已久，古代巫、史、祝、卜是与神打交道的专家，他们处在国家的领导层。民间巫术用符水治病，借卜筮占吉凶。战国以后，神仙方士宣传不死之药可以长生，迎合上层贵族要求长期享乐的欲望，得到他们的支持；广大群众缺医少药，方士们用符水治病，驱鬼祭神，在下层群众中也得到推广。早期道教还没有系统的理论。到了东汉末年，天下大乱，民生困苦，于是出现了《太平经》。此书成书时间约在东汉安帝、顺帝统治时期，此书为集体创作，书成于于吉、宫崇等人之手。

关于老子如何被道教捧上教主的地位，现在还无法做出准确的说明。从时间推断，应在东汉时期。首先出现在宫廷和上层贵族阶层。光武帝儿子楚王刘英，“晚节喜黄老，学为浮屠斋戒祭祀”。明帝诏书也说“楚王诵黄老之微言，尚浮屠之仁祠”（《后汉书·光武十王列传》）。到桓帝时（在位时间是147—167年），延熹八年（165年）正月遣中常侍左悺赴苦县祠老子，十一月使中常侍管霸赴苦县祀老子，九年（166年）在濯龙宫祠老子。桓帝“好神，数祀浮屠老子。百姓稍有奉者，后遂转盛”（《后汉书·西域传》）。这里透露老子被道教奉为神，与先秦的老子无甚关系，而是与西方的佛教与本土的黄老信仰搭伴，以教主的形象出现的。求神佛保佑，祈福延年，是少数上层贵族享有的奢侈品，然后再普及到下层社会，“后遂转盛”。

道教建立后，沿着两条路线传播。上层路线与历代朝廷、官方相配合，可以称为正统的官方道教。还有在社会下层广大群众中传播的道教，它与民间巫术、符咒结合得比较紧。农民起义也往往利用道教这个组织形式。黄巾起义就是第一次道教与农民运动相结合的例子。宋代的方腊、清末的义和团大体也归为这一类。

理论研究，典籍著作，教义发挥，与佛教之间长期互相争辩，也属于官方道教。从北宋开始编辑道教全集《道藏》，多达七千多卷。

官方道教与道教并不是绝对对立的。如符咒、炼丹、气功等民间与官方的道教都很重视。佛教到后期，大乘兴起，崇拜的偶像越来越多，引出了许多佛，不止释迦牟尼一位。道教到了南北朝时，老子已不占重要地位，老子这个形象也被塑造得更加神秘，演变成“太上老君”。道教的神也越来越多，有等级品位。道教的神与佛教不同，还在于除了男神之外，还有许多女神，女神也不像庄子寓言中的藐姑射之山的不食人间烟火的女神，更多的神是结了婚的某某夫人。

历代反对道教的学者，对作为思想家的老、庄和作为宗教的道教不甚区别。唐朝的韩愈反对佛老，“佛”是宗教的佛，明显无误；“老”是太上老君，还是《道德经》的作者老子，他没有讲清楚。宋代的大哲学家朱熹，直接继承了韩愈的道统说，崇儒家，排佛老，佛老并称“二氏”。朱熹驳斥佛教也指明是释迦氏之教，他驳斥的道教更多的情况下指的是老庄。这种长期的误解，连清代大思想家王夫之也未能避免。他批判“二氏”，涉及道教系统，重点没有放在道教上，而是指向老庄哲学。老子哲学讲无为、清静、抱一，与道教的宗教修养有关，但老子的哲学思想体系，与道教毕竟有所不同。“道家”“道教”长期混用，成为习惯，如近人陈垣先生搜集历代道教碑刻，汇编成集，名为《道家金石略》。陈先生是研究宗教史的专家，老庄哲学与东汉以后的道教，他是清楚的，他也把“道教”写作“道家”。可见积重难返。

为了避免长期积累下来的观念含混，有必要把道家与道教严格区别开来。总括起来，有以下四点值得注意：

（1）先秦无道家，只有老子哲学、庄子哲学，以及与他们的哲学相应的老子学派、庄子学派。

（2）汉代的道家代表西汉时期融合各派的一种思潮，它以黄老清静无为思想为基础，包括儒、墨、阴阳、名、法各家的部分内容。

（3）学术界习惯把老庄学派称为道家，是后起的一种学派分类观念。东汉时期严君平《老子指归》开始有了以老庄为道家的倾向。魏晋玄学早期“老庄”联称，后期“庄老”联称。魏晋以后，以老庄为道家的分类法得到承认。这个“道家”不同于司马谈的道家，仍属于哲学。

（4）道教是宗教。它有团体、教派、教义、宗教规范仪式、宗教组织、固定数量的信徒、固定的教派传授系统、共同信奉的经典、固定的传布地区等。以上这些特点，使它区别于道家，与儒、佛并称为三教。

以上四点是用来区别道家与道教的标志。

道教是中国土生土长的宗教，不像佛教那样有广泛的国际影响。但也不能说道教作为宗教的影响只限于中国，道教对日本影响就很大。日本的神道教与日本天皇及朝廷的制度，有不少道教的影子。最近日本道教研究专家指出：

（1）日本天武十三年（685 年），为行使中央集权，制定“八色之姓”，八姓中“真人”列为第一等级，“真人”为道教术语。“天皇”一词也源于道教。

（2）象征天皇的两种神器，镜和剑，都是道教的法器，用以照妖降魔，天皇传位时，以镜和剑授予新天皇。

（3）天皇宫廷尚紫色，道教称上帝居紫微垣，天皇宫殿门称“紫门”。推古女帝即位第十一年（603 年），圣德太子制定六色十二阶冠位，大化三年（647 年）制定七色十三阶冠位，只有最高官位阶得用紫色。唐宋规定紫色为高级官员的服色，和尚、道士中有声誉、地位的得赐紫衣。唐文化习尚，也影响到日本宫廷贵族。

（4）祝天皇长寿的祝词，据《延喜式》载，“谨请皇天上帝，三极大君，日月星辰，八方诸神，司命司籍，左东王父，右西王母，五方五常，四时四气，捧以银人，请除灾祸。捧以金刀，请延帝祚。咒曰：东至扶桑，西至虞渊，南至炎火，北至弱水，千城百国，精治万岁，万岁”。这完全是抄自道教的祠祀词句。只有在中国方位才好说东至扶桑，日本即扶桑，不必称东至。

（5）天皇拜四方仪式，据《江南次第》载：“圆融天皇天禄四年（974年）元旦拜四方仪式，天皇朝北遥拜北斗七星中的本命星，并念咒文曰：‘贼寇之中，过度我身，毒魔之中，过度我身……厌魅之中，过度我身，万病除愈，所欲随心。急急如律令。’”这咒文也是抄道教的。

（6）神道教。《日本书纪》在《孝德纪》中“惟神也者，随神道也”，“天皇信佛法，亦尊神道”，“佛法”与“神道”对置。从奈良到江户，把天皇家族的始祖天照皇大神当作国家神祭祀，立伊势神宫。日本是神国，天皇是神的子孙，是人间神（参见福永光司教授《日本文化与道教》，该文发表于1982年中日学术座谈会《世界宗教研究》1982年第2期，有中文本）。

道教的宗教影响，除日本之外，朝鲜及越南也有经过改变的道教信仰。

近三十年学术界道教研究的风气遍布全世界。北美洲、澳大利亚、法国、意大利、西德、英国，都有研究道教的学者及研究组织，也出版了不少有价值的著作，日本学者的研究成绩尤为显著。

从“书同文”到“语同音”

中华民族的伟大成就，不可胜数，秦、汉以后的“书同文”就是一项不朽的伟业，怎么估价，都不会过高。秦始皇顺应历史潮流，通过他个人的私心，统一了中国，可惜时间太短。汉朝按照秦朝的设计，继续完成了统一文字的任务。

秦、汉创建的大一统的政治格局得到中华民族的认同，经历几千年不断完善，形成中华民族的共同体。维系这样一个大国的统一，主要的文化工具是汉字。有了汉字，才把全国众多民族紧紧团结在一起。假若中国没有“书同文”这样得力的措施，古代中国采取拼音文字，中国将不会是今天统一的形势，也许会分成多少个独立割据的小国。欧洲的土地面积和中国不相上下，当年缺了“书同文”的措施，现在还是列国林立，纷争不止。近半个世纪，特别是近二三十年来，欧洲各国已感到长期分隔的不便，萌发统一的愿望，却不是短期可以办到的。

“书同文”给中国带来的好处，到如今人们已深切感受到了。但我们在前人的基础上，要有所创造、有所前进才对得起我们的后人。看来，我们应该在“书同文”的基础上，进而走向“语同音”。

有了全国通用的交际工具“汉字”，人们还习惯用当地的方言，而地区方言严重地制约着广泛交往。当前国际、国内经济交流、文化交流越来越频繁，只有汉字的统一，而语音统一没有跟上，不但不便，甚至造成损失。

我国元朝从皇帝到各级官员识汉字、会汉语的很少，官吏处理民事要通过翻译，不能有效地进行治理。明、清两代，政府以《四书》《五经》为国家教材，应试举子来自全国，操各地方言，但他读书时必须用“官话”（当时的普通话）来诵读、讲解，应试诗也不许用方言的读音来押韵。因为朝廷选拔各地官员都为这个统一的大国服务，在朝的及地方官员相互交往，都要讲官话。在当时历史条件下，已经尽到最大的努力，且收到了实效。

今天面临开放的时代，国际、国内交往空前频繁，除了书面文字外，交际双方直接对话的机会比任何时代都多。举行国际会议，既用文字也要用语言。汉文已成为国际通用文字，汉语的标准化、普及化已刻不容缓地提到日程上来。

中华民族沿着现代化的道路已走了一百多年，并取得举世瞩目的成就。与发达国家相比，我们还处在发展中国家行列。作为一个现代化国家，有很多标志，如科学发达、教育普及、生活富裕、法制健全、国民有公德、环保完善等等。对地域辽阔的大国来说，还要做到语言能无障碍通行，除了“书同文”，还要“语同音”。

当今世界上土地辽阔的大国有俄罗斯、美国、加拿大、中国和印度。

俄罗斯地跨欧亚大陆，从彼得堡到海参崴。美国从波士顿到旧金山，虽关山万里，却看不出东西部地区方言的隔阂。加拿大地域比美国还大，也没有语言的障碍。亚洲的印度有先进的科技文化，但印度境内的语言梗阻比较严重，仅这方面就给印度进一步实现现代化设置了障碍。

我国工农业生产、科技文化建设，具有独特的优势，在某些领域处于世界领先地位。我们做到了“书同文”，却远远没有做到“语同音”。要使国家现代化，语言统一这一关还没有过去。有的地方教学用普通话，出了学校用地区方言；公共集会用普通话，回到家里用地区方言。福建省与台湾省仅一水之隔，台湾推行国语（普通话）比福建省成效显著。

秦、汉以来，中华民族得力于“书同文”。有了“书同文”，才加强了国家的政令统一，增强了民族凝聚力。汉字编著的图书，经历几千年的积累，浩如烟海，丰富了人类思想宝库。“书同文”给中华民族奠定了万世不朽的基业。我们有幸承袭了祖先遗泽，我们应当给后辈添置一份新的产业——“语同音”。

我们有现代科学传播工具，电视、广播已普及到千家万户，比秦始皇当年推行“书同文”的情况不知优越多少倍。我们有责任、也有能力把“语同音”这一事业做成、做好。

汉学发展前途无限

20世纪的后五十年，中国文化和世界各国的文化接触越来越频繁。世界各国比过去更需要了解中国，中国也比过去任何时代更需要了解世界。中外文化交流随着经济利益的驱动日益开展。我们的国际友人日益增多。根据我们过去的经验足以说明这种事实——需要（包括个人的、群体的、民族的、国家的）是一切学术最有力的推动者，汉学研究的兴旺势头正方兴未艾。只要看看东方、西方以及世界各国的各种学校开设课程和学习汉语人数增长这一现象，可以预见汉学研究正处在大潮高涨的前夕。21世纪的前景将比20世纪的后半期更繁荣。汉学将成为世界的显学。

大家都生活在同一个世界，由于地缘关系、历史原因，形成了不同的民族和不同的国家。民族的人口有多有少，国家管辖的范围有大有小。这种差别是历史形成的，其结果是文化的多元化，政治的多元化。不管人们喜欢不喜欢，这总归是事实。这个多元文化的世界在交流中，只要互相尊重、互相学习、取长补短，大家就会从中受益。

汉学研究在今天看来，是我们学术界的事，首先是对汉学研究有兴趣的专家学者的事。但是我们可以预言，汉学研究的广泛效应、深远影响，远远超出汉学研究的学术范围。它将增进世界各国系统地理解中国的昨天和今天，把中国文化有价值的部分融入世界文化思想宝库，成为世界文化财富的一部分。 如果从长远着眼，从大处着眼，对世界和平的进展也将会产生长远的积极作用。

凡是研究历史和哲学的都很清楚，文化现象的研究是认识社会的一个切入点。每个民族都有自己的文化，文化的特色体现民族的特色。文化有两个层面：一是生活文化，二是观念文化。生活文化包括饮食、服饰、住房，以及音乐、舞蹈，这是每一个民族都有的，每一个旅游者到一个陌生的地方很容易发现不同民族文化的差别。至于观念文化，它处在思想观念的深层，这是一个民族抽象思维能力发展到一定高度以后的精神产品。观念文化的出现至少要有完备的文字、一定发达的科学，它体现为文学、哲学的著作。因此，观念文化不是每一个民族都具备的，它是高度发达的民族文化的产物。大体说来，观念文化成形于文化发达的文化区。如古希腊、古埃及、古巴比伦、古印度文化，都对人类做出过贡献。现在我们讨论的是汉学，这里只说中国。

据历史文献记载及考古学的证明，中国古代文化有文字可考的历史有五千年以上，它几千年来以黄河、长江流域的广大地区为基地，是多民族共同创造的，它持续发展直到今天，历史没有中断过。

认识中国文化的特点，就找到了汉学研究的切入点。今天的中国是从古代中国演变来的。

（原载《中华读书报》2001 年 9 月 19 日）

连续与融合：中国文化的特点

自秦汉以后，就形成多民族的统一的封建王朝。这个格局一直延续到清末、辛亥革命以前。中间有过分裂割据的一些朝代，但时间都比较短。在当时以及后来，都认为那种分裂局面是不正常的现象，“大一统”才是正常的。

“大一统”的局面不是哪一个民族努力的成绩，而是各兄弟民族共同努力的结果。汉族的人口占全国大多数，但可以说我国没有纯粹汉族，在“汉族”这个名义下，实际上已包含了许多民族的成分。

靠了众多兄弟民族努力，才创造了中华民族的文化。中华民族的文化在世界上有它的特点，那就是它的连续性和融合性。这两大特性又是分不开的。

先说它的连续性。

中华民族历史悠久，有文字记载的历史也有四千年以上。与世界各国比较，这个特色很突出。世界上有许多文明古国在古代有过光辉灿烂的文化，古代如巴比伦，较晚有希腊、罗马，这些文化，后来中断了，没有连续发扬光大。有的国家在中世纪有过光辉的业绩，后来又消沉下去，也有的国家，近代有巨大贡献，古代就说不上。古今几千年持续不断地有贡献，不断发展的，只有中华民族这一家。中间经历过不少挫折，甚至灾难，但是，它终于克服了困难，又攀向新的高峰，发展了。中华民族的文化又古老又年轻。

再说它的融合性。

中华民族文化是多民族共同创造的财富。各民族之间，谁也离不开谁，是个长期互相依存的共同体。中国是多民族混居杂处的国家。殷、周时期各国的诸侯，共同拥戴一个共主，各国之间的交往十分频繁。文化的交流，互相通婚，逐渐形成华夏民族的文化共同体。秦汉以后，这种民族文化交融有了进一步的发展。

学术思想的发展上，如先秦荀子的哲学是先秦各种学派的总结。《吕氏春秋》集合众家之长，儒、墨、道、名、法各派都融合在它的体系内。汉初的道家，也是一种融合各家的体系，它已是阴阳、儒、墨、名、法的综合体。董仲舒号称儒家，实际上他已吸收了燕齐方士及阴阳家的思想，王充的哲学思想，也是儒家和黄老思想融合的产物。魏晋时期，儒家独尊的局面暂时被打破，佛、道两教大量流行，三家互相斗争，又互相吸收，但儒家思想并未退出舞台，仍然起着主要的、中心的作用。宋代理学开始融通三教，建立了儒教。

中华民族的文化，是各个时代、各民族、各地区人民共同创造的。中国历史上重要的哲学流派都善于吸收前人和同时代人的思想，经过消化，形成新的理论体系。不断汇合、积累，逐渐形成中华民族独立的文化传统。我国历史上凡是兴旺发达时期，也就是善于吸收、融合外来文化，思想开放的时期。唯其善于融合、吸收别人的有用的内容，才能够使中华民族的文化得以持续不断地前进、发展。

中华民族的文化的持续性，使得多民族、多体系的文化在一统的政权下数千年不断前进；中华民族的文化的融合性，使得民族文化不断丰富其内容，持续发展。

（原载《承德师专学报》1985 年第 1 期）

任继愈先生大事年表（1916—2009）

陈志明　编

1916 年

4 月 15 日，出生于山东省平原县。

1919 年

4 月 5 日，五四运动爆发。

1922 年

入山东济南第一模范小学。此后六年在该校读书。

1928 年

山东济南第一模范小学毕业。

1934 年

考入北京大学哲学系，学习西方哲学。

1937 年

七七事变爆发，北京大学、清华大学和南开大学奉命迁到湖南长沙，组成长沙临时大学。

1938 年

4 月，长沙临时大学又西迁昆明，改称国立西南联合大学。

1939 年

考取西南联大北京大学文科研究所第一批研究生，师从汤用彤和贺麟教授，攻读中国哲学史和佛教史。

1941 年

毕业并获得硕士学位。留校教学。

1946 年

5 月 4 日，西南联大解散，三校分别迁回北京、天津复校。继续在北大哲学系教学。

1949 年

10 月 1 日，中华人民共和国成立。

1953 年

发表学术论文《何启、胡礼垣的改良主义思想》。

1954 年

发表学术论文《孙子兵法中的辩证法因素》。

1955 年

担任《北京大学学报》人文科学版编辑。

发表学术论文《韩非的社会思想的几个问题》。

1956 年

8 月，专著《老子今译》由古籍出版社出版。

本年，加入中国共产党。兼任中国科学院哲学研究所研究员。专著《墨子》《魏晋玄学中的社会政治思想略论》（与汤用彤合著）由上海人民出版社出版。

1959 年

5 月，参加中国哲学会在京举行的连续三场学术讨论会，就多个哲学问题与与会学者展开讨论。

10 月 13 日，毛泽东主席与先生进行了一次关于宗教问题的谈话。毛泽东主席称先生是宗教研究领域的“凤毛麟角”。

1961 年

发表学术论文《易经和它的哲学思想》。

1962 年

发表学术论文《孔子的仁的保守思想中的进步意义》。

1963 年

专著《汉唐佛教思想论集》由三联书店出版。

1964 年

专著《韩非》出版。

受命组建中国社会科学院世界宗教研究所，并出任所长。这是中国第一所宗教研究机构。

“文化大革命”期间

在河南信阳干校接受“教育”。由于种种原因，他的右眼患了严重的眼疾，以致失明，左眼视力也受到了损害。

1972 年

回京，受命编《中国哲学史》。

1973 年

4 月，专著《汉唐佛教思想论集》（增订版）由人民出版社出版。

10 月 2 日，参加新中国成立 24 周年国庆大型游园联欢。

1974 年

10 月 1 日，参加新中国成立 25 周年国庆招待会。

1975 年

10 月 10 日，参加新中国成立 26 周年国庆招待会。

1977 年

10 月 1 日，出席新中国成立 28 周年国庆招待会。

1978 年

3 月，专著《老子新译》由上海古籍出版社出版。

9 月 28 日，当选为全国人大代表。

12月，在南京召开的中国无神论学会成立大会上，提出了“儒教是教说”。此后，在世界宗教研究所专门成立了儒教研究室。

1979年

3月15日，参加在昆明召开的“全国宗教学研究会议”，作主题发言。同时任会上成立的中国宗教学学会理事长。

7月，主编的《中国哲学史》（四卷本）由人民出版社出版。

1981年

6月13日，任国务院学位委员会学科评议组学位委员。

专著《中国哲学史论》由上海人民出版社出版。

1982年

3月，在“全国古籍整理出版规划会”上，所提“《中华大藏经》整理出版建议”获得通过。

8月，《中华大藏经》整理出版工程正式启动。

1983年

5月，主编的《宗教词典》由上海辞书出版社出版。11日，当选第六届全国人大代表。

10月，主编的《中国哲学发展史》（先秦卷）由人民出版社出版。

11月1—2日，参加在北京大学举行的“纪念汤用彤先生诞辰九十周年纪念会”，作纪念发言。

1984年

10月，参加为期六天的第一次“佛教和民族文化国际会议”，会上宣读题为《佛教与中国文化》的论文。

1985 年

12 月，参加在湖北黄冈召开的“熊十力先生诞辰一百周年国际学术讨论会”，作纪念发言。

专著《老子新译》修订本出版。

1986 年

1 月 1 日，在中国文化书院“中外文化比较讲习班”开学典礼上发表讲话。

1987 年

11 月 4 日，参加中国社会科学院专家、学者座谈会。

本年，出任国家图书馆馆长。

1988 年

1 月 2 日，参加“中国现代哲学史首届全国学术讨论会”，作主题发言。

3 月 14 日，当选第七届全国人大代表。

4 月，主编的《中国佛教史》由中国社会科学出版社出版。

12 月，在《现代化》杂志“科学与文化”论坛座谈会上作主题发言。

1989 年

4 月 2 日，《人民日报》发表访问文章《应该提倡“先公后私”》。

1990 年

6 月，主编的《中国道教史》由上海人民出版社出版。

本年，新中国成立以来最大的文化工程《中华大典》由国务院正式批准启动，担任编撰委员会主任。

1991 年

7 月，主编的《道藏提要》由中国社会科学出版社出版。

11 月，学术文集《任继愈学术论著自选集》由北京师范学院出版社出版。

1992 年

4 月 22 日，“孙子与齐文化研究会”成立，出任会长。

6 月，专著《老子全译》由巴蜀书社出版。

本年，《中华大典》编撰工作正式启动。

1993 年

2 月 23 日，当选第八届全国人大代表。

11 月，出席“佛教文化景点发展现状研讨会”，作主题发言。

10 月 5 日，出席“胡乔木文集、诗集出版座谈会”。

1994

5 月，参加《中国文化研究》杂志举行的座谈会，与钟敬文、季羡林、张岱年等就弘扬传统文化、加强文化交流等问题发表见解。

7 月，《续修四库全书》出版工程启动，担任学术顾问。

12 月，《中华大藏经》编竣。

1995 年

5 月 19 日，出席外文版《大中华文库》座谈会。

11 月，出席“《四库全书存目丛书》首发式暨专家鉴评会”，作主题发言。

1996 年

5 月，《任继愈学术文化随笔》由中国青年出版社出版。

1997 年

6 月，接受《人民日报》记者徐怀谦专访。

12 月，自述文集《念旧企新》由山西人民出版社出版。

1998 年

6 月，学术文集《天人之际》由上海文艺出版社出版。

8 月，主编的《宗教大辞典》由上海辞书出版社出版。

12 月，专著《墨子与墨家》由商务印书馆出版。

1999 年

2 月 13 日，《人民日报》就《中华大典》出版工程发表访问文章。

6 月 21 日，《人民日报》发表访问文章《坚持不懈的宣传无神论》。

7 月 16 日，在"科学思想传播与无神论宣传"研讨会上发表谈话。

11 月 9 日，出席在北京举行的主题为"21 世纪的佛教和佛教研究"中日第八次佛教学术会议。

本年，当选为国际欧亚科学院院士。

2000 年

9 月 27 日，参加北京语言大学"2000 年中国传统文化研讨会"。

11 月 8 日，在中国无神论学会 2000 年学术年会上作题为《弘扬科学精神，提高民族素质》的学术报告。28 日，出任南京大屠杀民间对日诉讼援助团团长。

2001 年

3 月 24 日，主持中国社会科学院世界宗教研究所召开的儒教问题讨论会。

5 月 11 日，在国家图书馆“文津讲坛”主讲“唐玄奘取经与《西游记》”。

10 月 29 日，参加在国家图书馆举行的“于道全诞辰 100 周年”纪念座谈会。

担任“保护民族文化遗产公益系列广告”之长城篇形象代言人，文案由其本人亲自审。他的告诫“完美真实地将祖先留下的杰作传给子孙后代，是华夏儿女共同的责任”，震撼着每一个炎黄子孙的心。

2002 年

1 月，自选集《竹影集》由新世界出版社出版。

10 月 26 日，在国家图书馆“文津讲坛”主讲“中国历史的曲折前进”。

12 月，主编的《佛教大辞典》由江苏古籍出版社出版。“中华再造善本”第一批 32 种图书出版。参加《周易》金版出版座谈会。

2003 年

8 月 31 日，参加《大中华文库》（汉英对照）编纂出版座谈会。

10 月 3 日，在国家图书馆“文津讲坛”主讲“今天看诸葛亮”。

2004 年

3 月 13 日，在《世界文明大系》出版座谈会上作主题发言。

5 月，出席“国立西南联合大学研究书系”筹划座谈会。

8 月 9 日，出席“中国哲学大会”开幕式。大会为期四天，以“新世纪的哲学与中国”为主题，下设“传统与现代”“东方与西方”“科技与人文”三个分议题，以全体大会主题发言和专题论坛两种形式，探讨马克思主义哲学、佛教哲学、欧洲哲学、自然科学哲学、伦理价值观、美学理论、文明与文化、政治哲学、政治文明与精神文明、中国政治哲学、当代东方哲学、生态伦理学、中西传统美学和当代文化等学术课题。

9月5日，在“2004文化高峰论坛”闭幕式上，与另外69位论坛成员共同签署了“甲申文化宣言”。宣言主张文明对话，主张每个国家、民族都有权利和义务保存和发展自己的传统文化；都有权利自主选择接受、不完全接受或在某些具体领域完全不接受外来文化因素；同时也有权对人类共同面临的文化问题发表自己的意见。24日，参加中国社会科学院世界宗教研究所24日在京举行的庆祝建所40周年大会。

10月8日，参加在北京人民大会堂举行的“纪念孔子诞辰2555周年国际学术研讨会暨国际儒学联合会第三届会员大会”，在会上作主题发言。12日至13日，参加中国社会科学院世界宗教研究所与日本东洋哲学研究所共同主办的“现代文明与宗教对话”中日学术会议，作题为《现代文明与宗教对话》的主题发言。16日，在国家图书馆“文津讲坛”主讲“今天看《周易》”。

12月18日，出席“易学思维与科技”国际易学论坛第一次会议。28日，出席“第六届墨子国际研讨会暨《墨子大全》首发式”。

《国家图书馆藏敦煌遗书》出版立项。

2005年

4月1日，参加在中国社会科学院举行的“为了汉字文化的伟大复兴”学术研讨会。14日，在本人的再三要求下，从担任了18年的国家图书馆馆长任上退下，改任名誉馆长。

6月20日，参加“《高亨著作集林》出版暨学术座谈会”，就会议发表谈话。

8月，论文集《任继愈禅学论集》由商务印书馆出版。

10月10日，《人民日报》发表关于《中华再造善本》出版工程的访问。

11 月 5—7 日，出席在北京大学召开的“纪念冯友兰先生诞辰 110 周年暨冯友兰学术国际研讨会”。

12 月 1 日，在国家图书馆“文津讲坛”主讲“汉字的再认识”。主编的《国家图书馆藏敦煌遗书》第一册由北京图书馆出版社出版。

2006 年

4 月，接受中央电视台《大家》栏目专访。

6 月 29 日，出席在北京人民大会堂举行的“《国家图书馆藏敦煌遗书》编纂出版座谈会”并讲话。

8 月 24—27 日，参加“儒学、儒教与宗教学学术研讨会”，会上发表《继承传统文化精华，迎接文化建设新高潮》的讲话。

10 月 1 日，在国家图书馆“文津讲坛”主讲“今天看科举制度”。本月，接受中央电视台《大家》第二次专访。学术随笔集《皓首学术随笔·任继愈卷》由中华书局出版。

12 月，专著《老子绎读》由书目文献出版社出版。

2007 年

1 月 11 日，为即将在北京举办的奥运会题词：促进和平，共同发展，广交朋友，共同前进。

6 月 17 日，出席北京大学国学研究生院成立 15 周年座谈会。

10 月 1 日，在国家图书馆“文津讲坛”主讲“中国哲学的未来”。

11 月 4 日，在“中华大藏经续编编委工作会议”上发表讲话。希望大家群策群力，把这件伟大而浩大的工程做好。

12 月，参加北京大学研究生教育 90 周年庆典并讲话。

2008 年

2 月 24—25 日，出席“《中华大典》编纂出版工作会议”并讲话。指出，文化建设是一个艰巨的、长期积累的过程，编辑工作的好坏决定了书的成败。大典是工具书、常销书，要细心做好编辑工作，保证编辑工作质量。

2009 年

7 月 11 日，辞世，享年 93 岁。